曾子航 著
ZENG ZIHANG

爱是一生需要学习的能力

中国出版集团
现代出版社

第三章 家庭和成长对我们人格的潜在影响

为什么如此之多的"三高女性"自觉选择了充当"齐天大剩"？为什么现在非常火爆的相亲节目中的男人和女人都很优秀，却少人牵手、孤单离场？为什么男人女人越来越像两条平行线，彼此倾慕却无法交集？或者即便相交，结成眷属，却只是构成了一个大大的"×"，开始于误会，终结于错误，渐行渐远，无可奈何地忍受孤独？

谁在操纵我们一生的幸福？

💙 1　谁让我们的爱无能为力？

在风靡一时的魔幻巨著《哈利·波特》中，平凡的小孩子哈利·波特，仅仅因为母亲临终前在他额头上留下的一吻，就拥有了独一无二、举世无双的超能力：爱。

爱，让他有勇气对抗威力无比、令善良的巫师和人类闻风丧胆的伏地魔。

在科幻电影《黑客帝国》中，救世主尼奥迷失在电脑制造的母体空间中，濒临死亡，也是他的爱人崔尼蒂在真实世界中的一吻，让救世主尼奥从死亡中复活。

这不仅仅是传说，在真实的世界中，有人用数十年如一日的呼唤，唤醒了沉睡多年、已经成为植物人的爱人。

爱，发自世界上最柔软的心灵，却是世界上最强大的武器。

可是，这武器在现代社会中，却有点儿像段誉手中的六脉神剑，时灵时不灵，想让它来时，它偏不来，没想让它来时，它却用它无处发泄的威力，伤害我们自己的心。

我们的爱，到底出了什么问题？

不久前，一家大型婚恋网站公布了《2010—2011年中国男女婚恋观调查报告粉皮书》，洋洋洒洒长达5万字，对过去一年国人在婚恋、择偶方面的心态和价值变化进行了一次综合评估，报告中提道：越来越多的学历高、层次高、收入高的"三高女性"难以找到如意郎君，很多电视相亲节目在收获了高收视率的同时，却并未撮合出太多令人满意的情侣，还有层出不穷的婚外恋、居高不下的离婚率也让我们禁不住扼腕叹息——

为什么如此之多的"三高女性"自觉选择了充当"齐天大剩"？为什么来相亲的男人和女人都很优秀，却少人牵手、孤单离场？为什么男人女人越来越像两条平行线，彼此倾慕却无法交集？或者即便相交，结成眷属，却只是构成了一个大大的"×"，开始于误会，终结于错误，渐行渐远，无可奈何地忍受孤独？

有人说，这是因为他们患了"爱无能"症。

"爱无能"是近年在网络上、在都市白领中非常流行的一个词汇，那么，究竟什么是"爱无能"呢？"爱无能"的典型症状又有哪些呢？

这些在爱中痛苦的人们，让我想起了古希腊神话中一个著名的形象，一位经典的"爱无能"症患者：独眼巨人波吕斐摩斯。

在希腊神话中，著名的独眼巨人波吕斐摩斯是"忧伤"和"孤独"的象征。他曾经自作多情，爱上了海神之子的女儿加拉蒂。每天，这个有点儿像雨果笔下的加西莫多模样的丑八怪，总爱悄悄躲在林子里，窥视那位"皮肤像奶一样白"的美丽姑娘。可是，巨人的梦破灭了，他的梦中情人喜欢上了一名无忧无虑的牧羊少年。巨大的失望之下，波吕斐摩斯号啕大哭，独自一人跑到荒芜的伊萨卡岛，面对茫茫大海和无尽苍穹独自吞下失恋的苦果，在孤寂和痛苦中，一个伟大的具有建设天赋的巨人族，变得越来越生猛残暴，没有救赎，没有解脱，他成了食人族。

特洛伊战争结束之后，希腊智者奥德修斯率领兄弟们踏上了漫漫十年的还乡路。途经伊萨卡岛时，他和他的同伴们被独眼巨人抓住，聪明的奥德修斯欺骗巨人，说自己的名字叫"没人"，还设计戳瞎了巨人的独眼。当巨人痛苦地在地上哭号翻滚的时候，同伴们跑来营救，问是谁伤害了他。独眼巨人大喊："'没人'伤害我！'没人'伤害我！"同伴们嘲笑他："没人伤害你，你还喊什么？"

独眼巨人波吕斐摩斯于是陷入了更深的孤独和痛苦中：在因爱而忍受的悲伤之外，还有因伤痛而导致的彻底的迷失和盲目。

每当我想到这个故事，每当我听到更多的相识或不相识的朋友们跟我倾诉他们的情感经历，我都会悚然而惊，原来，这才是"爱无能"的根源：不圆满的爱曾伤害我们，使我们忧伤甚至暴戾；更可怕的是，不圆满的爱，还会使我们盲目而且迷失；最痛苦的是，我们往往并不知道是谁在伤害我们和我们的爱，大多数的朋友在表述自己挫折的情感经历的时候，都感到非常困惑，就像独眼巨人波吕斐摩斯，他们不知道什么在伤害他们，是什么使他们痛苦。

"'没人'伤害我！"

"'没人'伤害我！"

波吕斐摩斯的哭号、迷失和盲目，活脱脱地预示了现代人的精神困境。

在我的这本书中，我想做一个大胆的尝试，我想帮助那些跟独眼巨人波吕斐摩斯一样，在痛苦和孤独中煎熬迷失的现代人，掀开"没人"的面纱、拆穿"没人"的诡计，让我们知道，到底是谁在伤害我们和我们的爱？是谁操纵了我们一生的幸福？又是谁使我们的爱无能为力？

这本书是我的情感系列图书的第三部，在我的前两本书《男人是野生动物，女人是筑巢动物》和《女人不"狠"，地位不稳》中，我尝试破译男女两性密码，希望帮助渴望爱或者在爱中迷失的朋友解读生命中的另一半。

《女人不"狠"，地位不稳》出版上市以后，我收到了很多热心读者的来信。在书中，我揭示出男人最爱的不是美女，不是淑女，而是一种思想上深藏不露，性格上捉摸不透，行动上飘忽不定的女人，我把这种女人称为"三不女人"。我认为只有这种女人才能在通往幸福的道路上无往而不胜。有很多读者朋友觉得我在书中提出的"三不女人"的观点很新鲜，也很实用，改变了她们对待爱情、婚姻，特别是对待男人的态度。但是也有一些女性读者跟我坦言："'三不女人'是很好，很完美，对男人也会保持一种永恒的吸引力，但是我做不到。"为此，我专门回信问过一些读者缘由，她们的回答如出一辙："因为你在书中举的无数鲜活的案例告诉我们，'三不女人'首先要自信，在男人面前拿得起放得下。而我偏偏没那份自信，我总是怕失去他，怕失去这份爱，所以我无法像你提到的'三不女人'那样潇洒自如。"这实际上是涉及了另外一个问题：当我们感受到幸福即将来临时，我们该如何把握住？"三不女人"可以在弹指一挥间，把幸福握到手中，而一些不自信的男人和女人，或者对幸福从来不敢抱任何奢望的人则无能为力，听任幸福从自己的指尖溜走。为什么会这样呢？这其实也是一种"爱无能"的表现：想去爱，但却又无能为力。

2 爱是童年送给我们的最好的礼物

爱的能力从何而来？在这本书中，我尝试揭示影响爱的能力的几个重要因素。

很重要的一点：爱的潜能来自我们的童年经历，我们最初是从父母或者最亲的长辈那里获取爱的源泉。爱，是童年送给我们的最好的礼物。

国内外心理学家普遍承认，一个人的童年以及他从小成长的家庭环境，以及父母的教养方式会构成他的童年潜意识，这种潜意识一旦逐步形成、固定下来，将会对他的性格、人格、择偶观、人际关系、感情模式，乃至对待恋爱、婚姻、家庭的态度形成深远的影响。换句话说，一个女人喜欢什么样的男人，一个男人会娶什么样的老婆，他们恋爱也好，结婚也罢，他们将来如何抚育子女，都跟他们的童年息息相关。

我们常说性格决定命运，那么性格又是怎么形成的呢？我不否认一个人的性格有一些先天的因素，但他的童年经历绝对是打造他性格的最重要的条件。哪怕这种童年的经历已经过去，也会变成一种潜意识隐藏在他的内心深处，无所不在，潜移默化。如果他的童年是幸福的，那么他的童年潜意识也是一片阳光；如果他的童年有阴影或者存在太多不愉快的经历，那么他的童年潜意识也一定是乌云密布的。每当他跟恋人、配偶出现争执或面临择偶、结婚的关键时刻，他的童年潜意识就会像半路杀出的程咬金一样猛然闪现，成为二人世界的拦路虎，也给彼此造成莫名的伤害和痛苦。

比如说，一位母亲由于莫名的烦躁，对孩子的不上进感到焦虑，经常指责孩子，并对孩子说："你瞎了吗？这样的东西都看不见？"或者"你聋了吗，我讲的话你都听不进去？"做母亲的也许估计不到，她这种指责会像一只看不见的蚊子，钻进孩子的潜意识当中，可以预见的是：这个孩子将来在他的视觉或听觉方面肯定会有心理障碍，或者是看不全充足的颜色，或者是听不清充足的音色。这就是童年潜意识影响下的后果。总之，父母不经意说出的一些话甚至口头禅，都会对孩子的童年潜意识产生不可估量的影响。

说了半天童年潜意识，也许有人会忍不住对潜意识产生很多疑问，我们在日常生活中也经常会听到潜意识的各种说法，那么究竟什么是潜意识呢？

潜意识是奥地利伟大的心理学家弗洛伊德在其代表作《精神分析引论》中首先提出的，是指潜藏在我们意识底下的一种神秘力量。所谓意识，通俗地讲，就是我们对世界，对周围人和事的一种根本看法。至于潜意识的观念则是遭受过压抑而被排斥于意识领域之外的。比如引起羞耻感的负罪感、卑劣感、童年创伤、不愉快的经历、性欲、攻击欲等，这些东西在意识里面很难被容纳，一旦进入意识领域，就会引起人的极度焦虑，因此必须压抑到潜意识领域，不让它冒头。但被压抑的内容并非心甘情愿存在于潜意识当中，它们如同一只被囚禁起来的野兽，还是野性难驯，一旦遇到风吹草动，就会忍不住闯到意识领域中来。

国内外的很多心理学家普遍认为，人的意识仿佛一座冰山，露出水面的30%是意识，是我们所知道的部分，水下的70%则是潜意识，我们并不完全知晓，它却构成了我们最重要的心理世界。我们绝大多数的行为举止，其实都是潜意识作用下的结果，但我们自己又并不知晓。

在日常生活中，潜意识就像空气中的尘埃一样无处不在，它总会在不经意之间侵入我们的意识，干扰我们的思维，甚至左右我们的判断。

比如：一个新郎驱车前往婚礼现场的路上，错把绿灯当成红灯，这让他惊慌失措，为什么新郎会把绿灯看成红灯呢？仅仅是个简单的失误吗？后来才知道，他其实是对结婚犹豫不决，新娘是父母介绍的，他并不喜欢，只不过为了遵从父母的意愿，他被迫答应了，他把绿灯看成红灯，其实是一种潜意识的作用。意识上他选择结婚，潜意识却在悄悄提醒他：这段婚姻不合适。虽然婚礼照常举行了，但他们之间并不和谐，婚后不到三年，他们就选择了离异。

比如：一个女孩对同一单位比她大20多岁的一个中年男人产生

了强烈的好感，没多久两人走在了一起，当身边的其他同事对此感到难以理解的时候，女孩道出了缘由：她觉得他长得像她的父亲。原来，父亲从小待她很好，可惜 8 岁那年父亲去世，她从此失去了父爱。在潜意识中，她是把他当成了她去世多年的父亲，她喜欢他其实是在寻找父爱的替代品。

再比如：一个 30 出头的独立创业的女老板禁不住一个比她小 8 岁的男大学生的猛烈追求，彼此相爱了。但没多久，这位男大学生就受不了了，因为周围全是异样的眼光：你找一个这么有钱的女老板，你是不是吃软饭的？你还算一个男人吗？而女老板跟他在一起，由于年龄、地位、收入的巨大差距，也总觉得缺少安全感，很快，这段感情无疾而终。其实，这也是潜意识的作用，这种潜意识不是来自于两个人过去经历的干扰，而是中国文化的一种深远影响：男女择偶，男方一定要比女方强，否则感情基础就不牢靠。这是一种文化潜意识，包括在很多婚恋相亲节目中，女方择偶的条件大多数都是向上看的：必须比她年龄大、必须比她个子高、必须比她挣得多，这也是男尊女卑这种传统观念的一种潜在影响。

以上几段案例都是我在情感咨询中遇到的。由此可见，潜意识对每个人都非常重要，它就像一个冲洗胶片的暗房，你外在的生活状态，都是从这个地方冲洗出来的。如果把你的意识比喻成一部相机，而你的潜意识就是感光底片，你会在上面留下画面。

一个人在他的潜意识里把自己想象成什么样，他就会变成什么样。很大程度上，潜意识塑造了我们的性格，决定了我们是快乐还是痛苦，是幸福还是不幸？如果我们的童年一直不幸，童年潜意识就会把这种不幸敲到我们的心灵键盘中，我们就一直被这种不幸所缠绕，哪怕真正遇到了我们所爱的那个人，我们也会思前想后、裹足不前，即便两个人走在了一起，我们也会患得患失、诚惶诚恐。有的伴侣总喜欢挑剔对方，有的伴侣总怀疑对方不忠，有的女人总是爱得死去活来，好似飞蛾扑火，有的男人总是喜欢不停地追逐异性，就像蜜蜂采蜜一样，追根溯源，都是童年潜意识作用下的结果，只要刨根问底，他们大都有着不幸的童年。

童年对我们一生的影响实在深远，台湾著名散文家林海音曾说过一句诗意盎然的话："每个人生理上的童年终将消逝，但从心灵的童年总会伴随终生。"从文学的角度来看，这段话很美很诗意，但从心理学的角度来分析，这段话是把双刃剑，如果你的童年幸福，你的童年潜意识一生都会给你传达幸福和快乐的信号；反之，你的童年不幸或者存在太多遗憾，你的童年潜意识会时时刻刻在敲打你："你是不幸的，你没人爱，你一无是处！"渐渐地，你会把不自信的种子深深埋在你的心中，哪怕你将来恋爱了，结婚了，你总是不满足，你总是在猜忌，你总爱瞎折腾，因为你的内心一直像个嗷嗷待哺的婴儿，你总是吃不饱穿不暖，你的内心从未长大。包括世界上很多著名的作家、画家、导演、影星，他们在各自的领域都创造了灿烂辉煌的成就，但在婚姻生活中却总是难逃失败的噩运。倘若细究原因，他们的童年都曾经那样的不堪回首，他们从小都没得到过父母足够的关爱，小时候缺爱的人，长大了也不知道什么是爱，更不懂得如何去爱别人，于是他们无一例外变成了"爱无能"。

3 如果一个人在爱情或婚姻中屡遭挫折，他要从童年潜意识中寻找原因

在这里，我想举大家非常熟悉的玛丽莲·梦露为例，看看她的童年是如何影响她一生的幸福。

金发、碧眼、红唇、浅浅的微笑，以及被风吹起的白色裙子，已经成了玛丽莲·梦露的永恒印记。在美国乃至西方世界，玛丽莲·梦露这个名字几乎是无人不知无人不晓。她宛若夏日里怒放的一朵白色玫瑰花，总是让人心旷神怡。尽管梦露离开人世已经快50年了，尽管好莱坞出产的美女灿若星河，唯独梦露却青史长存，独享"性感女神"的美誉，让一代又一代的影迷在"万紫千红中，始终只爱她这一朵"。应该说，是她改写了美的定义，是她颠覆了传统的道德标准，是她给人类增添了一个令人产生无比遐想的词汇——性感。无论你拥有何种肤色，无论你属于什么样的种族，无论你是男是女，是老是少，哪怕仅仅是面对她一张艳照，都会或多或少被她迷住——

这就是梦露独一无二的魅力。在她现存的大部分玉照中，我们都可以看到被定格在一瞬间的梦露是如此阳光明媚，脸上始终洋溢着那种稚气的神情，嘴角总是绽放着少女般纯净的微笑，对梦露生平不甚了解的读者也许会认为，这个女人从小一定衣食无忧、生活安逸，是上帝的宠儿，是父母的掌上明珠。错了！梦露还没出生父亲就不辞而别，母亲很快就患上了精神病。换言之，梦露的童年非常不幸！

6月1日出生的玛丽莲·梦露虽然总是在银幕上露出婴儿般纯真

的笑脸，生活中却从未享受过一天儿童节的欢乐。她出生在一个单亲家庭，两岁时因一场疾病差点儿死掉，三四岁时，母亲由于始终无法接受父亲离去的事实，精神状况越来越不稳定，生活上又捉襟见肘，不得不把她送给别人抚养。那时候的小梦露就像个"行李儿童"，被人像皮箱一样从一个家庭"拎"到另一个家庭，先后在 10 个不同的家庭里长大。当别的孩子流连于童年的欢乐时，她已尝到颠沛困苦的滋味。后来，一对收养她的英国夫妇把她送进了孤儿院，在那里，她饱尝了生活的辛酸。以至于在她成名以后，她去一家孤儿院访问，居然触景生情，忍不住失声恸哭了起来，之后她向这家孤儿院捐款时还动情地说了这样一番话："我在孤儿院里住过，知道肚子饿是什么滋味。"

梦露在 16 岁进入第一段婚姻之前，几乎都是在寄人篱下间度过的。从没见过亲生父亲的梦露，常常幻想父亲的长相，甚至想象自己是有父亲疼爱的小女孩。梦露在自传里曾经提起这样一件事："那时候我还很小，有一天妈妈抱起我，指着一张相片说，戴着帽子留着小胡须的男人，就是我的亲生父亲。"

根据梦露的说法，她的生父长得非常像在《乱世佳人》中扮演白瑞德的好莱坞电影皇帝克拉克·盖博，或许这可以解释为何梦露后来在和克拉克·盖博合演电影《乱点鸳鸯谱》时，传出迷恋后者的绯闻。很显然，在潜意识中，她把他当成了自己从未谋面的父亲。梦露 16 岁就把自己嫁掉，后来她总是爱上比她年长很多的男人，都是这种童年缺少父爱给她造成的巨大心理缺憾。

应该说，童年的不幸是梦露终生缺少安全感的根源。很多童年不幸的孩子长大以后都无法过上正常而稳定的感情生活，哪怕他工作再努力，事业再辉煌，也无法填补他情感世界的空虚和无奈。尽管银幕上的梦露声名显赫光芒万丈，举手投足倾国倾城，让无数男人为之疯狂、迷醉；银幕下的梦露却是一个彻彻底底的"失恋专家""感情牺牲品"。她一生中的 3 次婚姻均以失败告终，包括与当时著名剧作家阿瑟·米勒的"才子佳人"式的绝配，等待她的也是"以泪洗面"的悲剧收尾。除此之外，她还跟 20 多个各式各样的男人有过这样或那样的感情纠葛。

其实，这个全世界最性感的女人并非水性杨花，她也想拥有一份持久的爱，但她却不懂得什么是爱，也不会去爱。因此她总是陷入一段又一段感情的旋涡当中，希望也总是伴随着失望。据说在她生前最后一次接受的采访中，她坦承自己一直希望有个男人爱她，她也全心全意爱着对方，可惜，这个男人她一生都没遇到。在她以特殊的方式告别这个世界的那一天，没有相伴左右的亲人，没有爱她的男人，没有巨额的遗产，终其一生，除了美丽的身体，这个女人一无所有——这个在银幕上总演喜剧来取悦观众的"性感女神"最终却以悲剧结束了自己短暂而灿烂的一生……

对于梦露的悲剧，过去我们更多是从好莱坞商业体制对一个明星的戕害这个角度来解读，其实，她的悲剧在心理学上也非常典型：不幸的童年像个巨大的阴影，一直笼罩着她的一生，无论她曾经多么辉煌灿烂，那个童年被父母遗弃的小女孩总是躲在内心某个不为人知的角落，默默哭泣，让她好似被诅咒了一般，始终无法走出童年的创伤。心理学告诉我们，小时候被父母送出去，像"行李儿童"

一样被多个家庭收养的孩子，长大以后也很难拥有一段长久的感情，在潜意识中，她会认为自己很快会被对方抛弃，就跟小时候总是被不同的领养人抛弃一样，这也是梦露感情和婚姻总是频频触礁的心理因素。某种程度上，梦露也是一个"爱无能"患者。

从梦露的悲剧人生中似乎可以得出这样一个结论：如果一个人（无论男女），总是在爱情和婚姻中屡遭挫折，那么他应该从他的童年潜意识中去寻找原因。一个给人感觉不够自信的人，甚至非常自卑的人，他的童年潜意识一定残存了不少负面的记忆，让他总是被这些记忆羁绊，这和一匹负重过多的马总也跑不快是一个道理。反之，童年幸福的人，童年潜意识一定也会给他提供足够自信的营养。

过去两性关系和亲子关系一直属于完全不同的两个领域。前者归入婚恋情感；后者则属于家庭教育。但随着近年我对情感问题的研究深入，我发现二者相辅相成缺一不可。因为深层次的两性情感问题都可追溯到一个人的童年经历，尤其是他跟父母的关系。亲子关系处理不好的人，长大以后一定无法很好地面对两性关系；同样，两性情感出了问题的夫妻，即使有了孩子，也一定无法很好地进入亲子关系。某种程度上，我们成年以后跟伴侣的感情关系就是童年时跟父母关系的翻版。

所以在这本书中，我大量运用了亲子关系中的一些原理和技巧，但我毕竟不是专门研究家庭教育的专家，有些提法可能欠妥，可是我希望今后这方面的研究能够深入下去。因为，我们无论活到多大，结婚多少年，甚至有了下一代，童年却一直还躲在暗处，在悄悄地影响着我们每一个人。

♥ 4 "文化潜意识"和"童年潜意识"是开启我们一生幸福的两大密码

如果说童年潜意识更多是个人的生活印记在潜意识里面的反映，那么文化潜意识则是一种集体潜意识。"集体潜意识"这个词最早来源自瑞士杰出的心理学家荣格，他认为一个人的人格结构由 3 个层次组成：意识、个人潜意识和集体潜意识。无疑，童年潜意识是属于个人潜意识，而集体潜意识则反映了人类在以往的历史演化进程中的集体经验。荣格说，它是"从任何一种有关于个人的东西中分离出来的，是全人类普遍所具有的，因此它的内容到处都能找到"。比如我们上学、工作、恋爱、结婚、生子，这些人生各个阶段的重要内容就是全人类的一种集体潜意识，只要我们生活在这个星球上，只要我们还是人类，我们大多数人就要遵从这样一种生活方式。

而文化潜意识，则是一个国家、一个民族的文化心理在潜意识中的反映。比如中国文化特别强调儿女要对父母孝顺，婚姻要讲求"门当户对"，还有流传多年的"嫁汉嫁汉，穿衣吃饭"，甚至中国男人的"处女情结"，都是文化潜意识对我们的潜在影响，文化潜意识和童年潜意识构成了中国人最重要的人格特征，也是操纵我们一生幸福的两大密码。从某种程度上，对于中国人来说，文化潜意识的影响甚至是第一位的，其次才是童年潜意识。

说到这里，也许有的读者会非常悲观：如果我的童年存在某些缺憾，如果我的童年潜意识里有着太多负面的情绪，是不是意味着我将来的恋爱和婚姻都将重演童年的悲剧？不，虽然童年潜意识是开启我们一生幸福的重要密码，但并不代表你的童年不幸，幸福的大门将彻底向你关闭，只要你善于清除过去的阴霾，敢于走出痛苦的童年潜意识，梦想依然可以实现，幸福依然可以降临。那么如何做到呢？就请你接着往下读，说不定你会有意想不到的收获。

我相信，只要破解了童年潜意识和文化潜意识两大密码，认清了伤害我们的"没人"的真面目，在我们付出爱和接受爱的时候，就不至于无所适从，不至于粗暴乖戾，不至于悲伤盲目，更不至于像那神话中的独眼巨人，痛苦地呐喊："'没人'伤害我！'没人'伤害我！"

到那时，这句标志着"爱无能"症经典症状的呼号，将被理解成为："没人能伤害我！没人伤害得了我！"因为，我们不但有能力懂得爱，拥有爱，付出爱，我们还知道，爱是何物，从何而来。我们将在自信的天空下拥有一份一生一世的爱。

第一章

"文化潜意识"深深影响了
中国男人的情爱心理

在一些电视相亲节目当中出现的"奶嘴男"也好，"僵尸男"也罢，看似两个极端，本质上却殊途同归，无一例外都是缺少"青春期"所致。我这里所指的"青春期"不是生理上的"青春期"，更多指的是心理上的"青春期"。我认为，中国传统文化对"青春期"的恐惧和排斥导致了上述"奶嘴男"和"僵尸男"的大行其道。

「 一 」

婆媳关系实际上折射出的是母子关系

1 "百善孝为先"：中国人的代际关系是以下一代对上一代的孝顺为核心的

有那么一段时间，我应邀去一些电视台的情感节目做嘉宾，经常要解决的是婆媳矛盾。俗话说得好：夫妻好做，婆媳难处。千百年来，婆媳关系成了困扰中国家庭最典型的老大难问题，简直比拆迁户跟开发商的关系还要紧张，比巴以冲突还要尖锐。

其实，婆媳之所以成了天敌，是因为当事人都忽略了问题的实质，婆媳关系不仅仅是一个二元对立关系，而是婆婆、媳妇和儿子的三角关系，这个三角关系的核心是儿子。换句话说，婆媳关系实际上折射出的是母子关系。我认为，要想深入地了解中国男人，必须先从中国男人的代际关系入手。

每个人与父母的关系，叫代际关系。我们的性格都是在跟父母的相处中逐渐形成的。

中国人的代际关系跟西方人的代际关系是截然不同的，这也形成了中国人和西方人迥异的性格特征。尤其是中国男人，他们的普遍人格与他们跟父母的代际关系息息相关。

历代流传甚广的《二十四孝图》中，"孝感动天"的故事尤为著名，从这里，我们可以找到中国人代际关系的文化根源。

"孝感动天"说的是舜的故事。

熟悉中国历史的都知道，尧、舜、禹是上古时代3位著名的贤君。尧16岁称帝治理天下，到86岁时，觉得自己年纪大了，就想找到一个合适的人来继承帝位。于是他征求群臣的意见，没想到大家异口同声地向他推荐了一个乡下人——舜，为什么推荐他呢？原因很简单，因为舜是一个著名的孝子。

据说舜的母亲叫握登，非常贤良，但在舜很小的时候就过世了，父亲瞽叟就续弦了。不知道为什么，瞽叟一直不喜欢舜，对他总是很冷酷，生了弟弟象以后，父亲就更偏爱舜的后母和弟弟，3个人经常联合起来欺负舜。

可舜是个孝顺的孩子，即便在父亲、后母和弟弟都将他视为眼中钉的情形下，他仍然恭敬地孝顺父母，友爱兄弟，竭尽全力来使家庭温馨和睦。比如当他受到父亲和后母的责难，心中所想的第一个念头是："一定是我哪里做得不好，才会让他们生气！"于是他总是先检讨自己，想方设法讨他们欢喜。如果受到弟弟无理的刁难，他不仅不恼怒，反而认为是自己没做出好榜样。

舜一片真诚的孝心，不仅感动邻里，甚至感动了天地万物。他曾在历山这个地方耕种，与山石草木、鸟兽虫鱼相处得非常和谐，动物们都纷纷过来给他帮忙。温驯善良的大象，来到田间帮他耕田；娇小敏捷的鸟儿，成群结队，叽叽喳喳地帮他除草。他的孝行被广为传诵，天下都知道舜是一位大孝子。

那时候尧帝正为把帝位传给谁而烦心，听到大臣的举荐，知道舜纯朴宽厚、谦虚谨慎，便把两个女儿——娥皇和女英嫁给他，还让九个儿子来辅佐他。想不到的是，舜的成功非但没有换来父亲和后母一家的欣慰，反倒是变本加厉的伤害。

有一次，瞽叟让舜上房修补屋顶。舜上去之后，这位残忍的父亲却在下面放火，幸亏娥皇和女英出手搭救。还有一次，瞽叟让舜凿井，舜凿到井的深处，瞽叟和象就从上面往井里倒土，以为这样舜就永远回不来了。没想到舜在两位夫人的安排下，早已在井的半腰凿了一个通道，从容地又躲过一劫。但舜并未因此心怀愤恨，仍旧若无其事。此后侍奉父母，对待弟弟，反而越加谨慎了。

当然，面对父亲、后母和弟弟的挑剔、责难乃至"谋害"，舜心里也忧心如焚。有时候，他也会一个人跑到四处无人的荒野里，面对着大地，呼喊着亡母的名字，号啕大哭。

据说尧帝得知舜的德行后，更加满意，决定把王位传给舜。然而，当舜继承大统之时，并不感到特别的欢喜，反而伤感地说："即使我做到今天，父母依然不喜欢我，我作为天子、帝王又有什么用？"他的这一片至德的孝行，沥血丹心，莫不令闻者感同身受。皇天不负苦心人，舜的孝心孝行，终于感化了他的父亲、后母和弟弟，当然也感化了后人，《孟子》云："舜何人也？予何人也？有为者，亦若是！"这种孝感动天的故事不仅成就了舜的美名和功业，也使得这个故事成了在中国人当中口口相传的"二十四孝"之首。

"百善孝为先"，中国人的代际关系是以下一代对上一代的孝顺作为核心的，这是构成中国人"文化潜意识"的一大要素。孝顺是中华民族的传统美德，应该大力弘扬，但有时候"一俊遮百丑"，从大舜的神话中我们似乎可以读出另外一层信息，那就是这种孝顺往往是无条件、无原则、无理性的，甚至是以牺牲下一代为条件的：哪怕父母是多么的不讲道理，甚至冷漠无情，儿女也只能顺从，不能反抗，甚至连一丝一毫的忤逆也不许发生，否则就是"不孝"！

为什么会这样呢？长期致力于中西方文化研究的美籍华裔学者孙隆基先生在他影响深远的一部著作《中国文化的深层结构》一书中指出："中国人的代际关系必须是'和合'的，有时候，这种'和合'是以下一代对上一代的妥协为代价。"

相反，西方人的代际关系却不太一样。

孙隆基先生认为："西方人的代际关系，可以用奥地利伟大的心理学家弗洛伊德提出的'俄狄浦斯情结'来概括。"

弗洛伊德是借用古希腊一则经典的神话来阐明这一情结的：底比斯王在儿子俄狄浦斯出生之际听到一个可怕的预言，他未来的儿子将来有一天会杀死他的父亲，而与他的母亲结婚。底比斯王对这个预言感到震惊万分，于是下令把婴儿丢弃在山上。但是有个牧羊人发现了他，把他送给邻国的国王当儿子。俄狄浦斯并不知道自己真正的父母是谁。长大后他做了许多英雄事迹，赢得伊俄卡斯忒女王为妻。后来国家瘟疫流行，他才知道，多年前他杀掉的一个旅行者是他的亲生父亲，而现在和自己同床共枕的却是亲生母亲。俄狄浦斯羞怒不已，他弄瞎了双眼，离开底比斯，独自流浪去了。

这个神话无疑具有某种象征意味——西方人的代际关系是强调"断裂"的，每一代在成长起来之后，将老的一代完全淘汰或接收过来（弑父娶母就是一种象征）。此外，为了让自己独立的人格出现，还必须在成长过程中将上一代对自己性格的塑造逐渐铲除，以便让"自我"浮现——这种安排所付出的代价，当然就是代际的"不和合"。

因此，西方人——尤其是美国人——的代际关系并不是太和谐，两代之间也不是很亲密。在美国影片《毕业生》和《美国丽人》这些描写两代人关系的著名影片中，你看不到中国同类影视作品中儿女对父母的依赖，更多是彼此之间的距离。尤其是进入青春期之后，儿女的叛逆性很强，跟父母的关系大为紧张。到了18岁，随着步入社会，也慢慢走出家庭，一旦成家立业之后，父母跟儿女之间的关系相对更为疏远。因此，美籍华裔学者孙隆基先生在《中国文化的深层结构》一书中总结："西方人，尤其是美国人的代际关系强调的是'断裂—分离—个体化'"，核心是使一个人尽早地从父母的羽翼中脱离出来，成为一个独立的个体。

然而，在大舜的神话中，我们看不到这种"断裂"的代际关系，反倒是靠孝顺来维持的代际的"和合"，哪怕是忍辱负重逆来顺受也在所不惜。这种下一代向上一代全面妥协的"文化潜意识"深深影响了中国人，尤其是中国男人的普遍人格。五四新文学中出现过不少类似的经典形象，比如巴金《家》《春》《秋》里面的大哥高觉新、《寒夜》中的小职员汪文宣和曹禺笔下的周萍（《雷雨》）、焦大星（《原野》)、曾文清(《北京人》)都是深受这种"文化潜意识"影响的中国男人,他们仿佛得了软骨病一样,在强大的封建势力面前都软弱得抬不起头来,不仅自己活得痛苦,也给他们最爱的女人造成了难以言表的伤害。

在《家》中,由于觉新的懦弱,导致他最爱的女人梅像林黛玉一样抑郁而终,而妻子瑞珏则难产而亡;《寒夜》中,汪文宣面对紧张的婆媳关系无可奈何,导致妻子离家出走,自己也在孤独中了却残生;《雷雨》中的周萍对自己的继母繁漪始乱终弃,最后前者自杀,后者发疯。中国的旧式男人在孝顺的名义之下大多谨小慎微、无所作为,把自己和最爱的女人都情不自禁地推上了封建礼教的祭坛,成为可悲的牺牲品。

2 父子疏远,母子亲密是中国男人普遍的代际关系

仔细考察中国男人的代际关系,虽然都是强调以孝道至上,但父子关系和母子关系却又存在着本质的区别。

在中国传统社会,父亲和母亲在儿女面前担当的角色是不一样的。比较常见的说法是"严父慈母",父亲的形象必须是威严的,甚至带点儿严厉,母亲则是慈爱的、亲切的。所以中国历来的家教,都是父亲更多负责"教",母亲负责"养"。《三字经》里也说:"子不教,父之过",似乎儿子出了问题,就是老爸的过错。在这种不同的职责分工之下,父亲的教化作用越来越凸显,有时候,为了显示这种权威作用,不得不经常摆出一副高高在上、不苟言笑的面孔,如果太

过亲密，威严就体现不出来。连孔子也说"君君，臣臣，父父，子子"，这意思是说国君要像国君，臣子得像臣子，父亲要像父亲，儿子也得像儿子，这是尊卑，也是秩序，如果乱了，成何体统？

我们注意，孔子是把父子关系和君臣关系放在一起相提并论的，实际上就是告诫天下，君臣关系就像父子关系，父子关系等于君臣关系。孔子是这么说的，也是这么做的。所以，"百善孝为先"这种影响中国人的"文化潜意识"倘若延伸开来，就是对长幼尊卑秩序的维护，所谓"君为臣纲、父为子纲、夫为妻纲"，都是强调大臣对皇帝，儿子对父亲，妻子对丈夫要无条件地遵从，否则就是乱了纲常，就是大不敬！

中国历代统治者为何都提倡孝道，表面上是提倡儿女孝顺父母，实际上是宣扬臣民尊崇皇帝，女人服从男人，某种程度上二者是异曲同工的。在《说文解字》中，对"妇女"一词的"妇"字是这样解释的："妇，服也。从女，持帚洒扫也。"可见，中国古代妻子的功能跟今天的钟点工差不多，都是打扫卫生的，只不过呢，人家钟点工干活是有报酬的，在中国古代妻子都是白干。而且"妇，服也"，宣扬的也是女人对男人无条件地服从。这种对男尊女卑观念的维护也是构成中国人"文化潜意识"的重要内容。

《论语》里面记载了一段孔子教子的故事。这个故事是一个叫陈亢的人从孔子的儿子孔鲤那儿听来的。大概内容是陈亢很想知道孔鲤作为圣人的儿子是不是经常得到父亲的言传身教，甚至某些常人得不到的"真传"，孔鲤就说，没有。他只是在孔子站在"庭"中的时候经过，被父亲叫住，问他昨天学诗了没有啊？孔鲤低着头老老实实地答道：没有。孔子就说：诗你不学好，你就不会说话。于是孔鲤恭敬地回答：是。便退下去学诗了。过了几天，孔子站在"庭"中继续沉思，看到儿子从旁经过，忍不住又问：学礼了吗？儿子答：还没。孔子有点儿不高兴了，说了这么一句：不学礼，就不会做人。于是孔鲤谨记在心，又回去学礼了。孔鲤这番话似乎让陈亢茅塞顿开，他当时就高兴地表示：我一下子知道了三件事，那就是如何学诗，如何学礼，还知道了君子要疏远自己的儿子。

圣人教子如此身体力行，自然也引来后世的纷纷效仿。至少，父亲对儿子的教育，从此就被称为"庭训"了。训得越多，儿子似乎就越听话，但父子关系也就越淡漠，是啊，做父亲的整天做国君训臣子状，儿子能不跟你保持距离吗？因此，中国历来的父子关系，大概除了婴幼期还算亲密（那时因为孩子还太小，没法拉出"庭训"的架势），进入青春期，父亲和儿子之间的关系就越来越疏远，有的甚至还剑拔弩张，彼此视若寇仇。

这时候母亲就成了父子关系的润滑剂，甚至变成了一把保护伞，保护什么呢？保护儿子不被自己的老公责骂。此时，相对于父亲的严厉，母亲更多展现的是疼爱子女的另一面。

比如在前面提到的大舜的传说中，舜被父亲责骂甚至毒害的时候，他就会独自一人跑到野外，面对苍天号哭，并呼喊亡母的名字，渴求母爱无疑成了舜在人间活下去的唯一的精神力量。

但"中国式的母爱"分寸常常把握不好，疼爱很容易滑向溺爱，过分保护儿子的结果往往使他们过分柔弱，乃至拒绝成长，逃避责任，从而使个体无法真正成熟起来。

不光在中国，在儒家文化盛行的日本和韩国，母亲溺爱儿子似乎也屡见不鲜。日本著名情爱作家渡边淳一在他的情感论著《男人这东西》一书中曾经一针见血地指出："在做母亲的看来，那些对大人言听计从的男孩性情柔和，成绩优秀，很是招人喜爱。可这些性情温柔得如同小绵羊的男孩们却不见得能受到女孩们的青睐，因为他们身上缺乏雄性动物应有的彪悍和粗犷，他们只是母亲的小宠物。"这些男孩哪怕工作上再出类拔萃，好像也没长大，他们不是真正的男人，只是还没脱离母亲怀抱的"乖宝宝"。这种喜欢依附在母亲身边的小男孩一旦进入婚姻状态会不可避免地遭遇两大狙击战：一是婆媳失和；二是性的障碍。

3 夹在婆婆和媳妇之间的"三明治丈夫"都是精神上没有断奶的男孩

婆媳关系是婚姻家庭中的难点之一，那一段时间，我参与的各种情感节目中，几乎隔三岔五，都会遇到这类投诉。婆媳难处的原因很多，其中有一点，那就是母子关系过于亲密。母亲疼爱儿子，儿子孝顺母亲，本来是应该褒扬的，然而，凡事都有个度，过犹不及，母子过于亲密必然导致前者控制欲强，后者依赖性大。一个总想控制儿子的母亲一旦意识到自己辛辛苦苦养大的儿子婚后会被另一个女人"接管"，个中滋味可想而知，哪怕她表面上接受这个儿媳，潜意识中也会产生排斥的心理。

前面提到，婆媳关系实际上就是另一种三角关系，同样是两个女人在争一个男人。而过分"恋子"的母亲无疑是把儿媳当成了潜在的情敌，后者当然也不甘示弱："我是他正宗的老婆，他爱我天经地义，凭什么我们之间的爱你要分走一部分？"你说这样的婆媳能"友好相处"吗？还不跟乌眼鸡似的，恨不得我吃了你，你吃了我。而在母亲眼中的那个乖宝宝由于从小习惯了言听计从，习惯于大事小事都依赖母亲的决定，性格难免懦弱、做事缺乏主见，一旦最爱的两个女人产生矛盾，很难起到"双面胶"的功效，搞不好心理的天平总是不知不觉地倒向自己的母亲，另一半则无暇顾及，久而久之，婆媳失和不说，还影响夫妻感情。因此婆媳关系紧张的根源在于丈夫总是被他的母亲过分保护。

性的障碍也与此相关。前不久，我看到某心理刊物一个调查，当下夫妻性生活不和谐，男方的责任越来越大。很多都是出在"80后"的独生子女身上，某些娇生惯养的男孩子在性方面觉醒过晚，导致夫妻行房时不会爱抚不懂温存，有的甚至出现严重的性功能障碍，女方由于长期得不到满足不得已提出离婚。

这些"娇生惯养"的丈夫们其实都是妈妈眼中的"心肝宝贝"，什么事都听妈妈的话，什么事都由妈妈做主。记得在一次情感节目中，我遇到一个28岁的已婚男孩，他在节目中最爱说的一句话是"我妈可疼我了！我从来不会惹妈妈生气"，说的时候语调充满了童真和稚气。你说这样的男孩怎么可能真正地成长？

在心理学中，成长并不仅仅是你的年龄在增长，也不代表你参加工作、进入婚姻就一定成熟，而是你是否具备一定的独立性。显然，妈妈眼中的"小宠物"们从未长大，因为他们只有依赖性，没有独立性。哪怕到了床上，他们也无法"雄起"，因为他们还不是健全的男人，只不过是"乳臭未干"的孩子。一个男人要想磨炼自己的男性气质，必须首先从母亲过分关注的视野中逃离出来。一个真正的大男人，应该像呵护自己的妻子儿女一样呵护自己的母亲，而不是反过来时刻被母亲呵护。

在那期节目中，我说过这样一段话："大多数女性都喜欢品行端正、文质彬彬的男人，但不代表她们都喜欢文弱、懦弱甚至软弱得毫无主见、只会听妈妈教导的乖孩子，除非她不是嫁给他，而是收养他；不是找老公，而是找儿子。"

韩国家庭问题研究专家李丙准认为：跟母亲关系过分亲密的儿子，在家庭中往往还承担着"代理配偶"的角色。所谓"代理配偶"指的是一种精神层面的夫妻关系，即二人没有身体上的关系，却在精神上形同夫妻，或者具有跟夫妻一样的情感，这在丧偶或者离异的单身母亲身上非常普遍，她跟儿子之间既是母子，又像夫妻。李丙准尖锐地指出："倘若一个女人嫁进这样的家庭，就会沦落为丈夫的性伴侣、家庭保姆、传宗接代的工具，而且永远不会有什么地位可言。"

由于这类丈夫从小就是填补母亲心灵空缺的"代理配偶"，所以往往成为母亲精神生活的一种依靠和支柱。但他们意识不到，这种在孝顺的名义之下对母亲的无条件的顺从和迁就，不经意之间又对妻子构成了无言的伤害。这等于是一个男人的爱要被一个家庭里的两个女人同时分享，而且在母亲和妻子各不相让时，做丈夫的往往像是足球场上的黑哨，基本被母亲的意志所左右，无法做到公正、公开和公平，长此以往，哪个妻子会受得了？

在一期情感节目中，一个妻子哭诉，每当婆婆跟她过不去的时候，丈夫都无一例外叫她低头认错，他经常挂在嘴边的一句话就是："我爸死得早，我妈把我养大不容易，我得孝顺她。咱们不能惹她生气，你就多担待吧。"这位妻子形容，在这样的家庭里，婆婆相当于丈夫的另一个妻子，而且像个大老婆，处处颐指气使，她感觉好点儿的时候就像小妾，得时时赔着小心，有时候则更像奴婢，全无尊严。一旦跟婆婆产生了激烈的争执，丈夫甚至会动手打人，做婆婆的则站在一旁煽风点火。

有人形容这种夹在婆婆和媳妇之间的男人是"三明治丈夫"，这种"三明治丈夫"表面上是孝顺至上，实际上是精神上没有断奶的男孩，他们只会做母亲怀中听话的乖孩子，无法成为保护妻子的好丈夫。李丙准认为："男人真正的孝顺是跟母亲'划清界限'。"我同意这种说法，所谓"划清界限"不是脱离母子关系，而是从母亲对儿子无所不在的关注中"解放"出来，让母亲更多地关注他和他的妻子，而不是仅仅关注他，要学会把儿子和媳妇看作一个完整的整体，而不是把媳妇当成外来的"假想敌"。

除了离异、丧偶这种单亲家庭之外，母子关系过分亲密实际上还折射出夫妻关系的"有名无实"，关系紧张的婆媳后面往往有一对亲密的母子，而母子走得过近是因为母亲和父亲之间的关系非常疏远。母亲为了寻找情感寄托，只好把儿子作为替代品，尤其在父亲的位置长期缺失，或者无法尽责的情况下，儿子更会紧密地依赖母亲，母亲也会深深地眷恋儿子。这种情形在中国历代的婚姻家庭中屡见不鲜。

4 母子关系超过夫妻关系是家庭矛盾的根源

也许有的读者会问，在中国，为什么会屡屡出现这种不正常的家庭关系？我认为三种因素不容忽视：

（1）中国传统女性天生就有"母性情怀"，不仅对兄弟、对父母无微不至，甚至看到落难的公子也忍不住生出怜悯之心，结婚以后更是一心一意相夫教子。要不贤妻良母的观念为何如此深入人心呢？这种母性的包容反映到婚姻中，就是全情投入，就是无私奉献。久而久之，不仅在儿女面前是个"良母"，在丈夫面前也渐渐变成了他的第二个"妈"。

（2）"男主外，女主内"的婚姻模式使得丈夫和妻子在不同的分工中渐行渐远。丈夫每天在外奔忙，除了晚上在一张床上睡觉，白天基本上见不着面，长此以往，妻子便成了"白天的寡妇"，伴随着一种潜在的不满之外，就是难熬的孤独。倘若此时，儿子降生，无疑宣告一个第三者的降临，慢慢地，妻子就会把对丈夫的关注转移到儿子身上。丈夫越很少回家，妻子越寂寞，就越会把情感投注在儿子身上。如果看到自己付出的爱结出了丰硕的成果，比如当孩子渐渐长大了，开始上学了，做母亲的会感到无上的光荣——这是女人的一种天性。此时，即便丈夫不与自己做过多的交流，她也不会感到多难过，因为在孩子身上她获取了更多的东西。

（3）这也跟中国传统的婚姻家庭只重传宗接代，不重夫妻情感有关（关于这点，请见本章第三节）。做妻子的在丈夫那里得不到爱，只好转移视线，把儿子当成"代理配偶"。这种"代理配偶"不光是出现在丧偶、离异的单亲家庭中，在夫妻之间长期冷战、丈夫有外遇，或者妻子看不起丈夫的家庭中，儿子都好似被"突击提干"一样，会迅速取代原来丈夫的位置。将来儿子一旦结婚，就会跟自己的媳妇形成无比纠结的三角关系，儿子夹在其中不知所措，成为所谓的"三明治丈夫"。女人嫁给这种男人无疑会痛苦万分，而"三明治丈夫"的儿子如果在这样一种扭曲的环境下长大，长时间耳濡目染，也会不自觉地倒向自己的母亲，沦为下一个"代理配偶"，从而演变成一个"母子亲密，婆媳失和，夫妻冷漠"的恶性循环链。

倘若在一个家庭中，有一对糟糕的婆媳关系，不难推断，在婆婆当初嫁到这个家庭时，也跟她的婆婆构成一对糟糕的婆媳关系。对这个婆婆而言，儿子，而不是丈夫，成了她情感上最亲密的人，也是她最割舍不下的人。

我表妹就嫁给了这样一个"三明治丈夫"。在家中，他是独子，备受母亲的珍爱。所以，一方面家务事从来不干，都由母亲大包大揽；另一方面又对母亲唯唯诺诺言听计从。据我表妹形容，她这位婆婆有严重的"恋子倾向"，每次喊儿子的时候都是用的小名，而且语气发嗲，就跟情人撒娇一样。全家一起吃饭，也只顾着不停地给儿子碗里添菜，甭说她这个儿媳，连她的公公也视若无睹。有时候跟老公坐在客厅里看电视，婆婆好像空降兵一样突然出现，硬要坐在两人中间，然后亲切地拉着儿子的手说个没完，她跟老公的房间不到晚上 10 点是不许关门的。我很好奇，就问她婆婆和公公之间的感情怎么样？表妹说，很冷漠。细问原因，一是公公很早就下岗了，加上性格比较懦弱，婆婆一向看不起他，觉得他"太窝囊""没本事"，所以家里一切大事基本上都由婆婆一人说了算；二是当年她婆婆刚嫁入这个家，她婆婆的婆婆因为是寡母，心理非常扭曲，经常对这个儿媳横挑鼻子竖挑眼，让她饱受欺凌。如今"多年的媳妇熬成婆"，也开始颐指气使了，经常嫌我表妹这不会干那不会干，我表妹本来脾气挺好，但有一次实在忍不住了，就顶了婆婆两句嘴，婆婆勃然大怒，指着她就骂起来，我表妹的那位老公呢，却也跟他妈站在一条战线上指责她。我问她为什么不想方设法跟老公搬出去住，她说提过好几回，老公不同意，说要自己出去住就对父母不孝。就这样，结婚三年，夫妻之间经常吵架，不为别的，就为她那位难伺候的婆婆，为此，她甚至想到了离婚。

在西方，夫妻关系才是家庭关系的核心，在中国、日本、韩国这些东方国家却不是这样，母子关系常常压过夫妻关系。婆媳不和实质上就是母子关系超过夫妻关系种下的恶果。心理学家普遍认为，夫妻关系的好坏直接影响家庭和睦。那些不正常或问题重重的家庭关系往往首先是夫妻关系出了问题，或者夫妻关系被看轻，母子关系主导了整个家庭，这些都是家庭矛盾的根源。

心理学上有一种行为叫作"非爱行为"。什么意思呢？就是以爱的名义对最亲近的人进行的非爱性掠夺。这种行为不光发生在夫妻之间，恋人之间，也发生在母子之间，父女之间，也就是世界上最亲近的人之间。

很多母亲在儿子娶妻之后总爱唠叨的一句话就是："娶了媳妇忘了娘"，要不就是"只认老婆不认老妈"，这都是对儿子的一种非爱性掠夺。很多母亲不懂，这个世界上所有的爱都以聚合为最终目的，只有一种爱以分离为目的，那就是父母对孩子的爱。父母真正的爱，就是让孩子尽早作为一个独立的个体从你的生活中分离出去，分离得越早，孩子就越成功，越能获得幸福。而如果越拒绝分离，就越会给孩子和他的家庭带来困扰，后者甚至在你的严厉监管之下，就像一个失去自由的犯人，终身得不到快乐。

前面提到，在西方，这种断裂式的代际关系，并不是下一代单方面要求的。上一代对儿童教育的方式，也是为未来的这个断裂铺路。与中国父母让未成年的子女与自己睡一起的习惯不同，西方人从小就训练子女独睡，让他们不要产生与别人"在一起"的需要，以便培养孩子独来独往的精神。此外，西方人往往用对待成年人的态度对待儿童，以便实现"人格平等"。这种种措施，都是为了准备与下一代断裂的。在一部美国家庭伦理片中，一位母亲这样评述她的10岁的儿子和4岁的女儿："我们并不将子女当作是私产，他们只是上帝暂时托管给我们的。"

在这里，我想对中国的大多数母亲说几句贴心话：我深深理解你们为下一代付出了大半辈子的精力，把一个孩子养大真的很不容易。但是，无论你多么爱你的儿子，将来他也要长大，也要独立，终究要去过他自己的生活。你对儿子生活的过分介入，不仅会严重影响你儿子跟儿媳的感情，也会把儿媳从无形中推向她的孩子，如果碰巧第三代是孙子的话，会使夫妻冷漠、母子亲密、婆媳失和的悲剧循环上演。

对于做儿子的来说，不论你多么孝顺你的父母，你终究也要离开他们，去过自己独立的生活，否则你就不是一个真正的男人，你就不会对妻子和孩子负起责任。表面上看你对母亲是孝顺，其实是在伤害你的妻子，记住：男人真正的成熟是从母亲身边彻底独立开始的。当然，我并不是否定孝道，孝顺父母是理所当然的，但并不等于无条件地顺从，甚至为了过分迁就母亲而牺牲妻子，很多家庭婆媳不和都是这些"三明治丈夫"引起的，他们才是真正的不孝顺。

「二」

中国的男人普遍缺少"青春期"

1 "奶嘴男""僵尸男"为何频频出现在一些电视相亲节目中?

不知道从什么时候开始,沉寂多年的电视相亲节目一夜之间又火了起来。打开电视,各大卫视黄金时间都无一例外重复着同样一个声音,同样一幅画面:主持人在大声宣布"请灭灯",然后就是一群打扮入时、风骚入骨的美女像主考官一样站成一排,决定着前来面试的那位男嘉宾的"生死"。碰巧,我原先在电视台工作时的一批老部下,不论男女,也无一例外都成了"媒婆",整天出入各种婚介中心,在做各种相亲节目。最后搞得我也不能免俗,被拉去南方某电视台做了回专家,倒真是大开眼界。

以前坐在电视机旁看相亲,我关注的多是"灭绝师太"(因某些女嘉宾专爱"灭灯",说话很"绝",从而获得此项殊荣),此次亲临现场,反倒是那些前来相亲的男嘉宾引起了我的诸多感触。

不知道是不是那天过于凑巧，闪亮登场的那些男士普遍给我一种印象：就是缺乏魅力，不是说他们长得不帅，而是觉得他们都呆头呆脑的，有的像老气横秋的半老头子，有的像奶瓶没扔的幼稚小孩。一个自称是 IT 精英的 30 岁男人，头发都掉光了，身材膨胀得像吹起的气球，给人感觉 30 岁的人生早已提速到了 50 岁。这位仁兄坦承，平时除了泡在电脑旁边，基本上没啥其他爱好，也不想在业余浪费太多时间，来这里相亲，就是为了找个老婆过日子，很实在，结果被现场几位牙尖嘴利的美女讥讽为"不懂生活乐趣"；还有一位 28 岁的海归，说话基本要靠旁边的妈妈来提示，感觉人际交往存有一定的障碍，甚至轮到他向美女们提问时，也张不开口，全由妈妈来代劳，以至于现场我不得不提出如下疑问：是他来相亲还是他妈妈来相亲，怎么感觉是喧宾夺主？

节目录像空隙，跟女嘉宾聊天，她们当中有不少都"久经沙场"至今仍"坚贞不屈"，问她们感觉如何，全都摇头。一位相貌不俗的女硕士跟我直言：现在来征婚的男嘉宾，要么就跟僵尸片里走出来的一样死气沉沉，没点儿活力，要么就像个超龄男童，还没断奶。

女硕士的这番奇谈怪论差点儿没让我笑趴下，后来节目组的负责人也告诉我，相亲节目来报名的不少，但优秀者很少，尤其是前来寻找另一半的众多男士，不是太"呆"，就是太"木"，要不就是太"奶"太"面"，相亲的成功率非常不理想。节目组本来是想给这些"剩男剩女"们缔结良缘，结果一些优质的"剩女"表示，宁肯坐以待"币"（找个有钱人），也绝不让他们乱中"娶剩"。

末了，这位负责人慨叹：现在的中国男人怎么了？不是"奶嘴男"，就是"僵尸男"，要想找几位素质好、品位佳、会表达、懂情趣的怎么就比中国足球进世界杯决赛还难？

后来，我逐渐发现，何止是相亲节目，在日常的恋爱交往当中，"奶嘴男"和"僵尸男"也层出不穷。最近某大型婚恋机构的一项调查显示：70%处在恋爱阶段的未婚女性对男友"不太满意"，其中最不满的几条分别是："性格软弱""没有担待""不会表达""不懂浪漫"……

也许有人会说，这跟"80后""90后"多是独生子女有关，他们从小娇生惯养，难免一身"奶气"，不够"爷们儿"，我不同意这种看法。这不仅仅是一个年龄段男人的性格错位。在他们身上，实际上折射出中国文化的某些特质，换句话说，那些未婚女性对男友的诸多不满不是个别现象，某种程度上具有普遍意义，他们不仅存在于"80后""90后"身上，在我们的父辈祖辈那儿其实早就埋下了伏笔。

我们先来看看中国戏曲舞台和话本小说里面的那些经典的男性形象吧，我觉得基本上可以分为两类：一类是以《白蛇传》里面的许仙、《西厢记》里面的张生、《红楼梦》里面的贾宝玉为代表，这类男人的特点是外表唇红齿白，说话奶声奶气，性格多愁善感，做事优柔寡断，除了春情萌动这点，怎么看都像个乳臭未干啥事不懂的毛孩子，他们无疑就是时下某些"80后""90后""奶嘴男"的鼻祖；另一类就是以《三国演义》中的刘备、《水浒传》中的宋江、《西游记》中的唐僧为代表，他们倒不是孩子，但又过于老气横秋，暮气沉沉，那种古板和严肃，感觉就像提前进入了老龄化社会，前面提到的"僵尸男"似乎在这里找到了源头。他们身上，不是小孩子气就是小家子气，缺少西方古典神话和小说电影中英雄豪杰的那种英气、锐气和大气。

也许有的读者会不以为然：你说得不对，谁说中国传统文化只有这两种男性形象？我们还有关羽、张飞、赵云，还有武松、李逵、林冲，还有天不怕地不怕的"齐天大圣孙悟空"。是的，我们的传统人物画廊中是有这些英雄好汉，但非常可惜，他们永远只是配角，是绿叶，是马前卒，他们要么给刘备打工，要么给宋江抬轿子，唯一一个有自主意识的孙悟空，又被唐僧的紧箍咒给套住了，他们全都不是历史的真正主人，甚至做不了自己的主，因为他们都被"收编"和"整治"了。

作为一名情感作家，我的看法，这些"奶嘴男"也好，"僵尸男"也罢，看似两个极端，本质上却殊途同归，无一例外都是缺少"青春期"所致。我这里所指的"青春期"不是生理上的"青春期"，更多指的是心理上的"青春期"。我认为，中国传统文化对"青春期"的恐惧和排斥导致了上述"奶嘴男"和"僵尸男"的大行其道。

2 中国传统文化带有很强的"身体化"倾向

说到这里，也许有人会说，你在危言耸听，中国的传统文化难道真如你所言？

那我们就从中国传统文化对"人"的定义说起吧。

在我写的情感系列第二部《女人不"狠"，地位不稳》一书中的第三章，有篇文章《中国男人是一种"面子动物"》，里面谈道：中国历来对"人"的定义，从来就不是孤零零地把人作为一个单独的个体而存在，而是把他纳入一个特定的人伦关系中。这个定义就是《中庸》中所说的"仁者，人也"，所谓"仁"乃"人"字旁加一个"二"字，也就是说只有在"二人关系"中，才可以给一个人下定义。在儒家看来，这"二人关系"包括：君臣、父子、夫妻、朋友。再往后，"二人关系"又逐步上升到集体、党派、国家、民族。所以，有人说，中国传统文化的核心是集体意识，而不是个人意识。个人只有融入集体中才是社会的一员，才能体现自身的价值。小时候，看各种各样的国产老片，里面的主人公经常说的一句话就是："我终于找到组织了！"而"组织"对迷途知返的"中间人士"也常常作出如下结论："你终于回到了人民的怀抱！"

相反，在以基督教文明为基础的西方文化中，个体的独立性是被首先强调出来的。深受存在主义思想影响的西方人认为，一个人只有从他全部的社会角色里抽离出来，以"自我"作为根本，他的"存在"才有意义。

中国传统文化这种对集体意识的弘扬，必然导致对个人意识的忽略。读中国历朝历代的文献著作，你几乎找不到关于"人格""灵魂""个体"等方面的论述，反倒倾向于将个体设计为一个"身"，"由吾之身，及人之身"，个人的精神状态，须由他人来界定，这也符合儒家关于"仁者，人也"的定义。

美籍华裔著名学者孙隆基先生在他所著的《中国文化的深层结构》中是这样阐述中国人的"身"的。他说："中国人是用'身'这个名词来指称自己的，例如说'本身'或'自身'，如果译成英文，就变成了 this body of mine，即指不包括灵魂或精神的人之肉体部分。至于有关本人的指称在英文里是 self，有自己的人格（one's own person）的意思。亲自去经历或去做一件事，在英文里也是用 oneself 这种人格指称，在中文里却是用'亲身'等词。英文中 on his person 在中文里也被译成'在他身上'。至于人格侮辱在中文里则被称为'人身攻击'，如果译成英文就反而变成了 physical assault，而不会使人联想到是对一个完整形态的'人'的攻击。"因此，孙隆基得出一个结论："中国人对自己对别人都只有'人身'观念，而没有'人格'观念。"

其实，在汉语中，"身"的定义除了指称自己，还包括人生、生命。比如人的一生就用"终身"来形容，儒家对士大夫的理想要求则是"安身立命"。推而广之，中国人对"身"的这种运用在日常生活中俯拾皆是：比如一个人的家庭背景叫"出身"，家庭财富叫"身家"，一个人的地位和价值叫"身价"，生存状态明显改善叫"翻身"，为了某种理想奉献自己叫"献身"，如果献出的是自己的生命则是"舍生取义"或叫"杀身成仁"。

即便在为人处世当中，对"身"的强调也是屡见不鲜。假如一个人在社会上无法按自己的意愿行事，叫"身不由己"，为了保护自己，只好"明哲保身"，倘若连自己都保不住，那就是"自身难保"，搞不好还要赔上"身家性命"，到那时就永世不得"翻身"。

因此，中国传统文化就带有很强的"身体化"倾向。这种"身体化"具体表现在以下三个方面。

1. "吃饭"和"安身"成了中国人一生中最重要的两大追求。过于现实，缺乏对人生的"终极关怀"。

或者说，只要这两样满足了，就无可无不可了，至于什么精神、情感、信仰似乎都无所谓了。（有些自由派知识分子认为，在中国，为什么民主观念和公民意识始终无法做到深入人心，问题的核心就在于此。）而"吃饭"和"安身"似乎又相辅相成、彼此照应。孔子很早就说过，"民以食为天"，中国人见面最爱说的一句话，就是"吃了吗"，找工作有时候也被说成是"混口饭吃"，在一个单位混得好，叫"吃得开"，混不好，叫"吃不开"，如果日子过不下去了，叫"揭不开锅"，朋友之间交往最重要的方式就是"请客吃饭"，甚至拉交情走后门也得首先用"吃饭"这一招作为见面礼。而我们"混口饭吃"除了养活自己之外，还要养活一家老小，比如抚养孩子，赡养老人。养孩子是为了养儿防老，传宗接代，养父母是为了恪尽孝道，养老送终。

中国文化的现世取向，使人把生存的意向集中在世俗中，不像世界上其他的高级宗教那般，具有"超越"与"拯救"的因素。孔子说过："未知生，焉知死。"这种彻底的"现实主义"是导致中国文化重"身"不重"心"的深层原因。中国人没有世俗生活之外的"超越意识"，缺乏"终极关怀"，一切以"身"的安顿为依归，造成"有一口饭吃就行"的极端世俗化的人生态度。

2. 体现在上一代对下一代的抚养中，就是只注重对身体的"照顾"，不注重对个性的"培养"。

在中国，老百姓的生活意向，归根结底，就是一个"吃"，一个"养"。"吃"是为了"养"，要做到"养好"，就必须先"吃好"。核心都是为了"保重身体",在父母对儿女的抚养中,这点表现得尤为明显。比如对孩子的吃穿住行都很小心在意,哪怕生了点儿小病也焦虑万分,但对孩子真实的内心感受很少关注,至于说培养孩子的个性更无从谈起,只要听话就行。

我记得曾经参加过一个主妇杂志举行的读者咨询会,来的都是学龄前孩子的妈妈,谈到孩子的教育问题,这些妈妈最担心的就是孩子上了小学以后"会不会不听老师的话""会不会调皮捣蛋",好像孩子淘气一点儿就是"不乖",就是"坏孩子"。在西方社会,尤其是新教文化的西方人士,除了照顾孩子身体的需要之外,更注重孩子个性的培养,如很小就让他们单独睡,鼓励孩子的自我表达和自我判断。

3. 导致整个中国文化弥漫着很浓厚的"口唇化倾向"。

由于中国人在生存状态、家庭关系、人际交往中过分看重"吃"的作用,由此,孙隆基先生认为:"整个中国文化弥漫着很浓厚的口唇化倾向。"所谓"口唇化"原是弗洛伊德精神分析学说当中的一个重要概念。弗洛伊德曾经把人的成长分成若干重要阶段,如"口唇期""肛门期""生殖器期"等,其中"口唇期"是初生婴儿经历的阶段,因为他整个生存的意向都集中在口欲的满足上,要靠吸吮母亲的乳汁来获取营养。所以,中国的上一代对下一代的教育中,总是隐含着把对方当成永远长不大的儿童的倾向。

我认识一个报社记者,马上就要30岁了,人长得五大三粗,外表很爷们儿,做事也很麻利,但每次他妈妈给他打电话,还管他叫"宝宝",听得我鸡皮疙瘩都出来了,他都还无所谓,说他母亲一直这么叫他。父母关心孩子是人之常情，但我们的父母，无论孩子多大，关心的始终是孩子身体怎么样，吃得好不好，睡得香不香，学习成绩怎样，至于孩子的内心世界，特别是情感生活，除了包办代替，基本上很难做到面对面的推心置腹。父母没这个意识，孩子也不愿意。

所以，谈到中国的"性教育"，很多这方面的专家都慨叹，我们的父母永远在"性"上讳莫如深，除了不好意思、不知道怎么跟子女表达之外，最重要的因素就是中国的上一代永远倾向于把下一代当成不懂事、"没开化"的儿童，总觉得他们还小，只好任由下一代自个儿在黑暗中"摸索"了。

3 无论一个男人年龄多大，中国的父母总喜欢用儿童的标准来看待他

我认为，一个人自我意识的觉醒是从性意识开始的。小时候，我们时刻不离地依赖在父母身边，我们除了知道爸爸妈妈，知道我们是他们的孩子，我们对自己是谁，从哪儿来，将来去哪儿都无从知道。青春期到了，伴随着性的苏醒，我们一下子发现了自己，不再甘心躲在妈妈的羽翼之下，我们像一朵肆意绽放的怒火之花，要破土而出，要大声呐喊。在美国影片《毕业生》中，即将大学毕业的本是在被人到中年、寂寞难耐的罗宾逊太太的勾引之下突然意识到自己是个"男人"了，影片最后，在一场教堂的抢婚风波中，本完成了自己的"成人礼"。

反之，性的压抑和弱化，必然导致自我的压抑和弱化，到了该谈恋爱和找对象的年龄，反倒无所适从，有时候哪怕遇到了自己心仪

的异性，也不知道如何追求，怎样表达，只好由他人代劳——比如父母安排，朋友介绍，甚至借助于婚介所和电视台。中国人一直对相亲乐此不疲，近两年婚恋相亲节目突然之间火得一塌糊涂，倘若探究历史原因，就在于此。

在恋爱中，大多数女性都欣赏责任感强、具备绅士风度和浪漫情怀的男士，殊不知，这种责任感、绅士风度、浪漫情怀都必须建立在一个男人真正心理成熟的基础上。这种成熟很大程度上就是一种"性意识"的成熟，爱情本质上就是性爱，不是友爱，更不是母爱，如果一个还在妈妈襁褓中奶声奶气的男子对她心爱的女人就像对母亲一样，试问，哪个女人受得了啊？

然而，中国的父母总是喜欢把自己的孩子看成从未长大的儿童，因此，也就习惯于用各种儿童的标准来要求孩子，无论他年龄有多大。

1. 把"听话""顺从"当成了一种美德，甚至看作是"孝道"，不听话就是"不孝"，就是"大逆不道"。如果一个年轻人从来都是循规蹈矩，在行为上不敢越雷池一步，听父母的话，听老师的话，听领导的话，就会被认为是"家教好"，是个"好青年"，殊不知，这类过分听话的孩子很可能就是在性方面极度被弱化的人，实际上就是童年状态的无限延长，心理年龄严重滞后，这种人一旦进入恋爱和婚姻，夫妻关系、婆媳关系都会处理不好。

2. 不注重培养孩子的独立性，总是把自己的意志强加给孩子，甚至让孩子一辈子依附在父母身边。孔子在《论语》中就说过"父母在，不远游，游必有方"，即便将来孩子去外地上了大学，送到海外，一且安定下来，也总想迫不及待地去团圆。大多数中国人，尤其是中国的男人，一辈子都是在父母严格的监管下，永远保持在一个无限延长的童年状态。鲁迅对此一针见血地说："所有的小孩，只是他父母的材料，并非将来的'人'的萌芽。中国人照例是制造孩子的家伙，不是人的父亲，他生了孩子，便仍然不是'人'的萌芽。"

《二十四孝图》排名第二的"戏彩娱亲"实际上歌颂的也是一个终生都在保持儿童状态的"老顽童"的故事："周老莱子，至孝，奉二亲，极其甘脆，行年七十，言不称老。常着五色斑斓之衣，为婴儿戏于亲侧。又尝取水上堂，诈跌卧地，作婴儿啼，以娱亲意。"这段话翻译过来就是：春秋时期楚国隐士老莱子，为躲避世乱，自耕于蒙山南麓。他孝顺父母，尽拣美味供奉双亲，七十岁尚不言老，常穿着五色彩衣，手持拨浪鼓如小孩子般戏耍，以博父母开怀。一次为双亲送水，假装摔倒，躺在地上学小孩子哭，二老大笑。

4 "万恶淫为首"：中国的传统文化对性是最不宽容的

说到这里，有读者又要问了，为什么我们从不鼓励孩子的独立，反倒刻意延长孩子的童年状态？这里有着深层的历史文化心理，其中一条就是对老年人的过分依赖和倚重。

本来，尊重老人是一个社会的美德，但尊重不等于依赖，在世界各国的历史文化中，恐怕没有哪种文化像中国文化这样甘愿在老年人的庇护下成长。中国历史上的开明君主大多很长寿，周文王据说活了80多岁，晋文公重耳登基时已经62岁，汉高祖刘邦活了60多岁，汉武帝刘彻享年 75 岁，明太祖朱元璋、清康熙帝也活到了差不多 70 岁，乾隆爷更是罕见地活到了 80 多，姜太公出山有记载都年过百岁了，武则天时期的宰相狄仁杰去世的时候都 90 多岁了，还没退休呢。很多小皇帝即位时如果过于年幼，要么就是皇太后垂帘听政，要么就是找几个德高望重的老臣辅佐，他们也大都须发皆白、老态龙钟。可见，在中国人眼中，年龄越大越有权威，越有德行，也越值得倚重。老百姓平时爱讲的一句话就是"不听老人言，吃亏在眼前"，现在"80后"出现很多"啃老族"，也是把爷爷奶奶、爸爸妈妈当靠山。中国历代统治者都提倡孝道，孝道中很重要的一条就是对父母无条件地遵从。所以，孩子永远长不大，未尝不是对爸爸妈妈、爷爷奶奶"过分顺从"造成的。听话听到了一定程度就是盲从，就失去了独立思考的能力。

在一次中外文化交流的研讨会上，一位来自美国的汉学家说了一番话我印象很深，他说："中国文化固然博大精深，但也给人暮气沉沉的感觉。因为优秀的东西全集中在汉唐以前，尤其是先秦时代，宋以后，文化越来越不济，感觉就像一个大家庭，老一代很出色，到了儿辈就显弱，至于孙辈就难以为继了。中国文化有时候给人感觉就是这样，像老年文化，一代不如一代。"话虽尖刻，不无道理。

中国男人为什么大多不浪漫？没个性？因为中国男人大多数是没有"青春期"的，一方面我们的长辈总是希望孩子永远长不大，永远是我们跟前听话的乖孩子。另一方面我们又怕孩子学坏，怕孩子早恋，怕孩子太过叛逆，巴不得孩子一夜之间长大，或者"跑步进入 30 岁"，就跟我们从半殖民地半封建社会直接过渡到社会主义社会，甚至想跑步进入共产主义一样。我们害怕资本主义，我们同样害怕青春期。所以我们的文化总是栽培出听话的孩子，喜欢老实人，少年老成是对一个年轻男子最好的评价。

与那些长不大的"奶嘴男"形成鲜明对比的是，生活中也有些男人是从来没有年轻过的。他没穿过牛仔裤，没穿过球鞋，没试过反叛，甚至没长过一颗痤疮。他们20岁的时候，样子已经老成得像40岁。当他们与同龄的朋友走在一起，别人会以为他是他朋友的爸爸，跟年轻的女孩子走在一块儿，也容易被误认为是"老夫少妻"，其实他只不过比她大两三岁而已。最明显的是《三国演义》里那些英雄好汉，还没怎么见他们谈恋爱呢，一眨眼工夫，儿子都跟爹爹上战场了。

儿童化和老年化，表面上似乎是相互抗拒的两个极端，实际上却是相互配合前后呼应，它们的共同敌人只有一个——处于青春期的少年。

少年本来是一个人一生最重要的黄金时代之一，也是一个人最有活力，最富朝气，思维最活跃，外形最可人的阶段。伟大的文豪歌德曾经如此动情地说过："哪个少年不钟情，哪个少女不怀春？"可是我们的少年阶段，也就是我们的青春期，却是我们中国传统文化最想回避的时期。为什么，这个时期最危险，最不稳定，最容易出事。这个时期的孩子性意识一下子苏醒了，中国的传统文化对性是最不宽容的，所谓"万恶淫为首"，这构成了中国人"文化潜意识"的又一个重要内容。在性方面我们的联想也是最丰富的，对此，鲁迅先生有过这样一段精妙的论述："一见到短袖子，立刻想到白臂膊，立刻想到全裸体，立刻想到生殖器，立刻想到性交，立刻想到杂交，立刻想到私生子。中国人的想象唯有在这一层能够如此飞跃。"搞得我们就像一个残疾的丈夫总防着他美丽的妻子要红杏出墙一样，防着青春期的孩子。

比如，我们一直只有适合小学生和学龄前儿童看的儿童文学，有适合恋爱期青年看的爱情片，有适合中老年人看的家庭伦理剧，但我们在很长一段时间是没有青春文学的，直到近些年才出现韩寒和郭敬明。我们的影视作品，很少表现中学生题材，对青春期的展现除了一部《阳光灿烂的日子》，简直凤毛麟角，但国外同类题材屡见不鲜。哪怕写青春，也只许写昂扬向上的一面，不许表现"残酷青春"。诸多禁忌的背后，隐含我们主流意识形态的恐惧，恐惧什么呢？恐惧的是性，因为一个人的青春期是他荷尔蒙分泌最旺盛的时期，也是他性意识最活跃的时期。

清人王永彬在《围炉夜话》中有一段话："百善孝为先，万恶淫为首。常存仁孝心，则天下凡不可为者，皆不忍为，所以孝居百行之先；一起邪淫念，则生平极不欲为者，皆不难为，所以淫是万恶之首。"应该说这是构成中国人，尤其是中国男人"文化潜意识"的核心内容，所谓孝，表面上提倡的是孝顺，实际上是一种无条件的妥协和屈从，这造成了中国男人大多"不敢为天下之先"，遇事就躲，缺少担当的性格；另外对"淫"的抵触，则使得中国男人永远不会像欧美男性那样"雄起"，反倒普遍心理晚熟、自我压抑和弱化，有时候明明对性如饥似渴，却面子上非要做道貌岸然状。有人说，中国历史上为何出了那么多"伪君子"，就是这种"万恶淫为首"的"文化潜意识"给逼出来的，正常的合理的性不敢表达，只好"男盗女娼"

了，而一到国破家亡的时候，我们又把责任无一例外地往女人身上推，所谓"红颜祸水论"就是这么来的。

5 在父母面前过于听话的男孩子，会出现三种可怕的后果

青春期的孩子往往成长中伴随着一种叛逆：对家长的叛逆，对学校的叛逆，原先听话的孩子渐渐不听话了，原先依赖性很强的他（她），渐渐展现出自己的独立性，他（她）对班上某个异性同学或老师产生了一种朦胧的好感，他（她）经常被一种莫名的忧伤所缠绕，这都是青春期孩子普遍的心理特征。

其实，从心理学的角度分析，青春期的孩子出现各种各样的叛逆行为实属正常，他不是故意要跟父母对着干，更不是大逆不道，而是一种"破土而出"的自我成长，一场争取自我空间的"独大战争"。如果缺少独立意识，没有自我空间，他就无法真正成长，所以，青春期又叫叛逆期。

每一个成熟、独立的男人，都曾经有过那么一段并不循规蹈矩的"叛逆时光"。美国总统小布什、奥巴马都曾经有过当"坏孩子"的经历。成龙在做客《杨澜访谈录》时坦承，他6岁半时，父母为了生计远赴澳洲。幼小的他没有家人照顾，很快染上了黑社会的陋习：打架、卖白粉、看人家吸毒、抢东西分赃，差点儿走上了邪路。还是父亲的一番教诲让他迷途知返。

相反，那些过于听话的男孩子，实际上是在成长过程中被剥夺了叛逆的资格，他们的学习生活，乃至将来的工作、恋爱、结婚都被

父母安排得井井有条，一丝不苟。他们的性格中只有乖巧、意识中只有顺从，久而久之，会结出三种不良的恶果：

（1）心灵从未长大，始终像个超龄男童。

中国的男人总感觉缺少点儿担当，看古代的戏曲小说，就会深有感触：那些"奶嘴男"们不敢大胆地爱，只会小心地偷，一旦东窗事发，好一点儿的只会在情人面前哭，在父母面前跪，或者干脆一病不起，剩下的则是躲在床下瑟瑟发抖，要么就跳窗而逃死不回头，至于什么责任、后果啊全都丢到九霄云外去了，只让那女的去承受一切。也难怪，那些享受爱情的男主人公们，都是嘴上没毛、办事不牢的孩子，自己都手无缚鸡之力呢，你还怎么指望他去帮助别人？

（2）形成自我压抑的"木乃伊式人格"。

在心理学中，人格是经常被提到的一个词，那么究竟什么是人格呢？人格也称个性，这个概念源于希腊语 Penona，原来主要是指演员在舞台上戴的面具，类似于中国京剧中的脸谱，后来心理学借用这个术语来说明：在人生的大舞台上，人也会根据社会角色的不同来换面具，这些面具就是人格的外在表现。面具后面还有一个实实在在的真我，即真实的人格，它可能和外在的面具截然不同。进一步来讲，人格是指一个人整体的精神面貌，是具有一定倾向性的和比较稳定的心理特征的总和。

所谓从小到大父母眼中的"好孩子"，往往在参加工作以后，也是单位的"好男人"，结婚以后，还是家庭的"好丈夫"。但这种"好"不是真"好"，而是做出来的"好"，不是发自内心的，而是来自父母，是被父母"管"出来、"逼"出来的，是为了迎合父母的需要打造出来的。这种"好",缺乏内在的"幸福感",也缺乏"快乐"的高峰体验。太乖的孩子,太好的男人,通常会让女人产生一种不满足感:那就是缺少激情,缺少让她爱起来的冲动。因为他不够热烈,不够有棱角,不够"坏"。

过去我们都把女孩子最想嫁的如意郎君称为"白马王子"。为什么冠以"白马王子"这个称号?王子是指他的地位高贵,有财力、有实力,所谓"白马王子"从字面上解读就是骑着白马呼啸而来的王子,那是多么英姿飒爽、孔武有力啊。那是一种青春的气息,那也是一种英雄的气概!可是我们大多数父母所喜欢的乖孩子是成不了这种"白马王子"的,自古英雄出少年,我们的文化只有童年,没有少年,我们的少年时光是在学校写不完的作业、父母无休止的督促中度过的,这样培养出的孩子,不是孝子,而是顺子。试问这样没特点、没个性、没脾气、没味道的男人又如何在大庭广众之下展现自己"真我的风采"?他们就像沉睡在埃及金字塔墓穴中的木乃伊,毫无生气,也全无斗志。难怪在相亲节目中,他们总是无一例外被众多美女所淘汰,所嘲笑。他们似乎只为父母而生,不懂为自己而活,只为结婚而结婚,不懂得情为何物,他们自我极度被矮化,性情极度被压抑,他们是一种木乃伊式的人格(类似前面提到的"僵尸男")。

某种程度上,去年在一些相亲节目中出现的"毒舌女""拜金女",都是这些木乃伊式的男人给逼出来的。因为他们既无男子气概,也无绅士风度,更缺少让女孩子迷恋的各种魅力,没办法,女人在他们身上找不到可以寄托的情感,只好寄托在豪宅和宝马车上了。所以,现在"宝马王子"受欢迎程度超过了"白马王子",不是"白马王子"

不好，而是找不着。

（3）到了中老年才想起补上"青春"这一课，结果给另一半造成无尽的伤害。

近些年从事情感咨询，感觉婚外恋出现了一个明显变化的趋势，那就是年过 50 的中老年男子的外遇越来越多，而这些晚节不保的丈夫们都普遍让人大跌眼镜。因为，他们绝大多数不是恶习难改的老牌"花花公子"，反倒是妻子眼中的模范丈夫，儿女心中的优秀父亲。那为什么"忽如一夜春风来，千树万树梨花开"呢？除了社会风气的不良影响之外，他们大都是错失青春期的好孩子，从小为父母而活，婚后，为妻子儿女而活，到了后半生，突然之间"大彻大悟"，意识到要为自己活一次。

我曾经收到一个 50 多岁中年女性的来信，她说她的丈夫居然跟他当年的初恋情人又走在了一起，她伤心欲绝，一个之前连任何女人都不正眼看一下的男人怎么会一下子被并不年轻的初恋情人拐跑了。她百思不得其解，在通信中，我得知，她丈夫在"奸情暴露"之后狠狠地扔下来这样一段话："我都 56 岁了，一直以来，我就没为自己活过，高中那会儿我跟她悄悄好上了，我妈知道后硬说我早恋，会影响考大学，为了不忤逆她老人家，我只好忍痛割爱。工作以后，我的恋爱，我的婚姻也是她一手包办，连你嫁给我都是她安排的。其实我开始并不喜欢你，可我是孝子，我怕我妈生气。这么多年来，我活得很压抑，我觉得自己根本不是自己，现在好了，我妈走了，老天又让我重新遇到了她，她也过得不幸福，我觉得这回得为自己活一回了！我不想到死了留有遗憾。"

　　说穿了，这个老男人其实就是在"补课"，把他母亲给毁掉的"青春期"那一课补回来。可见，青春期是我们每一个人无法回避的正常阶段，如果人为地被扼杀，它并不会真的"死翘翘"，反倒会隐藏起来，一旦遭遇任何风吹草动，就会"野火烧不尽，春风吹又生"。

　　所以，有时候我们遇到那种一把岁数"青春"才突然"复活"的老男人，不用觉得吃惊和不可理解。那是因为，他们在成长阶段备受压抑，他们没有"青春期"，他们要把失去的美好夺回来。

「三」

婚姻中可怕的"情感失语症"

1 中国传统的夫妻为何大都"相敬如宾"？

上文提到，由于中国男人普遍缺少"青春期"，这就导致了两种极端的人格状态：要么童年无限延长，始终像个永远长不大的孩子；要么未老先衰，30 岁的年龄却有着 50 岁的心境，无论做什么都得过且过，了无生气。这两种男人，都让女人爱不起来，因为他们在情感上都是填空题，都等着女人来补充答案。说得再严重点儿，他们都好似患上了"情感失语症"。不会表达，不懂表达，也不想表达，跟他们结婚，就像嫁给了一个哑巴——一个什么甜言蜜语都不会说，什么样的内心想法都不会敞开来让你知道的"哑巴"。中国传统的婚姻家庭，造就了不少"哑巴夫妻"。

在我的情感系列第二部《女人不"狠"，地位不稳》中，我曾经详细分析过中国古代的婚姻家庭关系。那时候青年男女结婚，听的是"父母之命""媒妁之言"，讲的是"门当户对""传宗接代"，爱情从来就不是先决条件，甚至连上台面的资格都没有。按照易中天先生在《中国的男人和女人》一书中的说法，就是"无爱之婚""无性之恋"，话有点儿绝对，但也不无道理。夫妻生活基本上处于"无性"的状态，有，那也只是例行公事，或者仅仅为了"播种收割"，既无事前的性吸引，也无事后的性快感。虽然那个时候，青年男子都把"洞房花烛夜，金榜题名时"当成人生追求的两大目标，但人生若只如初夜，初夜一过，梦也走了。渐渐地，夫妻之间只剩下"相敬如宾"了，这还算好的，有的夫妻就干脆往"相敬如冰"或"相敬如兵"过渡了。

冯小刚电影《一声叹息》中张国立扮演的丈夫跟徐帆扮演的妻子有这么一句对白："我拉着你的手，就像左手握右手，感觉是没了，但要分开很难"，这句话道出了很多夫妻的实质，只有亲人的温暖，没有心跳的冲动。夫妻似乎就是老老实实过日子，孝敬父母，抚养子女才是头等大事，至于情不情、爱不爱并不重要。

有时候夫妻之间感情过于浓烈反倒惹人闲话。据《汉书·张敞传》记载，汉宣帝时的京兆尹（相当于首都的市长）张敞夫妻情深，每当妻子在家化妆时，张敞就为她把笔画眉，天天如斯乐此不疲。你说夫妻两个恩恩爱爱的招谁惹谁了，偏偏有爱管闲事的人给皇帝打了小报告，说张敞这小子不务正业，天天在家跟老婆搞不正当男女关系，结果汉宣帝一听就火了，这还得了，赶紧拿下。张敞简直哭笑不得，只好跑到皇上跟前解释，"臣闻闺房之乐，夫妇之私，有甚于画眉者"，意思是说，我们两口子亲亲热热的，不就画画眉毛吗，怎么了？又没伤风败俗，如果连这个您都要管，那天下岂不什么事都干不了了？汉宣帝毕竟也是一个思想开放的国家领导人，仔细一想，也对，人家两口子爱怎么着就怎么着，又没影响工作，更非伤风败俗，何必管那么多呢？这个故事现代人看了以后也许会觉得莫名其妙，张敞既没包二奶，又没逛妓院，不就是利用业余时间跟自己明媒正娶的老婆画个眉调个情吗？怎么了？触犯哪条法律了？屁大点儿事连皇帝老子都要过问？你还别说，那个时候就是那样，夫妻之间横眉冷对很正常，没事画眉就不正常。

别说外人直犯嘀咕，至少家里那位婆婆也会看不顺眼，定要无事生非。古文中就有这么一句："子甚宜其妻，母不悦，去了。"这话翻译过来就是，如果儿子太喜欢自己的妻子，但母亲不喜欢，照样可以休掉她。不要笑这种古训"变态"，现在很多婆媳不和，不也是这个原因？婆婆看不惯媳妇和儿子"过于亲密"，搞得家里总是战火纷飞，似乎两口子在家里得跟听英模报告一样正襟危坐，倘若举止亲昵，反倒像一对"偷情"的"狗男女"！这就是中国人普遍的情感逻辑：夫妻之间，平平淡淡才是真。性爱方面过于炽烈者，不是让人想起西门庆，就是潘金莲。

当然，这并不代表中国古代的男女都是不懂感情的"木头疙瘩"，在中国的古典文学中，也出了不少感天动地的爱情诗篇：比如梁山伯与祝英台、张生和崔莺莺、贾宝玉跟林黛玉，还有历代文人墨客写的各种情诗，但这些痴男怨女要么以悲剧收场，要么只是在婚前爱得轰轰烈烈，要么就是"洒向青楼都是爱"，把各色妓女当成了情感的寄托对象。歌咏夫妻之情的诗篇少之又少，好不容易找到两对相爱的夫妻，《孔雀东南飞》中的焦仲卿和刘兰芝，《钗头凤》中的陆游和唐琬，结果还被狠心的婆婆给拆散了。这似乎隐含着一种潜台词：两口子，"举案齐眉""夫唱妇随"才是正理儿，卿卿我我你侬我侬算个啥！

所以按照易中天的说法："传统的婚姻，从士大夫之家到一般民间，夫妇之间的感情，都相当淡漠。尽管中国传统社会反对夫妻随意离异，主张'白头偕老''相伴终生''地久天长'，但更多的是强调人身依附关系的'牢固性'和家庭内部的'稳定性'，而非什么'忠贞的爱情'。"

相对于爱情，中国古代文人似乎更看重友情，更喜欢歌颂友情。最典型的就是四大文学名著，除了《红楼梦》里面有宝黛钗的爱情描写，另外三部基本上找不到一对像样的情侣。反倒在兄弟之情、朋友之情、师徒之情上大做文章。《三国演义》中的头号正面人物刘备甚至当着兄弟的面说出了"兄弟如手足，妻子如衣服"这样重男轻女、重友情轻爱情的"混账话"来。在《水浒传》中，为朋友两肋插刀的事很多，为情人两肋插刀的事，对不起，一件也没有，甚至还出现了好几起为了兄弟插女人两刀的"疯狂事"（如武松为了大哥，手刃嫂子潘金莲；杨雄石秀"活剥"潘巧云）。那中国人的"性"何处宣泄？男的要么去青楼猎艳，要么就"望梅止渴"——"望《金瓶梅》止性饥渴"，从各种春宫图画黄色小说里面寻求安慰；女的要么就"春色满园关不住，一枝红杏出墙来"，要么就压抑变态，一如张爱玲《金锁记》里面的曹七巧。

❷ 太过浓烈的感情跟我们传统的中庸之道不符?

说到这里,大家也许会问,为什么我们的传统文化如此地轻视爱情?甚至对男女之间、夫妻之间正常的情感表达也总是采取冷处理的方式?

那是因为太过浓烈的感情跟我们传统所提倡的中庸之道不符。

儒家学说当中,有一个重要思想,就是中庸之道。中庸的概念按照宋代著名理学家程颐的主张,则是:"不偏谓之中,不易谓之庸。中者,天下之正道。庸者,天下之定理。"(《遗书》卷七)中庸之道的核心就是中正平和。表现在感情上,就是不倾向于爱憎的极端化和情绪化,所谓"哀而不伤,乐而不淫"。孔子在《论语》中反复强调:"君子有三戒:少之时,血气未定,戒之在色;及其壮也,血气方刚,戒之在斗;及其老也,血气既衰,戒之在得。"翻译过来就是君子有三种事情应引以为戒:年少的时候,血气还不成熟,要戒除对女色的迷恋;等到身体成熟了,血气方刚,要戒除与人争斗;到了老年,血气已经衰弱了,要戒除贪得无厌。核心就是一个男人远离冲动,远离欲望,也包括远离女人。

《论语》里曾经记载孔子路过卫国时见了卫国的国君夫人南子,这位南子虽然美艳绝伦,但做派稍显开放,也不知道孔子跟她见面谈了什么,出来之后老人家显得有点儿兴奋,毕竟那时候仕途不顺,突然之间被一个王后接见,又是大美女,估计孔子高兴得忘乎所以了。我们都知道孔子是一个圣人,但孔子也是一个男人,他也具备一切男人的弱点。结果孔子的徒弟子路有点儿不高兴了,为什么不高兴,大概是觉得老师见了个美女，而且是名声不太好的美女，就有点儿飘飘然了，似乎有损"师道尊严"，至少跟孔子一贯的圣人形象不符。于是孔子就急了，《论语》里随之记下了孔子对子路说的这样一段话："予所否者，天厌之，天厌之。"翻译成白话文就是：如果我做得不对，就让天厌弃我吧。其实，孔子的潜台词是说，如果见南子的种种行为不符合君子风度的话，那我天打雷劈不得好死。

孔子和子路这番对白在我们现代人看来似乎有点儿小题大做了，不就跟一个美女见了个面喝了杯咖啡吗？又没干什么，何况人家还是王后，又不是街头流莺、青楼艳妓，子路有点儿多管闲事，孔子的反应也有点儿过激。但在男女授受不亲的那个年代，在儒家的创始人孔子看来，这可是大事，如果不解释清楚，那可晚节不保。可见，男人见色起意是要不得的，哪怕这个"意"仅仅是兴奋也天理难容。

发展到宋代，朱熹等理学家更是提出了"存天理，灭人欲"的主张，这个六字方针并不仅仅针对女人，也同样是罩在男人身上的紧箍咒，慢慢地，中国人把一切"欲"都视为大敌。"无欲无求"成了最高境界。于是面对自己喜欢的东西也不敢去主动争取，面对自己不喜欢的东西也不敢去抗争，欲言又止，欲说还休，逆来顺受，得过且过，成了中国人面对各种问题的普遍心态。所以，生活力求平稳，日子过得平实，不求多姿多彩，不求热情奔放，反倒心安理得。倘若一对男女爱得太过热烈、疯狂，男的容易被看成不负责任的花花公子，女的则被视为不守妇道的荡妇娇娃。像贾宝玉、林黛玉这样的名门贵族在贾府也被视为异类：贾宝玉被人称为"混世魔王"，一本正经的父亲贾政更是把这个儿子看成"孽障"，恨不得亲手勒死他。林黛玉人缘也不好，贾府上下都对她敬而远之。这就是追求浪漫的结果。

中国人虽然自诩人情味比西方人丰富，事实上却是将本来应该是自然而发的感情公式化与渠道化，因此，就倾向于搞"名不正则言不顺""言不顺则事不成"。中国历来都是先结婚后恋爱，自由恋爱是五四以后从西方传过来的，两性关系必须符合人伦，倘若一对陌生的男女在街上走，或者秘密约会，就会招来很多闲话，甚至会被认为是"伤风败俗"。

这些年随着社会风气的逐步开化，略有好转，但正常的两性交往，还是放不开，要不怎么剩男剩女这么多？要么相亲节目怎么大行其道？尤其是大多数中国男人，面对心爱的女人，不敢追，不会追，有时候只好逼得女方去"倒追"。我上大学是在中文系，原以为中文系的男生都很浪漫，谁知个个跟老夫子一样只会埋头读书，记得上大二那会儿，我是宿舍里第一个谈恋爱的男生，结果同宿舍里其余的男生都用"异样"的眼光看着我，好像我是个"异类"。当时班上女生谈恋爱的很多，基本上找的都不是中文系的男生，反倒是校外的居多。有一次跟班上一个女生聊天，才知道，她们都嫌我们太木，像个没开化的小孩一样。连中文系的男同学都如此"呆头呆脑"，更别说其他系的男生了。

3 不会恋爱，不懂浪漫，不解风情为何成了中国男人的通病？

在传统文化的潜移默化之下，中国男人普遍患上了一种"情感失语症"。

（1）不会谈情说爱，不敢主动表达，不懂甜言蜜语。

说句有点儿不太客气的话，在情感方面，中国男人大概是世界上"情商"最低的男人之一：西方经典的文学模式都是英雄救美，中国的不是，都是美女救公子，要不就是女侠搭救落魄书生。而且那些让老百姓喜闻乐道的帅哥、才子都一个个比黄花闺女还矜持害羞，没办法，男人都不主动，只好女人来主动进攻。《天仙配》里面是美丽的七仙女把董永堵在路口不让走，《梁山伯与祝英台》里面也是祝英台先主动表白，《聊斋志异》里面各色狐狸精更是半夜自动送上门。在中国的影视作品里，男人不谈恋爱都还像模像样的，一谈恋爱准冒傻气。有一段时间，影视剧里，老婆对老公最爱说的一句台词就是："瞧你那傻样"，好像男人不"傻"，女人就不爱。搞得中国影视剧里的男人一遇到女人，就集体犯傻，偶尔有那么一两个不傻的，不是花花公子，就是流氓恶棍。在情感咨询中，我则经常听到类似这样的投诉："他不懂得关心人""他很少哄我""他从未说过一句我爱你""他可笨啦，老是不懂我的心"。

总之，无论在戏曲影视还是日常生活中，中国男人的总体形象都不尽如人意：不是太被动、太软弱、太窝囊，就是不会关心人、体贴人、照顾人。

中国男人不擅表达可谓历史悠久，源远流长。2000多年前的孔夫子就在《论语》中反复强调，"君子要讷于言而敏于行"，提倡少说多做，这本来没错，但孔子过分看重人的"老实本分"，对能说会道之人总是心怀警惕，称之为"巧言令色"，这就有点儿"矫枉过正"了。试想，一个男人无论什么场合都严肃认真，不苟言笑，你还能指望他回家见了老婆一下子展露出"吴宗宪"式的口若悬河吗？除非他有分裂型人格障碍。

（2）大男子主义严重，潜意识里面认为跟自己心爱的女人卿卿我我，缠缠绵绵非大丈夫所为，搞得个个都跟花盆里的水仙似的——装蒜。

中国古代有一种爱情观很荒谬，但又很有市场，那就是男人不能太痴情，否则就是沉迷女色，不务正业。看看中国历史上那些为爱情献身的皇帝们，从商纣王、周幽王，到陈后主、唐明皇、宋徽宗，不是亡国之君，就是上了昏庸之主的黑名单。好像一个真正的男人都得远离女色才正常，否则就是英雄气短，儿女情长，反过来要想英雄气长，就得儿女情短。搞得中国古代的英雄好汉个个都跟得了性冷淡似的，离女人远远的。无论正史还是野史中，我们只看到英雄们在"精忠报国"，看不到他们跟恋人、跟老婆"缠绵悱恻"。

那有没有沉溺于儿女情长的英雄呢？有倒是有，但大都英雄气短，他们或者是失败的英雄，如舍不得虞姬的项羽；或者是短命的英雄，如娶了小乔的周瑜；或者是一身污点的英雄，如爱上貂蝉的吕布；还有由英雄变成狗熊的，如放不下陈圆圆的吴三桂。他们无一例外都有女人疼女人爱甚至有女人心甘情愿为他们献身，而且他们遇到的都是如稀世之宝般的绝色美女，可这些美女带给他们的不是什么好运气，而是大麻烦。项羽"霸王别姬"之后乌江自刎，半生基业付诸东流；吴三桂"冲冠一怒为红颜"，把大明江山给活活断送了，最后一世英雄沦为了人人唾骂的卖国贼。所以，儿女情长的结果，就是英雄气短，那么反过来说，要想"英雄气长"，就得"儿女情短"。

　　难怪易中天在他所著的《中国的男人和女人》一书里发出了"一声叹息"：《红楼梦》通篇说爱情，却一个英雄也不见，《水浒传》遍地是英雄，却半点儿爱情也难寻，这大概也是造成中国古代的英雄好汉"性冷淡"的一个原因吧。（这跟西方神话传说中英雄救美女，美女爱英雄全然不同，人家侠盗罗宾汉也好，郁金香方方也罢，都是美人如玉剑如虹，东边我的美人儿，西边黄河流，既征服敌人也征服女人，咱们正好相反，建功立业必得舍掉儿女私情，否则就是重色轻友胸无大志的酒色之徒！）

　　实际上，不会恋爱，不懂浪漫，不解风情基本上属于中国男人的"通病"，他们有意识或无意识地把自己的青春阶段缩短或抹杀，从父母眼中的孩子直接跳到婚姻的现实中。我身边就曾有好几位已婚男人悄悄告诉我，他是为了父母才去结婚的，并没体会到什么婚姻的幸福感。也基本上没怎么谈过恋爱，结婚都是父母安排的。除了偶尔会流露出一点儿失落，也没觉得有什么太多的遗憾。

　　有时候，中国男人的"情感失语症"还会表现出另一种非常极端的方式：那就是用性作为挡箭牌，通过不断地变换情侣追求一种空洞的男性虚荣感。

　　一直以来，中国的男人和女人是生活在两种截然不同的情爱价值系统中：男人必须理智而坚强，不可太软弱和情绪化，但可以放纵性欲。如果一个男子性格过于外露，情感过于丰富，就会被人耻笑为"娘娘腔"，或"不像个男人"。所以，男人去风流不是罪，会流泪倒是错；女人正好相反，感情丰富理所当然，泪眼婆娑更会惹人爱怜，但必须压抑性欲，否则就是"人尽可夫"的荡妇。不知不觉中，男人倾向于把亲密诉求诉诸"性",女人则把亲密诉求过度情感化或情绪化。

虽然"万恶淫为首"是中国人文化潜意识的重要内容,但对男女的影响是不太一样的。男人则是结婚前一定要乖,结婚后"怎么着"都行,只要别影响婚姻。中国古代男人可以三妻四妾,如今对已婚男人的外遇普遍持宽容态度恐怕与此相关。而对女人,"淫"则是头号大敌,各个年龄段的女性,都要把"守贞"当成压倒一切的首要任务,否则就是"不洁",这也是"处女情结"为什么在中国如此大行其道的文化心理所在(详见下节)。有些男人跟我直言,他喜欢上床实际上就是把情感表露转化为情欲宣泄,因为只有在床上,他才感觉自己像个男人,他害怕女人看穿他的软弱,只有通过不断地变换情侣来证明自己的男性魅力。其实,这也是一种"情感失语症",只不过用性来掩盖罢了。

「四」

男人的处女情结和恋母情结其实是一回事

1 处女情结绝不仅仅是娶个处女做老婆这么简单

如果你是个文学青年，那么在你的阅读体验中，一定会对经常出现在情爱小说中的一个句式非常熟悉——"她失去了一个姑娘最宝贵的东西"。这"最宝贵的东西"是什么呢？不用我点破，大家都心领神会，就是那一失足成千古恨的"女儿身"。

"哪儿的人最在乎处女？"如果有人在全球范围内做一个这样的调查，相信中国人肯定能进前三名。

过去一提男人的处女情结，大家就觉得是老生常谈，"不就想找个处女结婚吗？心理变态！"也许有些女读者一听这个就嗤之以鼻。其实，问题远不是那么简单，处女情结对中国男人来说是深入骨髓，不仅仅表现在想娶一个处女做老婆这个单一的问题上，还四处蔓延，广为渗透，影响了中国男人情爱心理的方方面面：比如关乎男人的面子问题；比如只想找不如自己的女人，拒绝比自己优秀的女人；比如怕戴绿帽；再比如当下某些成功男士喜欢"老牛吃嫩草"，爱找跟自己女儿年龄一般大的做情人或配偶；甚至在性方面出现种种的障碍，似乎都可以从处女情结这个源头上找到答案。

中国人的处女情结不仅根深蒂固，且源远流长。在古代，"饿死事小，失节事大"跟现在的"好好学习，天天向上"一样深入人心。据说，那个时候，大户人家不仅娶妻婆处女，养婢纳妾也得要求是处女。在民间，即使一个男人穷困潦倒家徒四壁，讨个老婆是否为处女也是首要条件。"水不厌清，女不厌洁"成为中国封建社会约定俗成的一种普遍心态。哪怕到了21世纪的今天，哪怕是"80后"出生的小男孩，也都会在内心深处的某个角落企盼在"洞房花烛夜"娶个纤尘不染的处女回家。处女情结我没有，但我身边很多男人都有。我看到有个调查，说中国男人当中有处女情结的几乎占到了60%以上，这个数据不知道是否有夸张的成分，前不久还有调查显示某些中学生自己还乳臭未干呢，也做起了"处女梦"，希望自己将来的另一半在新婚之夜还"白璧无瑕"，你说可笑不可笑？

一位心理学家曾经跟我说，中国男人的处女情结一旦表现在婚姻问题上就像个专制的暴君：我跟一个女人结婚，不仅娶的是她的今天，也要娶她的过去，还要娶她的明天。它的潜台词就是，我要找的这个老婆不光在新婚之夜要奉献出她的第一次，婚前即使未曾相识也得为了我这个尚未出现的老公守身如玉，将来我死了她还得无条件为我守寡终身！

其实处女情结，不光中国男人有，日本著名情爱作家渡边淳一

的作品《男人这东西》中有专门一章提到了这个问题，日本男人的
处女情结也很重。可见，在东方这样大男子主义盛行的国度，男人
在内心深处总是渴望成为女人最初的男人，这便是我们所说的处女
情结。在传统婚礼上，新娘身披洁白无瑕的婚纱，象征着她奉献给
爱人的内心和肉体与她所披的婚纱一样纯洁无瑕。因此断言，男人
喜欢处女，是一种对纯情的向往，对美好的追求。其实，这是一种
严重的误读。

2 在家里男人要女人守节，跟在朝中皇帝让臣下尽忠是彼此对应的

男人的处女情结，古老而神秘，既是传统的大男子主义思想的
一种延伸，认为跟我过日子的女人必得俯首帖耳从一而终；又是随意
支配女人改造女人，将女人视为战利品的雄性心态的流露；尤其在中
国，处女情结产生的一个历史原因，跟长期以来女性的社会地位低，
和中国历代提倡的女性节烈观息息相关。对此，鲁迅先生在他写的
《我之节烈观》一文中有段非常精辟的阐述："古代的社会，女子多作
为男人的物品。或杀或扔，都无不可；男人死后，和他喜欢的宝贝、
日用的兵器，一同殉葬，更无不可。后来殉葬的风气，渐渐改了，守
节便也渐渐发生。""此后皇帝换了几家，守节思想反倒发达。"

鲁迅的看法可谓一针见血："皇帝要臣子尽忠，男人便要女子守
节"，二者之间原来有着如此一脉相承的联系！仔细想来，在家里男
人要女人守节，跟朝中皇帝让臣下尽忠原来是彼此对称，遥相呼应
的一回事。

做臣子的为了在皇帝那儿混口饭吃自然要听人家的，谁叫皇帝是CEO，他是打工的？吃人家的嘴软，拿人家的腿也软，所以中国的男人们在外面整天要对皇帝下跪。受了一天的窝囊气，回到家里就要找个出气筒，否则人还不给憋出神经病来。于是中国的女人们就倒霉了，每天夜幕降临，她老公回家，她该"上朝"了，"朝见"的不是天下那个皇帝，而是家里那个皇帝。中国古代妇女地位低，原因就在这，因为她的男人每天出门要见各种帝王将相、顶头上司，是鞠不完的躬，点不完的头，赔不完的笑脸，为了心理平衡，他就摇身一变，回家要称王称霸，要在自己的老婆孩子面前当个天王老子。这叫"角色转换"，于是，君臣关系延伸到了家中。在朝廷里的臣子变成了家庭里的皇帝。同样，臣子须对皇帝尽忠也顺理成章为妻子要对丈夫尽忠，但这种尽忠非常不平等，都是单方面的，臣子对皇帝忠心耿耿，但皇帝对臣子却无须全心全意，高兴了就用你，不高兴随时骂你，惹急了还会把你炒鱿鱼让你走人，碰到一两个脾气大难伺候的搞不好还把你小命给赔上。家里亦如此，妻子对丈夫一心一意，但丈夫却可以三心二意，今天娶了你，明天说不定还会带个二奶回家，后天再去出门找个小三，你不仅得忍气吞声，还得表现出一副"海纳百川"的胸怀。

这就是中国历代女性的悲剧！

中国古代，每当王朝末日或者战争来临，男人们首先想到的不是力挽狂澜，或者奋起自卫，反倒先惦记起自己身边的女人来，惦记她什么呢？不是想着怎么保护她、关心她，使她免受伤害、免受凌辱，而是变本加厉地让她保持贞洁。所以前面心理学家的分析在这里就找到依据了，男人结婚找处女，死后让妻子守节都是"一条龙"的思想，处女是前提，守节是延续。本质上都把自己的女人当成了随意支配的附属品。

3 "老牛吃嫩草"其实是男人不太自信的一种表现

这就是中国男人处女情结产生的深层原因，他不仅渴望长期占有自己的女人，也妄想任意支配她们，使唤她们。倘若进一步分析，男人对处女的向往背后似乎还有一种潜在的自卑感在作祟。这两者心态看似相反，却同时纠结在一起，对此，在《男人这东西》一书中，渡边淳一也是持类似的观点："当我们开始探索推崇处女的男人的内心世界时，我们会发现其中隐藏着一种深深的不安。男人无法忍受在性方面被女友同她以前的男友或丈夫做比较，这与男人在性方面缺乏自信有关。"往往外表看上去越"老实"、越"传统"的男人越有这种不自信。

我认为，男人对处女情结的执拗，实际上反映了男人一种潜在的择偶心态：男人要在自己心爱的女人面前"充"强者，否则，他就会产生被轻视被嘲弄的心态。过去都说，男人是家里的顶梁柱，如果这个顶梁柱不粗，不硬，力度不够，房间就会坍塌。所谓"粗"和"硬"就包含男人外表的强悍，也包含男人的财力，同时也暗含着男人"那方面"的大小、硬度和力度。如果男人在"那方面"天生不够"大"，他就不敢在女人面前炫耀，只好退而求其次，找个年纪轻一点儿、经历少一点儿、经验缺一点儿的女人，这样就可以实行"愚民"政策，反正你什么都不懂，那我也装聋作哑。就像某些极权国家，统治者本身就不自信，怕老百姓知道太多，就搞坚壁清野，消息封锁，结果老百姓被洗脑以后，也就乖乖听话了，你要求不高，他也就乐得清闲。男人的处女情结有时候就是掩耳盗铃的结果。

在本章第一节，我曾经提到过，一部分中国男人很小就跟母亲亲密，跟父亲疏远，他们或多或少都有一定的"恋母情结"，有"恋母情结"的男人往往同时也有"处女情结"，为什么会这样？第一，母亲在孩子眼中，尤其是男人眼中是"贞洁"的象征，这点跟处女相仿；第二，有恋母情结的男人由于在精神方面尚未断奶，他们大都不懂得如何跟异性接触，在女人面前往往不够自信，为了掩饰这种不自信，他们反倒拒绝一些经验丰富的成熟女性，喜欢经历趋于简单的青春女孩，处女则让他们看到了曙光。所以，男人的处女情结跟恋母情结其实是一回事，只不过是一个形态的两个方面而已。

对此，渡边淳一在书中有一点分析非常到位，他说："男子一旦产生诸如'这女人该不会试过很多花样了吧'，或'也许她以前同比我更行的男人相爱过'或'会不会觉得我很笨拙'这类观念，那么他的身体便会自然而然地受这些强迫观念影响而变得不听使唤。"无疑，这是对男人来说最为羞耻和丢面子的事。中国男人更是如此，没车没房没老婆无所谓，就是不能没面子，面子像一个无形中存在的太上皇，几乎主宰了男人一生的命运轨迹。某种程度上，中国男人就是一种"面子动物"，为面子而活，为面子而拼，甚至为面子而死。

我看过一个报道，近些年男人在性方面的障碍越来越多，大多数都是心理因素造成的。除了工作压力大之外，还有一个原因值得重视：那就是男人如果遇到经历比他曲折，经验比他丰富的女人，在床上不太容易找到自信，甚至会"雄风不再""武功尽失"。反倒在一张白纸的处女面前，男人就像一支蘸满油墨的笔，跃跃欲试。越老的男人在那方面越不自信，他就越需要一个年轻的女人掩盖自己，所以男人岁数越大，反倒越喜欢找年轻的女人，核心要素就在这，他不是太过自信，而是太不自信。否则，女人四十如狼似虎，老头子又不是武松，如何抵挡得了？不如找个像女儿一样的恋人，一方面找回父亲的尊严，另一方面做个遮羞布。反正太年轻的女孩在性方面还不太开窍，那方面的需求尚未充分开发，直接接管，方便又省事。

　　不过这里我要强调一点，男人喜欢找处女，想娶处女并不代表男人最爱处女，这是两个概念。男人最爱什么样的女人呢？我在我的情感三部曲前两部《男人是野生动物，女人是筑巢动物》以及《女人不"狼"，地位不稳》中都分析过这个问题，那就是男人最爱一种思想上深藏不露、性格上捉摸不透、行动上飘忽不定的女人，我把这种女人称为"三不女人"，为什么会这样？请大家细看我前两本书。男人是一种把爱情和婚姻区分得很清楚的理性动物，爱情方面男人最爱"三不女人"，婚姻中男人却倾向于找一个相对比较简单、好驾驭的女人做老婆。

　　这年头，热衷于"老牛吃嫩草"的男人越来越多。曾经在网上看到一个帖子，里面总结了"老牛吃嫩草"的16条好处，其中说道：老牛的牙口和消化都不好，需要吃嫩草；嫩草的营养比较丰富，老牛自然爱吃；嫩草比较贵，只有老牛才吃得起；别的老牛都在吃嫩草，剩下的老牛不吃，或者剩下的嫩草不让老牛吃的话，显得不够与时俱进；老牛消化不好，嫩草被老牛吃了以后还能全身而退，顺着牛粪出来，不久就是一棵更加花枝招展的嫩草；老牛守着一丛嫩草，就算吃不了，也能表示它很有面子。说来说去，"老牛吃嫩草"无非就是老牛牙口不灵了，啃不动了，加上嫩草新鲜昂贵，男人一方面遮了羞，另一方面又有了面子，自卑加自我炫耀的双重心理使得老牛们热衷于对嫩草的"挖掘"。

"老牛爱吃嫩草"也是老男人"采阴补阳"的一种生理需求。人老了，不仅老眼昏花了，腰板也不直了，腿脚也不灵了，如果这时候有个年轻貌美的小姑娘相伴左右，天天嬉笑逗乐，那对于夕阳西下的老人家来说无异于雪中送炭，对于不甘其老的成功男人来说，第二春就会再度焕发。有人说嫩草对于老牛是大补之物，益寿延年，因此中国的古人又常以"一树梨花压海棠"来形容这种"老牛吃嫩草"的现象。

据说北宋著名词人张先早年连续写出"云破月来花弄影""娇柔懒起，帘压卷花影""柳径无人，坠飞絮无影"，被当时的词坛戏称为"张三影"，谁知到了晚年，创造力衰竭，再也写不出什么东西来了，于是在80岁那年又娶了一个18岁的小妾，这一娶不打紧，这棵文坛老树又开出了新花。他的好友大文豪苏东坡前来祝贺，就写了首诗调侃道："十八新娘八十郎，苍苍白发对红妆。鸳鸯被里成双夜，一树梨花压海棠。"梨花指的是白发丈夫，海棠指的是红颜少妇，一个"压"字道尽床上无数风流！到了后来，"一树梨花压海棠"就成了老夫少妻，亦即"老牛吃嫩草"的委婉说法。连俄罗斯著名作家纳博科夫当年描写一个中年男人恋上豆蔻少女的禁毁小说《洛丽塔》介绍到中国来，也被好事者译成了"一树梨花压海棠"。

当然，前提是嫩草心甘情愿地被老牛吃，否则一旦嫩草嫌弃起老牛来，那就满园春色关不住，一枝红杏出墙来啦！所以，男人所谓好吃嫩草，喜欢处女，其实也有怕戴绿帽的潜在恐惧。

青山不改，绿帽长留。个人认为，中国古代的婚恋史，实际上就是男人不断出去风流快活，也是女人不停地给老公戴绿帽的历史，男人越爱出去花，老婆红杏出墙的概率就越大，二者相辅相成比翼双飞，"绿帽"似乎就是男人风流必须付出的代价。于是，为了避免绿帽横飞，男人对女人的要求就越来越变本加厉，包括对贞操的严防死守，对烈女的大加褒扬，对处女的极力讴歌。说来说去，男人怕戴绿帽就是怕对老婆完全失控，这在过去视妻子儿女为男人私有财产的封建社会简直是奇耻大辱，因为，这是对男性自尊的极大挑战。男人这种对戴绿帽的恐惧甚至体现在日常生活中，比如一旦吃起醋来比女人还过分，还吓人。

曾经有人问我，男人和女人谁更爱吃醋，我的回答——表面上看是女人，最可怕的却是男人。女人吃醋就像雷阵雨，来得快去得也快，即使是公认的醋坛子，被打翻了也只是洒了一地，只要男友（丈夫）认真清理，还是能够打扫战场收拾残局的。倘若是女人惹得男人醋意大发，后者不吃则已，一吃往往会"吃不了兜着走"，此时挥之不去的醋意就会演变成化解不开的敌意，最后，暴风雨就要来临了，直搅得天翻地覆甚至血流成河。古今中外这种例子比比皆是，男人吃起醋来不仅会械斗，还会出人命，甚至会引发战争。

比如俄国大诗人普希金，就因为吃醋吃昏了头，最后竟和情敌决斗，不治身亡；比如明末将领吴三桂，由于误听传闻，以为自己精心泡下来的"小蜜"陈圆圆跟了农民起义军领袖李自成，于是"冲冠一怒为红颜"，一吃醋，竟把江山拱手让给了清兵，最后沦为卖国贼，落了个遗臭万年的下场。至于吃醋引发战争，比较著名的案例就是《荷马史诗》中记载的特洛伊战争，斯巴达王后海伦跟着特洛伊王子私奔，斯巴达国王一怒之下，把一个国家的醋瓶都打翻了，于是向特洛伊宣战，一场长达 10 年的旷日持久的战争就此拉开了帷幕。

有人分析，这种动不动就把"醋坛"变成"拳坛"和"武坛"的男人其实是极端的不自信，从心理学来分析：属于典型的偏执型人格障碍，对于爱情缺乏安全感，对于爱人有强烈的占有性和排他性，宁可鱼死网破，也绝不容许他人介入。女人嫁给这样的男人不仅找不到安全感，反而时时生活在恐惧和噩梦之中，所以，提醒天下的女人们，一定要睁大双眼，看看身边的爱人是不是属于这种报复心极强的男人。如果是，就像远离瘟疫一样远离他。一旦这种人因爱生恨，后果不堪设想！

可见，男人的处女情结，表现形式可谓多种多样，不是结婚只想找个处女那么简单，有时候，交往阶段对方太过主动、热烈，不够含蓄、矜持，也会把他吓得"落荒而逃"。

一位女作家跟我说起过一件相当荒唐可笑的事。她认识的一个女孩子因为是处女，在热恋期间她的男友竟然害怕承担责任，拒绝跟她上床。

这件事初听起来很奇怪，不都说中国男人有处女情结吗？为啥当处女主动投怀送抱，受宠若惊求之不得的男人反倒临阵退缩了？

对此女作家给我的解释是，男人希望将来娶的那个人是处女，却害怕一块玩耍的女孩子个个都是处女，"责任太可怕了"，要他对过往的女友一一负责的话，他做不到。跟一般女子逢场作戏，爱就爱了，做就做了，散就散了，谁也不欠谁。可是对方要是个处女可就糟了，亲热过后，把脸贴上来，一声轻轻柔柔的"亲爱的，我是你的人了"，顿时像用蜘蛛丝缠住男人，让男人有种插翅难逃的感觉。那个女孩的男友一定害怕被缠上，所以才拒绝跟她上床。

看来中国男人根深蒂固的处女情结是和婚姻捆绑在一起的，如果暂时扔下婚姻这个包袱，男人有时候见了处女，反倒躲得远远的，因为逢场作戏的男人们最怕承担责任！

有时候想想，男人真的是一种非常可笑的动物，他一方面要求跟自己结婚的女人是处女，一方面又在内心幻想全天下的女人都是妓女；另一方面又奢望自己喜欢的女人在其他男人面前是烈女，偶尔还会希望自己不爱的女人也傻傻地做个一心只想着他的痴情女。

有时候男人又很贱，如果一个女人太爱他，认识他不久就主动把贞操献上，他会像江姐鄙视叛徒甫志高一样的看不起她，觉得她太随便不像圣女贞德，太便宜缺乏收藏价值；如果一个女人太自爱认识他许久还坚守处女的岗位，他又认为她太死板就像修道院的院长嬷嬷，太僵化好比是马王堆的出土女尸。

男人有时候就是这样的不可理喻。

4 男人最想娶的女人是公主，最不想娶的女人是女王

这种处女情结的根深蒂固甚至导致了男人经常"有眼不识金镶玉"。记得有一次我去做一个财经节目，现场来了不下 10 个女强人，她们不仅是事业辉煌的职业女老板，而且无论是外貌气质身材都不输于任何明星模特儿，可感情生活无一例外都处于荒芜的状态。主持人很纳闷，现场问了我一个问题：为什么外貌、学识、才气如此顶呱呱的优秀女性找不到另一半？是男人都瞎了眼，还是女人都挑花了眼？

我认为两个原因都有，在《男人是野生动物，女人是筑巢动物》一书中，我曾经分析过中国男人和女人截然相反的两种择偶心理：女人喜欢"仰视"，男人习惯"俯视"——对女人来说，无论她多优秀，她还是想嫁一个比她更优秀的男人，用一句唐诗来形容，女人的择偶好比是"举头望明月"；男人正好相反，他哪怕再无能，他的择偶观也是一种"俯视"心理，喜欢在比他弱的女人堆里找，若用另一句唐诗来形容，那叫"一览众山小"。

当然，这不代表男人都想找最差、最丑、最穷的女人。面对美貌、聪明、多金的女人，男人也会动心。不过，这其中，大多数男人最想娶的女人是公主，最不想娶的女人是女王。别看都是王室出身，其间可是千差万别。公主又年轻又美貌，个性单纯，行为乖巧，贤良淑德，且家世还不错，搞不好对男人的事业还有促进作用，要说缺点，顶多有点儿任性，偶尔耍点儿小姐脾气，只要男人哄一哄，还不乖乖倒入怀中做个小宠物？哪个男人不喜欢小鸟依人？公主型

的女孩正好满足了男人的这种大男人需求。

有一阵子，奥黛丽·赫本成了全世界男人最想约会的对象，最想娶回家的老婆，还不是因为她演了一部《罗马假日》，演了一个偷偷跑出去跟记者瞎逛的公主？里面的赫本，一头俏丽的短发，一身雪白的长裙，就像一个圣女一样冰清玉洁。据说《罗马假日》上映以后，很多男人都幻想赫本身边的那个记者不是格里高利·派克（影片中记者的扮演者，好莱坞著名影星）而是自己。这种"公主情结"说穿了也是"处女情结"的一种外延。

女王就不得了了，身份高、地位高、收入高，但同时，气势高、胃口高、要求更高，男人面对这种女人呢，没法"一览众山小"，相反，他得"举头望明月"，久而久之，男性的自信、自尊乃至自由都会遭到"毁灭性打击"，这也是为什么男人大都不爱接近女强人，不爱追求女强人，更不敢娶女强人回家的原因了，一句话，他很难搞定。男人骨子里总想当老大。哪怕在外面当领导，回家也要当领导，宁愿当驸马，也不愿当"王的男人"。事实上，真正的强者是外面领导别人，回家被太太领导。相反，在中国，有那么一批不怎么自信的男人，或者说也不怎么成功的男人，在外面没机会领导别人，回家非要"打肿脸充胖子"，在谁面前充胖子呢？肯定不敢在财大气粗的女王面前，只好找个啥都不懂的黄毛丫头。

香港著名情感女作家张小娴有篇文章叫《男人要的三份礼物》，里面说道："男人最喜欢的礼物只有三份：1. 一顶高帽。不时向他送上一顶又一顶的高帽，称赞他、崇拜他。2. 仰慕的眼神。即使他做了一件很笨的事，你还是送上这样的眼神给他。3. 生命的安慰。让他知道,你会与他同甘共苦,你是他心灵的安慰。他收到这三份礼物,就会送你很多礼物。"张小娴说的这三份礼物里面,前两份都说的是对男人精神上的崇拜和认可。这两道"迷魂汤"做好了,时不时给他灌一下,男人就会找不着北,这也是对付某些内心自卑却要硬充强者的男人的心灵抚慰剂。

第二章

"童年潜意识"是我们在跟父母的
关系中逐步形成的

如果我们小时候在父母那里没得到足够的快乐，长大以后会在潜意识中把恋爱当成一次又一次的"疗伤"过程，目的是想补偿童年的不幸。具体表现就是，我们会把恋人当成"理想的父母"，在他面前，我们会把自己退化成一个孩子，以期得到理想父母的爱。

「 一 」

一个人对自我的最初认识，来自他的母亲

1 我们所有的人际关系和亲密关系，都能在跟母亲的最初关系中找到答案

在人类的各种情感当中，母爱无疑是最原始、最持久，也是最无私、最伟大的，当我们呱呱落地，睁眼看到的第一个人是母亲，我们人生的第一个老师是母亲；当我们受委屈、最孤独的时候，第一个想到的也是母亲；当我们在外漂泊、思念故乡的时候，首先想到的还是母亲，我们会把祖国比喻成母亲，把大地想象成母亲。每一个人从生到死，母亲都会深深影响着他的一生。

可以说，母爱是我们人生的第一情感需要。如果一个人从小缺少母爱的滋养，他的心灵将是干涸和残缺的。多次被世界各国电影界专业人士评为世界十大电影之首的《公民凯恩》，实际上讲述的就是一个从小被母亲送走的孩子一生的"光荣与梦想""成功与失落"。

他是报业巨子，他是商界奇才，他的帝国覆盖全美，他的庄园堪比皇宫，他的第一任太太是总统的侄女，他的第二任太太是当红的歌星，但他的内心始终被一种缓缓落入深渊的寂寞所包围。直到离开人世的最后时刻，他一直在念叨着一个叫"玫瑰花蕾"的单词。它究竟代表着一种什么样的寓意呢？这引起了新闻界和狗仔队的巨大兴趣，整部影片就围绕着这个巨大的谜团徐徐展开——直到影片的最后，我们才恍然大悟，原来，这个被凯恩念念不忘的"玫瑰花蕾"只不过是他童年时代玩过的一个雪橇，那时候他在母亲身边无忧无虑、快快乐乐地成长。"玫瑰花蕾"无疑代表着一个失落的灵魂，失落的童年，失落的母爱，一个失去童年欢乐、离开母亲关爱的男人，哪怕再成功辉煌，再富可敌国，也不过是具行尸走肉。

影片后半部，镜头经常对准凯恩华丽的庄园，里面空空荡荡，几无一人，好像一个巨大的坟墓，凯恩常常跟跟跄跄地走在其中，脸色悲伤凝重，眼神飘忽迷离，宛如一个穿梭于地狱里的魔鬼。很多影评人指出，凯恩一生都是个孩子，尽管他后来成了财富的巨人，但他的心灵从未长大，他总是嗷嗷待哺，像个缺奶的婴儿。他从未建立起真正的安全感，即便他住在像皇宫一样富丽堂皇的庄园，他也"拔剑四顾心茫然"。甚至他和两任太太的婚姻失败，也可以从他童年的悲剧中找到原因，他从小被母亲遗弃，导致了他对女人终生的不信任。而他的人际关系同样糟糕透顶，随着他逐渐登上成功之巅，他过去的监护人、合伙人甚至一生最好的朋友都纷纷离他而去，最后算是真正落了个"众叛亲离、孤家寡人"的地步。跟他共事20年，曾经是他最信任的朋友也是他最重要的合作伙伴里兰对凯恩有句评价："他谁都不爱，他只爱自己。"其实，他恐怕连自己都爱不起来，他就是一只迷途的羔羊，一生都在找寻回家的路，而"玫瑰花蕾"就是他始终想找却怎么也找不到的家园。

从凯恩身上，我们似乎可以得出这样一个结论：我们跟情侣、配偶之间的亲密关系，跟儿女之间的亲子关系，跟朋友、同事之间的人际关系，都可追溯到童年，从我们跟父母之间的关系，尤其是跟母亲之间的最初关系中找到答案。

3 岁之前的孩子，无论是男孩女孩，最重要的是要建立起他跟母亲之间的良好关系，这种关系是他以后的人格基石，也是他以后建立各种感情关系、人际关系的第一步。

母亲对待 3 岁之前的孩子，最重要的不是灌输知识，而是跟他建立良好的关系，这种良好的关系会给他的一生带来益处，否则，就会给他的一生带来无穷无尽的烦恼和痛苦。而这种良好关系的建立将直接取决于母亲对他的爱、尊重、信任和宽容。如果一个孩子从小无法在他人生面对的第一个人那里获得足够的爱、尊重、信任和宽容，他的人格的基石就会不稳固，甚至摇摇欲坠，他将无法很好地面对他自己，也无法很好面对他的父母，上学以后也无法很好地面对他的老师和同学，将来工作以后也无法面对他的领导和同事，结婚以后，更无法很好地面对他的配偶、孩子，甚至传染给他的下一代，形成一种恶性循环。

在婴幼期，爱远比机械地教育、单纯地给予知识更为重要，如果母亲既爱他，又尊重他、信任他、宽容他，那么，将来他长大以后，也会像母亲爱他一样爱母亲、爱周围的人、爱他的老婆孩子、爱这个世界。正如奥地利著名心理学家阿德勒所言："母亲的第一个工作，就是让她的孩子感受到她是值得信赖的人，然后她必须把这种信任感扩大，直到涵盖儿童生活环境中的全部东西，如果母亲的第一个工作——即获取儿童的感情、兴趣和合作——失败了，那么这个儿童便不容易激发出对社会的兴趣，也很难对其同伴有友好之感。"

凯恩的人生悲剧在于：由于家境贫困，母亲过早地把他送了出去，这代表孩子跟母亲好不容易建立起来的信任瞬间坍塌。在一次亲子教育的研讨会上，我就曾提出一个观点：母亲生下孩子以后，要全身心地抚养，哪怕工作再忙碌，经济状态再不理想，也不要轻易把孩子送给别人寄养，这不仅意味着你跟孩子之间的情感纽带从此断裂，而且也让孩子从小就产生了被家人遗弃的恐慌感，这种恐慌感如果不及时根除，将会像噩梦一般伴随着他的一生，对他未来的心理、人格乃至建立婚姻家庭都产生不可估量的损失。

因此，母爱的重要就凸显出来了，她像一把保护伞，成为给孩子提供安全感的重要屏障。

如果离开母亲，任何婴儿在他诞生的一刹那，都会感到极度的恐惧。甚至婴儿在出生后一段时间内，也跟出生前没多大区别：他不能辨认对象，不能意识到自己的存在，不能意识到外面的世界。此时，母亲就是婴儿唯一的保护伞，就是温暖和食物，是给他提供安全感的重要屏障。如果孩子一出世，母亲就离他而去，那么他将生活在一辈子缺乏安全感的恐慌当中，哪怕他将来长大了，成家了，这种恐慌也像警钟一样时时在他耳边敲响。

童年的"分离创伤"对人的影响深远。被父母尤其是被母亲过早抛弃的孩子,潜意识中他会认为是自己不好,至少不够好,所以才"被抛弃"。在后来的日子里,向世人证明自己"很好",甚至"最好"成了他矢志不渝的目标。王家卫电影《阿飞正传》中张国荣扮演的旭仔,就是个弃儿,电影里他一直在干两件事,一是不停地寻找当年抛弃他的生母,二是不断地抛弃和更换他身边的女人,二者看似互不相干,其实互相影响。他被生母抛弃被养母养大,导致他内心自卑,他不断地勾引各种女人,又不断地始乱终弃,是想证明自己在异性那里(也就是母亲那里)的独特魅力。

"世界上有一种鸟是没有脚的,它只能够一直地飞呀飞,飞得累了就睡在风里。这种鸟一辈子才落地一次,那一次就是它死的时候。"在影片中,旭仔总是这样自言自语,无疑,这种无脚鸟就是这个被母亲抛弃的"茫然困惑的少年",没有脚意味着无根,也就是没有家,不停地飞则代表对失落的母爱的不断追寻。

❤ 2 跟母亲不同的依恋类型决定了孩子的不同人格特征

英国心理学家约翰·鲍尔比曾经系统地研究过婴儿与母亲之间的依恋关系,以及这种关系是如何满足婴儿对保护、喂养以及获得支持的需要的。鲍尔比在研究过程中发现,母亲离开婴儿让他单独待上一段时间,不同的婴儿会出现不同的反应:一些婴儿在母亲离开时并未出现太多的不安,而当母亲回来时却很高兴;另一些婴儿面对母亲的离开明显不适,会哭会闹,有严重的不安和焦虑,只有当他们的母亲回来时才平静下来。鲍尔比认为这些婴儿有严重的"分离焦虑",

享受依赖，害怕孤独。还有一部分婴儿，在母亲离开时变得很忧伤，当母亲回来时，并未真正开心起来，反倒比较冷漠，甚至变得愤怒。

英国心理学家玛丽·安斯沃斯和她的同事们设计了一项20分钟的实验程序来研究"分离焦虑"——这项实验程序可以用来辨别婴儿是如何对待跟他们暂时分开的母亲的，这在心理学上被称为"陌生情境程序"。在这项实验中，母亲和她的孩子进入一个很温馨，类似居住环境的实验室。母亲在实验室里坐下来，婴儿则自由地玩耍。隔了一会儿，一个婴儿不认识但很友好的陌生人走进来，然后，母亲离开实验室，只剩婴儿和陌生人在一起。不到5分钟，母亲回来，陌生人离开。在这个过程中，婴儿都是被录像的，研究者可以在实验之后看到婴儿的种种反应。

经过多次研究，安斯沃斯和她的同事们发现了婴儿的行为也包含了三种不同的特征，这与鲍尔比的观点基本一致。其中第一组婴儿被安斯沃斯称为"安全型依恋"，在母亲离开他们的时候，还可以自由地玩耍，他们不惧怕和母亲的短暂分离，对陌生的环境、陌生的人都无明显的抗拒感，对陌生人还很友好，甚至还希望得到他的拥抱。而当他们的母亲返回到身边的时候，他们很开心，此刻的表现则是跟母亲交流一会儿，然后继续在实验室探索新的环境。他们似乎认定母亲一定会回来，他们内心很安全。

第二组被称为"回避型依恋"，这组婴儿典型的表现是，当母亲离开的时候他们并不担忧，当母亲返回的时候他们也比较冷漠，就好像跟他们的母亲一直很疏远一样，对那位陌生人更是自始至终视而不见。

安斯沃斯称第三组孩子为"焦虑矛盾型",这个组的婴儿在母亲离开时都很焦虑,甚至会出现大声哭泣以及激烈的反抗,当母亲不在实验室时,这些孩子很难平静下来,对陌生人更是像关闭大门一样完全拒绝,而当母亲返回实验室时,这些婴儿又变得很矛盾:一方面表现出似乎被遗弃的愤怒,另一方面又潜藏着一种失而复得的欣喜。

安斯沃斯在研究中进一步发现,这三组婴儿的母亲的行为也是各不相同的:安全型依恋的婴儿的母亲似乎对他们的孩子更为关注,也投入了更多的情感和鼓励;而回避型依恋的婴儿的母亲则对自己的孩子较为淡漠,甚至经常表现出漠不关心的样子;焦虑矛盾型的婴儿的母亲则对自己的孩子较为情绪化,有时候爱得要死,有时候又烦得要命,情绪简直比林黛玉的脾气变化得还快。

无疑,这三种依恋类型对儿童人格的培养是潜移默化的。安全型依恋的婴儿将来长大以后普遍跟母亲的关系融洽,且充满自信,在人际交往中也更积极主动,对陌生的环境有很强的适应性,与陌生人也能够友好相处,将来走入恋爱婚姻都会一路阳光。而另外两种依恋类型的婴儿,跟母亲的关系不是疏远就是紧张,内心始终伴随着强烈的不安全感,对周围的环境也很不适应,将来进入社会很难建立良好的人际关系,恋爱婚姻也会频频触礁。其中,回避型依恋的婴儿长大以后会形成冷漠、古板的性格特征,别人很难走进他的内心世界,也很难进入稳定的亲密关系。

在现实生活中,我们看到一些年近 30 的剩男剩女还从未谈过恋爱,或者结婚以后经常对伴侣漠不关心、被称为"冷血动物",就是源自这种童年和母亲的依恋类型。前面提到的美国经典影片《公民凯恩》中的男主人公无疑属于回避依恋型，在凯恩的母亲准备把年幼的儿子送走的场景中，我们分别可以捕捉到母亲冷静的表情和小凯恩冷漠的表情，此后这种"冷漠"几乎贯穿了凯恩的一生。他对政敌的不留情面，对两任妻子的不闻不问，都延续了他童年时代母子关系的"冷漠"。而焦虑矛盾型婴儿长大以后则走向另一个极端，容易陷入对伴侣的过分依赖，一旦得不到满足，就会大吵大闹，甚至寻死觅活，另外一些夫妻动不动就猜疑对方，总是担心对方有外遇，倘若追溯到婴幼期，跟母亲的关系无疑就是这种焦虑矛盾型的反映。

实际上，安全型的依恋类型的婴儿，长大以后所拥有的亲密关系无疑比回避型和焦虑矛盾型要更稳定、更持久，也更多积极的情感。哪怕在遭遇感情的狂风暴雨时，安全型的人也较为平静，知道如何理智地处理好而又不会对伴侣造成伤害，而回避型的人则会像只狡猾的狐狸一样躲开了，焦虑矛盾型的则变得像只刺猬，暴躁不安。

在鲍尔比看来，依恋系统在实质上是要"询问"这样一些根本性问题：所依恋的对象在附近吗？他接受我吗？他关注我吗？如果孩子察觉这个问题的答案为"是"，则孩子会感到被爱、安全、自信，并会从事探索周围环境、与他人玩耍以及交际的行为。但是，如果孩子察觉到这个问题的答案为"否"，则孩子会体验到焦虑，并且表现出各种依恋行为：从用眼睛搜寻到主动跟随和呼喊。这些行为会一直持续下去，直到孩子重新建立与所依恋对象的足够的身体或心理亲近水平，或者直到孩子"精疲力竭"。

从心理成长的角度来分析，如果一个人在孩提阶段某些方面没有得到充分的满足，要么他的心理就从此停滞在这个阶段，不再前进了，就会沦为心理上的"侏儒"，其基本人格特征将伴随终生；要么就在成年以后寻求补偿，最明显的就是当他们进入一段亲密关系，这种依恋倾向就会突出地表现出来。他们对亲密接触的要求似乎永无止境，每当他们认为自己被对方忽视的时候，便会感到被遗弃，就会愤怒，就会恐惧。他们往往表现出强烈的"孩子气"，要求对方时时刻刻关注，不能容忍丝毫的忽视和冷遇。他们总是在埋怨对方对自己不够关心，辜负了自己的爱，并总是试图用生气、吵闹和威胁等手段来迫使对方关心自己，满足自己，这和他们在婴儿时期用哭闹的方式来获得母亲的关心是一样的。由于强烈的不安感和对被遗弃的恐惧，他们心中充满了嫉妒和猜疑，无论对方如何表白，他们还是难以给对方以信任。生气，哭闹，吵架，猜疑嫉妒都是他们表达爱的方式："当我需要你的时候，你总是不在。"归根结底，这是源于他们早年对母亲怀有的爱与恨的矛盾情感。

3 母亲是我们来到茫茫人海之中看到的第一个安全岛

母亲是我们来到茫茫人海之中看到的第一个安全岛，登上安全岛，孩子才会信心十足地开始探索世界、健康成长、和人交往。他们深信，如果受伤了，受挫了，可以随时回到这个安全岛来。这个安全岛，就是无条件的母爱，就是我们一辈子都不可或缺的安全感。

当婴儿出生前，母亲的子宫就为他提供了一个天然的庇护所：这里不仅有适宜的温度，有自动的营养供给，还是婴儿安全和舒适的生活环境。然而，当他与母体分离之后，来到一个陌生的世界：空气温度未必适宜，氧气和食物需要自己获取，这一切都使他感到生存受到了挑战。

英国精神分析权威梅兰妮·克莱因认为：婴儿刚刚降临世上，第一时间并非快乐，而是恐惧，对陌生环境的恐惧，对死亡的恐惧。倘若此时，他不能及时回到母亲的怀中，不能及时得到母亲的爱抚，不能及时获取母亲的奶水，他便会感到死亡的威胁。所以，婴儿都喜欢紧紧依偎在母亲身边，这是他最基本的生存需要，如果这一需要得不到满足，会在婴儿的心里留下一道伤疤。

我们常常听到一些婴儿大声地哭泣，那便是表达了他对死亡的恐惧，而不仅仅是一般意义上的哭闹。如果一些母亲对孩子缺少足够的爱心，或是因为产后母亲的情绪不稳定，并未适应做母亲的角色，甚至认为婴儿是自己生活中的负担和烦恼的根源，或是天生脾气暴躁、缺少耐心，就会对婴儿的哭声充耳不闻，甚至大声训斥，于是就出现了这样的情况：婴儿有时候能得到他所需要的食物，有时候则不能，一旦需要得不到满足，他唯一所能做的事就是竭尽全力地大声哭闹。然后，他的需要终于得到满足。如此反复，这样的孩子始终无法建立起一种稳定的安全感，并自然而然地形成了一种错误的观念：只有不断地哭闹才能得到他所需要的食物，才能得到母亲的爱护。长此以往，孩子一方面学会了用哭闹来吸引母亲的注意，另一方面又对母亲总是冷落自己感到愤怒。他在生理和情感体验上的愉快、满足与愤怒、伤心好像雷雨天气一样交替出现，从而形成了他对母亲的爱和恨并存的矛盾情感。这种孩子长大以后，会形成较为严重的情感依赖症，在亲密关系中索求无度，一旦未遂，就会又哭又闹，甚至以死来威胁。这种情感依赖症的根源就在于缺少安全感。

在爱情方面缺少安全感的表现

（1）害怕孤单，总是一次又一次地恋爱，有时候对方并不是你真正爱的那个人，只不过是一种寂寞的替代品而已。

（2）总是拿自己和身边的人比较，总是处于一种自我否定的状态，总是莫名其妙地乱发脾气，怨天尤人。

（3）哪怕对方对你很好了，还不满足，觉得这不过是昙花一现，终有一天难逃被抛弃的结局。

（4）只要跟他一吵架，就大喊大叫，情绪失控，甚至一哭二闹三上吊，动不动就以死相要挟。

（5）把自己当成灰姑娘，盼望有一个白马王子通过爱情来拯救自己。

（6）把自己的身体当成挽回爱情的本钱，以此下注，飞蛾扑火。

（7）总是以泪洗面，靠伤心的回忆来扮演弱者的角色，蚕食别人的怜悯和关怀，自导自演苦情戏，博取对方的同情。

（8）面对无良者一味忍让，一再退却，没底线，无原则。

（9）对爱情有严重的完美主义倾向，哪怕年近而立却仍保持永远不变的少女情怀，宁愿沉醉在白日梦的幻想中也不愿在现实中醒来。

说到这里，各位读者可以根据以上内容自我检测一下，你是否总是感觉内心缺少安全感？如果是，那么，我敢断定，你从小就没在自己的母亲那里获得足够的安全感，从而导致你内心一直空空如也、惴惴不安。

❤ 4 母爱是一面镜子,让我们看到了最初的自己

母爱是一面镜子,让我们看到了最初的自己,也在母亲的不断的关注中找到了自我的意识。美国著名社会学家、心理学家弗洛姆认为:"如果孩子在母亲的怀抱中不断生长,他的自我意识,他的安全感和认知度都将逐步完善。"

如果他饿了,母亲的乳房就会自动送上来;他冷了,母亲会把他抱入怀中;他想排便,母亲就帮他料理。他看到如果他吃东西,母亲就微笑;如果他哭,母亲就来哄他;如果他表现好,母亲就夸奖他。所有这些经历凝聚并互相补充成为一种体验:那就是"我是被人爱的"。我被人爱是因为我是母亲的孩子,我被人爱是因为我长得可爱,更确切的表达是:我被人爱是因为我是我。

这是一个人最初的自我意识,也是他建立自我价值的第一步,更是他获得自信的本钱。

用弗洛伊德的术语来说,这种愉快状态就是自恋的一种形式。母爱的体验让一个孩子感觉自己是一朵身处温室里的花,他就有茁壮成长的需要,也让一个孩子从小安宁平和,我什么也不做就可以赢得母亲的爱,因为母亲是无条件的,我只需要是母亲的孩子。8岁以下的儿童还不会去爱别人,但从父母那里得到的爱会让他内心充满温暖。

随着年龄的增长,孩子渐渐就要培养一种新的感情,那就是要通过自己的努力去唤起爱。比如妈妈不高兴了,去逗妈妈开心,爸爸工作很忙,临出门前赖在他身边告诉他要早点儿回家,这是

孩子懂得释放爱的开始——第一次从"被人爱"变成"爱别人",变成"创造爱"。但从爱的最初阶段到爱的成熟阶段还会持续许多年。

进入少年时代,一个人随着心智的逐渐成熟,就开始把目光投向周围的老师、同学和朋友,他慢慢懂得他人的要求同自己的要求同等重要——事实上也许更为重要。"给予"比"得到"更有满足感和成就感,更能使自己快乐,爱要比被爱更重要。他开始体验关心他人以及同他人的统一,另外他还能感觉到爱,唤起爱的力量。他不再只是被动地接受爱,以及为了赢得爱必须使自己弱小、孤立无援、生病或者听话。天真的、孩童式的爱情遵循下列原则:"我爱,因为我被人爱。"成熟的爱的原则是:"我被人爱,因为我爱人。"不成熟的、幼稚的爱是:"我爱你,因为我需要你。"而成熟的爱是:"我需要你,因为我爱你。"

"婴儿仰望他的母亲,在母亲眼中他看到自己。"英国心理学家温尼科特曾经如此动情地描述母婴关系,此刻,母亲仿佛一面镜子,婴儿在这面镜子里找到了自己,渐渐形成了对自我的认识。

做过母亲的人都知道,孩子从出生以后三四周,就开始通过看着母亲的眼睛、露出笑声和变换身体姿势等方式来寻求和"引诱"母亲的回应。如果母亲立刻作出了回应:看着婴儿、对他微笑、对他轻声低语,那么他们之间便形成了一连串的交互活动,实际上,婴儿此刻在吸引母亲的注意,也是把母亲作为一面镜子,确定自我的存在,当然,这都是无意识的。如果婴儿的种种挑逗行为得不到母亲的积极回应,婴儿就会表现出很"受挫"的样子,甚至会变得无精打采,就像一个得不到情人回应的姑娘的沮丧心情。如果母亲看着婴儿总是带着一副毫无感情、毫无回应的表情，孩子在这面镜子里读到的也是毫无感情、毫无回应的信息，渐渐地，这面镜子里照出的就是一个无感情、不快乐的自己。

互相对视，关注彼此。这也让婴儿第一次体验到"成功"吸引母亲的喜悦。在这种互动中，婴儿的表情变得日益丰富，实际上，成人男女之间对于接吻、微笑、身体关爱等方面的需求就是源于母婴相互间的注视、触摸、拥抱和语言"交谈"。

西方一些精神分析领域的专家普遍认为，母亲在与婴儿的互动中自身的情感状态，对孩子的自我塑造具有枢纽性作用。换句话说，孩子最基础的情感启蒙来自母亲。母亲在亲子关系中，就如同一面镜子存在着。孩子在这面镜子中慢慢形成对自己的熟悉感，并根据母亲的回应而慢慢形成自己的各种认同和适应，最后形成自我人格。因此，这面镜子在孩子自我的逐渐养成过程中，居于枢纽的位置。

5 母爱好似一杯水，让我们的身心不再饥渴

母爱好似一杯水，让我们的身心不再饥渴。很多人不知道，在正常的两性关系中，我们对拥抱、亲吻、抚摸等身体接触的需求最早源自母亲。每一个刚刚出生的婴儿，除了需要母亲甘甜的奶水，还需要母亲温柔的爱抚。没有被抚摸过的婴儿是长不大的。

我看过一个材料，里面提到婴儿跟母亲的这种身体接触，将很大

程度上决定孩子的副交感神经系统的平衡发展。副交感神经系统由心脏诱发，促进心率协调，既能抗衡压力，又能维持内分泌的正常。如果一个婴儿出生以后很少得到妈妈的爱抚，那便会很糟糕，因为他的自律系统会变得很敏感，很脆弱，哪怕只是很小的一点事情，也会让孩子产生一种错觉：妈妈可能不要我了。知道小孩子最害怕什么吗？就是被遗弃，如果一个孩子从小就担心被母亲遗弃，这种潜意识会影响他的一生，即便长大以后，进入恋爱和婚姻状态，也经常觉得自己会被爱人遗弃。

其实不光是人类，哺乳动物也很看重这点，我家的母猫当初一窝生下了4只小猫，我就经常看到母猫来回地在舔它的儿女们，开始我还以为只是替它们清洁，后来才渐渐懂得，猫妈妈这么做是表达亲密关系，让幼猫安心成长。

小时候我们需要父母的爱抚，长大了我们需要情人的爱抚，实际上是一脉相承的。我们通过这种爱抚重新激活爱，所以，心理学家有种说法，我们进入恋爱状态，就意味着我们又重新变成一次婴儿，在越相爱的情侣面前，我们就会变得越小，某种程度上，我们找的另一半就是我们父母的再造。

相反，从小得不到父母足够的爱抚，就会患上"身体饥渴症"，长大容易出现两个极端：要么就把自己冰冻起来，拒绝跟一切异性的深入接触，甚至进入婚姻状态也会患上性冷淡。要么就极度渴求异性的抚爱，容易陷入一夜情或者性生活过度的窘境。现实生活中，一些好色的男人、开放的女人，细究起来，都与婴幼期缺乏母乳喂养，从小很少跟父母亲密接触有关。无法在父母那里获取温暖，只好到其他异性那儿去找依靠，身体则成了他们的敲门砖。

因此很多婴幼专家提出，为了你的孩子的身心健康成长，请母亲们尽量用母乳喂养，原因就在于此。

「二」

中国男人越来越柔弱跟父爱整体"缺失"有关

1 父亲要么太过严厉，要么总不在家，构成了我们对父亲的总体印象

前不久，西安音乐学院的大学生药家鑫开车撞人并持刀杀人一案引起了社会各界的广泛关注。很多人感到不可思议的是，一个外表斯文、家庭完整的独生子，为何会在开车把人撞倒之后，不仅不及时救助对方，反倒丧心病狂地连捅6刀，置人于死地？

在庭审中，公众首次听到了药家鑫讲述自己的成长经历，他说："我从4岁起，就天天练钢琴，每天除了弹琴就是学习，稍有差池，就会遭到父母的殴打。学习不好，父亲就把我关在地下室不让上楼，我很多次都想过自杀，除了无休止练琴外，我看不到人生的希望。"

案件公审期间，媒体先后采访药家鑫的父母、同学、朋友，找到了这个外表看上去很斯文秀气的男孩子为何突然之间变得如此"凶残"的心理根源：药家鑫是家中独子，母亲对他宠溺有加，但父亲对

他却严厉到近乎苛刻的地步。由于药家鑫从小到大学习成绩都很好，只要他想要什么东西，母亲都会满足他。但军人出身，退伍后从事科研工作的父亲却总是给他提出过高的标准、过严的要求：放学后必须按时回家，不许在外面玩得太晚，学习成绩稍有下降，就是一顿暴揍，哪怕成绩好了，父亲也从未露出满意的笑容，更从不表扬，只会说："别老翘尾巴，你还差得远。"甚至有一次父子吵架，药家鑫的这位父亲居然还说出了"你长得这么丑，没人会喜欢你"这种极度伤害孩子自尊的话来。药家鑫后来一度想去整容，某种程度上就是被父亲过度贬低的结果。

药家鑫的一位朋友对他性格的总结就是：极端、叛逆、多疑。"他的生活环境太狭窄了，以至于他没机会接触社会，缺乏社会经验，也是他对受害者痛下杀手的根源，他不懂得如何处理生活中的冲突和矛盾。"药家鑫对自己这些年成长经历的主要体会就是"不快乐""没意思""无价值""恨父亲""想自杀"。

药家鑫对父亲的这种恐惧甚至到了匪夷所思的地步，他开车撞人并持刀杀人之后，第一时间想到的既不是投案自首，也不是四处躲藏，而是害怕父亲知道，他说："我去投案自首那天，我害怕我爸爸，害怕见到他。"他甚至阻止母亲给父亲打电话，因为他太怕父亲了。也就是说，他当时最不好的感受，不是惧怕死亡引起的，而是恐惧被父亲发现。

对于药家鑫的疯狂行为，一些心理学家认为，是父亲从小对他的过分苛求让他在不知不觉中滋长了戾气。他对父亲既害怕，又愤怒，但又不敢表现出来，一个偶然的撞车事件，受害者被撞之后偷偷记下车牌号这一举动，突然之间激起了药家鑫的怒火，于是对父亲的种种不满，加上害怕索赔带来的种种麻烦（其实潜意识中是害怕父亲得知此事以后会对他不依不饶），导致了这个外表看上去很文静的男孩子瞬间变成了"杀人恶魔"。

我不懂犯罪心理学，在这里，我不想深究药家鑫犯罪的深刻心理因素，而只想探讨一个问题：一个孩子健康的人格培养从何而来？

中国有句古话说得好，"养不教，父之过"。应该说，药家鑫的父亲不是不"教"，他也倾注了很多心血，但这种近乎严厉的"教"却适得其反，不仅未造就一个人见人爱的"天之骄子"，反倒让一个孩子小小年纪就心理扭曲，整天生活在一种迷茫和痛苦中，一个突发事件，就让他人性中最恶的一面彻底暴露。药家鑫之所以一失足成千古恨，我认为他的父亲负有不可推卸的责任。对此，我不由得想起了鲁迅先生在他早期杂文集《坟》里面曾经写过的一篇文章的题目："我们现在怎样做父亲？"

当然，我们生活中很多父亲并非像药家鑫的父亲那样"不近人情"，他们也很疼爱子女、关心子女。父爱无疑和母爱一样伟大，但一直以来，在很多中国人的心目中，父亲的形象似乎遥远而又模糊：不是太严肃就是有点儿近乎严厉，和子女的距离太远。前不久我应邀去参加一场心理类杂志举办的有关亲子教育方面的座谈会，到场的不少"90后"孩子坦言，在成长过程中很少看到父亲的身影，因为父亲整天忙于工作，很少顾家，只是偶尔过问一下孩子的学习成绩，在孩子的日常生活中父亲的角色基本是"缺失"的。在学校门口，接送孩子的大多是母亲、爷爷奶奶，或者外公外婆，父亲呢？忙着挣钱去了！中学的家长会，母亲来得多，父亲来得少。看学生的作文，涉及家庭的内容，感觉母亲总是在唠叨，父亲总是不在家，一位中学班主任当场感慨：有时父亲偶尔到学校给孩子送一件衣服或是在家同孩子交谈几句，孩子们都感觉宛如过年般快乐。

　　一家青少年杂志两年前在中学生中搞过一个调查，在谈到和父亲的关系时，只有30%的孩子承认和父亲关系融洽，40%的则认为父亲太严厉，难以亲近，而60%的则经常感觉不到父爱，因为父亲太忙，总是不在家。这也是为什么歌颂母爱的文章甚多，但歌颂父爱的文章却寥寥无几。在人们的潜意识里总认为父亲是严厉的，甚至有时会感到有点儿不近人情，要不就是父亲总是离我们很远，三天两头不在家。

　　我是"70后"，上小学那段时间父亲也经常出差在外，很少见他，偶尔回来也只是问问学习成绩怎么样。现在大多数"80后""90后"的父亲比我们那时候的父亲还要忙碌，还要拼命，跟儿女在一起的时间越来越少。要么父亲太过严厉，要么父亲总不在家，这两道风景构成了我们大多数中国人在成长阶段对父亲的总体印象。有的朋友开玩笑，从小到大对父亲最熟悉的莫过于他的背影。难怪朱自清歌颂父爱的《背影》如此深入人心。可惜，背影始终是遥远而模糊的，这两年，媒体都在讨论为什么我们的男孩子越来越柔弱，这跟父爱整体"缺失"息息相关。

　　读中国历代古籍，不知道大家注意到没有，中国古代很多圣贤，都是很小就没了父亲，比如孟子两岁丧父，孔子3岁丧父，宋代的大文豪范仲淹也是3岁丧父，欧阳修则是4岁父亲离他而去，他们大都是由寡母带大的。曾经有一种说法,叫大儒常无父。所以父爱缺失对于中国人来说似乎早已司空见惯。

其实不光是在中国,在欧美国家也大抵如此。澳大利亚婚姻问题专家、情感类畅销书作家史蒂夫·比达尔夫认为:"年轻的男性正处于一种可怕的境地,他们没有真正意义上的'父亲'来指导他们如何成长为一个成熟的男人。这些年轻人在没有任何成年指导、心智还没有成熟的时候就步入了成年男人的世界。很显然,他拥有了男人的躯体,就需要学会如何驾驭它——最好是向那些懂得如何驾驭的人学习。"如果把男孩进入成年期比喻成拿驾照,父亲则是最好的驾校教练。可是现在很多父亲忙得没时间当教练,他们的孩子只能无师自通,好的就可以自己上道,多数都是学艺不精,有的则会沦为"马路杀手"。

2 如今的男孩子大多生活在一个父爱缺失的"女儿国"里

榜样的力量是无穷的。在我们人生成长的不同阶段,我们需要不同的榜样。但最初乃至最大的榜样则来自我们的父母。某种程度上,我们的人格、性格乃至言谈举止、价值观、世界观、人生观都是被父母塑造的。父母中跟我们性别相同的一方对我们的影响更是深远。所以,女孩通常由母亲打造,男孩则首先向父亲趋同。

然而,很多男孩子从小是生活在一个父亲乃至成年男性严重缺失的"女儿国"里,从出生那一刻起,他们就被各色各样的女性包围,女助产士把刚刚降生的他们抱进婴儿房;后来又在妈妈的怀抱里长到

3 岁；进了幼儿园，面对的又是阿姨和姐姐们的关怀；上了小学、中学，除了体育老师，他们的班主任、语文数学和其他科任老师基本上都是清一色的成年女性，唯一的成年男性角色——父亲又常常不在家，试想在这种环境下长大的男孩子，他的男性人格又该如何培养？怎样健全？如今独生子女特别多，他们的父母，尤其是父亲非常忙碌，跟儿子在一起相处的时间非常短暂，这样的男孩跟大观园里面的贾宝玉有何区别呢？现在"80后"的男孩在成长乃至恋爱婚姻中出现种种的问题，跟父亲总是不在家或者父亲对孩子太过严厉，太过疏远有着直接的关系。

不可否认，男孩与女孩在他们各自的成长阶段，受到了不公正的待遇，女孩从小就少不了母亲和成年女性的陪伴，而男孩却很少从父亲及其他成年男性（偶尔会有爷爷或外公）那里得到足够的关注。这会导致非常可怕的后果：很多男孩虽然长大了，却并没变成男人，只是变成了更大的男孩，他们永远无法具备成年男性那样的坚毅、刚强、果敢和内涵，他们虽然具有男人的躯体，却只有男孩的情感。由于他们很少从父辈那里汲取足够的营养，他们大都发育不良，他们不懂得如何走进正常男性的世界，不懂得跟其他男性和平相处，他们总是孤独而迷茫，敏感而脆弱。

一个人对父亲的态度也会影响他对其他长辈的态度。如果你不相信长辈实际上就是不信任自己的父亲；你跟领导刻意疏远，你也一定曾经跟你的父亲刻意疏远过；你总是挑战权威，在你的少年阶段一定总是向你的父亲进行挑战。我曾经接触过一个犯罪心理学家，他告诉我，少年犯罪当中很多都是父爱缺失者，他们要么很少跟父亲在一起，要么就是父亲不称职，他们的犯罪行为只不过是想引起成年世界的一种注意。药家鑫杀人也是如此，某种程度上，他对父亲的不近人情乃至暴虐极度不满，其实他在某种程度上是继承了他父亲的这种不近人情，他对受害者偷偷记下车牌号以后的暴虐行凶其实就是对父亲的一种暴虐还击。

我记得若干年前曾经认识一个"85后"的小演员，他从艺校毕业后一直在漂着，找不到什么合适的角色，其实男孩外在条件不错，也有一定的表演天赋，就是性格有点儿孤僻，不喜欢也不善于跟人打交道。有一次我通过一个影视公司的老总给他介绍了一个剧组的面试机会，结果到了约定时间，他居然没去，后来我问他为什么，他说事先给那个老总打过电话，觉得老总不是特热情，他就产生了畏难情绪。原来他的这种社交恐惧症源自他的残缺的童年，小时候父亲就跟母亲离异了，他一直跟着母亲单过，10岁以后就没见过父亲，父亲给他的印象也是既严厉又疏远，他的成长世界里也是女性长辈居多，男性缺失。他说他特别不善于跟一些年长的男性打交道，尤其是一些领导，如果对方稍稍表现出冷淡，他就想逃避，因为这让他不由自主想起了他的父亲。实际上他那次拒绝面试，其实是拒绝那位老总，更是拒绝他的父亲，拒绝的背后还是害怕被拒绝，这其实都是以父亲为代表的男性长辈在他成长阶段出现空白点导致的不自信。

男孩在成长过程中的确需要以父亲为首的男性榜样的支持，母亲不管多么疼爱他、关心他，也始终无法替代父亲的角色，从童年时期到长大成人，男孩都需要与那些心智健康的成年男人生活在一起，在不同的年龄阶段，也需要不同年龄的男性来引领自己的成长，包括他的爷爷、外公、父亲、兄长、叔叔、舅舅，等等。如果这种需求得到满足，他身上的男性特质就会像长在树枝上的叶子一样尽情舒展，他就会表现出足够的责任感、忍耐力和承受力，他的孤独和迷茫也会逐渐远离他，他就会由一个孩子长成真正的男人。反之，他会像一艘失去航向的小舟一样迷失，甚至他的男性角色认同会出现扭曲和变异。很多男同性恋者都是因为在成长中跟父亲远离或者男性榜样缺失，造成他对自己的男性认同出现障碍。

药家鑫也面临过这样的问题，由于父亲太过严厉甚至近乎暴虐，而母亲又走向另一个极端：溺爱，这就使得药家鑫在成长过程中跟父亲谨慎地保持距离，近乎疏远，而跟母亲过分亲近，因此，药家鑫的心理认同有明显趋向母亲甚至女性化的一面：比如他过于爱干净、爱打扮，太注重自身外在形象，考上大学以后，外公奖励了他一万元，他居然去割了个双眼皮。还有他的心智很不成熟，总是像个没长大的小男孩，这说明什么呢？他并不缺父亲，但缺少父亲足够的关爱，导致他在心理上不愿认同父亲。在药家鑫身上我们看不到药家鑫父亲军人的气质。这就给我们很多做父亲的敲响了警钟，如果你对儿子只是一味地严厉管教，缺少足够的爱和关心，儿子在心理上就会不愿认同你，而倒向母亲那边（关于这点，本章第四节还有详细分析）。

♥ 3 一个男孩要成为真正的男人必须首先修复与父亲的关系

澳大利亚情感问题研究专家比达尔夫认为，一个男孩要成为真正的男人必须经历7个步骤，这7个步骤中第一条就是要修复与父亲的关系。那是因为"父亲是你在成人过程中的感情连线。你必须与父亲建立起清晰而坚定的关系。如果你不能理解他、宽恕他，乃至尊重他，那么你的生活就不太可能成功"。某种程度上，父亲对儿子的性格塑造实在是太重要了，西班牙伟大的小说家、《堂吉诃德》的作者塞万提斯曾这样说过："父亲的德行是儿子最好的遗产。"父亲坚强果敢，必然会造就出同样坚强果敢的孩子，父亲待人宽容和善，儿子也必然遗传父亲的这些优点。同样，父亲暴虐不近人情，儿子也必然暴虐不近人情，父亲软弱没主见，儿子必然照单全收。

美国总统巴拉克·奥巴马早年也是父爱缺失者。奥巴马的父亲是一个肯尼亚人，在美国读书时遇到了奥巴马的母亲、年仅18岁的美国白人姑娘安·邓纳姆，两人很快结了婚。不过，当奥巴马还在蹒跚学步的时候，老奥巴马拒绝了足以维持一家人生活的纽约大学奖学金，选择去哈佛大学攻读经济学博士学位。毕业后，老奥巴马带着哈佛同学露丝回到了肯尼亚，抛弃了奥巴马母子。后来，是奥巴马的母亲和外祖父一家把他抚养长大。

在10岁这一年，奥巴马跟当年抛妻弃子的父亲在夏威夷见了面，这也是父子俩唯一一次重逢。虽然老奥巴马并不是个负责任的父亲，但奥巴马从母亲和外祖父母口中听到的都是关于父亲如何才华出众、魅力非凡、抱负远大的故事。奥巴马在自传中，还提到当年外祖父曾经给他讲过父亲的一个英雄事迹：他曾在一家酒吧里遭到一名白人的侮辱，那个白人当众宣称他不能"坐在黑鬼旁边"品尝佳酿。人们都看着奥巴马的父亲，眼看一场斗殴不可避免。然而，奥巴马的父亲站起身，走向那个人，面带微笑地给他上了一堂课，一堂关于固执的愚蠢、美国梦的承诺以及每个人都享有人权的课。那名白人听后羞愧难当，当场从口袋里掏出 100 美元给奥巴马的父亲，付清了那晚所有的酒水费。

因此，尽管对父亲有点儿陌生，小奥巴马还是跟他相处了非常愉快的一周。很快，老奥巴马离开了，直到他 1982 年去世，父子俩再也没见过面。

事实上，在奥巴马逐渐长大后，他慢慢了解到被过度美化的生父的另一面。"我的父亲是酒鬼，喜欢玩弄女性，对自己的孩子也很不好。"老奥巴马一生据说结了 4 次婚，有 8 个孩子。

但奥巴马并未因此怨恨和责怪父亲。弥补父亲所犯的错误或许成了奥巴马内心的一种强大的动力。跟米歇尔结婚后，奥巴马一方面努力扮演两个女儿的好父亲角色；而在另一方面，他的雄心也正是源自他父亲的缺席。

当初，奥巴马并没有去参加父亲的葬礼，却在 1987 年去肯尼亚的家乡时为父亲举行了一个安葬仪式。奥巴马在肯尼亚的祖母回忆说："这父子俩其实深爱彼此，巴拉克来了，我们能看到他的感情，那种失去亲人的感情，他的头低垂着。出于这种爱，他远道而来安葬父亲。"在接受采访时，奥巴马说："一个男人的一生或者是为了实现父亲的期望，或者是为了弥补父亲的错误。对我而言，则两者都有。"

奥巴马对父亲的这种情感在他后来出版的自传中可见端倪，"得知我的父亲经常酗酒，违背他早期的成功和承诺，这大大地改变了我，"奥巴马在自传中写道，"我曾一度为了父亲的期望而努力，但自那时之后，我开始觉得我应该弥补他的过失。"他甚至给自己的这本自传取名叫《我父亲的梦想》，他坦承，他后来竞选参议员、竞选美国总统，都是为了实现父亲生前的梦想。

不可否认，虽然奥巴马只跟他的父亲在一起相聚了很短的一段时间，但父亲早年为了到异国他乡求学而不断奋斗的经历以及他黑人的身份都带给了他终生的信念和认同。应该说，他在成长过程中，很好地修复了跟父亲的关系，如果不是这样，他就会带着依赖母亲、仇视父亲的扭曲心理长大。很难相信，这样一个男人会成功，会被选为美国总统。

很多心理学家都认为：在男孩子的成长过程中，有一项非常重要的工作，只有完成这项工作，男孩子才可能在将来的生活中与女人建立起亲密的关系。这项工作就是男孩子必须在情感方面与母亲完全脱离出来。此时此刻，父亲的作用不可或缺。

在情感咨询中，我们总看到一些从未真正断奶的男人，这些男子始终感到自己是长不大的孩子，他们需要母亲的保护、温暖、关怀和欣赏。与其说他们需要一个妻子，毋宁说他们更需要母爱。我敢断言，这种"奶嘴男"不仅是母爱溺爱的牺牲品，一定也是父爱缺失的报废品。所以，他们一直弱小无力，孤独无援，虽然年龄够大了，身材够高了，可心智还很不成熟，他们就像还未离开母亲乳汁的乖宝宝，这种不成熟不仅仅体现在他非要找一个年龄偏大的女人做老婆。其实，一个男人缺少责任感，总是不断地向女方索取爱，而不懂得付出爱，一定是从未在父亲那里学到成为一个成熟男性所必备的品德和素质。如果年轻女性在爱情的道路上遭遇上述特征的男友，不要心灰意懒，此时你认识的不见得是一个骗子，说不定是一个孩子，一个从未得到父亲言传身教的可怜孩子。

对于女孩，父亲的关爱也是必不可少的，她们需要父亲的帮助来建立自尊。她们需要以父亲为榜样来建立对男性的整体印象，甚至她们对异性的最初认知也来自父亲，她们将来会喜欢上什么类型的异性，选择什么样的男人来共度下半生，都有赖于父亲的爱。相反，得不到父爱的女孩会早熟，早恋，会通过浓妆艳抹、搔首弄姿来过早地取悦男人，成为男人的追逐目标。我曾经看过一个报道，一些从事三陪等不正当行业的女子，大都从小缺少父爱，一些热衷于给男人当小三、二奶的女孩子也是父爱缺失的牺牲品。

曾被评为 2005 年度日本十佳影片之一的《被嫌弃的松子的一生》中那个长相非常可爱、身世又如此可怜、命运最终却那么可悲的主人公就是一个童年缺少父爱的女孩。从小，松子就渴望父亲多疼爱她多关心她一点儿，可惜体弱多病的妹妹只要一咳嗽，就抢走了父亲的关注度。从此，松子患上了严重的情感饥渴症，她饥渴地爱，贪婪地爱，不辨来源地爱。只要有人愿意，她就全盘接受。她爱上的男人当中，有不负责任的编剧，有以自杀了却残生的作家，有脚踏两只船的有妇之夫，有黑社会流氓，有进了监狱的小偷——松子把自己变成了一汪水，什么样的容器接住，她就以什么样的姿态进入。最后，容器破损，她的爱也四处离散。松子一生极端渴望爱，把一生都奉献给爱，却一生也没得到爱。表面上看，她是在渴求一个男人完整的爱，实际上是在圆童年失落的那个梦——想在这些男人身上找回父亲对她的爱。换言之，松子心灵从未长大，她的潜意识中还是那个渴求爸爸回家能够多看她一眼，多抱她一下的可怜的小女孩。影片最后，是个超现实的画面，在公园旁一座破屋里孤独终老的她唱着儿歌，踩着梦想中的梯子一步步向上，此刻，众多美丽的小星星在她身旁闪烁——我认为，影片揭示了一个心理学的奥秘：每一个女人长大以后的各种感情关系，都可以在童年跟她父亲的关系中找到最初的模式。

4 父亲是构筑我们人生观和世界观的第一人

父亲虽然不代表自然世界，却代表人类生存的另一个极端：即代表思想的世界，人所创造的法律、秩序和价值的世界。父亲是教育孩子，向孩子指出通往世界之路的人。母亲生养了我们，培养我们最初的自我意识；父亲则是构筑我们人生观和世界观的第一人。

如果说，婴儿无论从身体还是心理上都需要母亲的无条件的爱和关怀。到了五六岁左右，父亲的权威和指引就变得越来越重要。母亲的作用是给予孩子基本的安全感，而父亲的任务则是指导孩子正视他将来会遇到的种种困难，培养孩子的责任感。成熟的母爱是尽早地让孩子学会独立，而父爱是培养孩子的信心，以及面对困难的勇气。父母应该尊重孩子的个性，而不是让他一辈子做个毫无主见的应声虫。

美国著名心理学家、社会学家弗洛姆认为：一个成熟的人最终能达到他既是自己的母亲，又是自己的父亲的高度。他发展了一个母亲的良知，又发展了一个父亲的良知。母亲的良知对他说："你的任何罪孽，任何罪恶都不会使你失去我的爱和我对你的生命、你的幸福的祝福。"父亲的良知却说："你做错了,你就不得不承担后果;最主要的是你必须改变自己,这样你才能得到我的爱。"成熟的人使自己同母亲和父亲的外部形象脱离,却在内心建立起这两个形象。把母亲的良知建筑在他自己爱的能力上,把父亲的良知建筑在自己的理智和判断力上。成熟的人既同母亲的良知,又同父亲的良知生活在一起。

倘若一个男孩从小被母亲娇纵,同时又有一个性格懦弱或者对孩子不感兴趣的父亲。在这种情况下,小男孩会牢牢地抓住同母亲的联系,成为一个十分依赖母亲的人。这种人往往依赖性强,性格女性化,而父亲身上坚韧不拔、成熟独立的一面则严重缺失。反之,如果母亲性情冷淡、麻木不仁或者十分凶悍强势,孩子就会把对母爱的需要转移到父亲身上,就会变成单一的向父亲方向认同的人。这样的人往往严谨有余、灵活不足,甚至会变得冷酷自私缺少爱心。如果他的父亲很有权威,同他的关系又很密切,就更会加强他的这一发展。其他的调查也得出这样的结论:即某些神经病形式,如强迫性神经病同患者的单一父亲联系有关,而另一些病状,如歇斯底里、悲观厌世则是母亲的单一联系所致。

在华语电影界久负盛名的著名导演李安,他的个性中与人为善、温柔敦厚的一面来自他的母亲,而他做事一丝不苟,执着专注则来自他的父亲。比较而言,父亲对李安的影响似乎更为重要,否则他也不会为华语影坛奉献出那么深厚绵长的"父亲三部曲"(《推手》《喜宴》《饮食男女》)。三部电影的男主角"老朱"都由著名演员郎雄扮演,这是一位典型的中国父亲:慈祥、宽厚、仁爱、令人肃然起敬。据李安透露，片中父亲的许多对白，都源于真实的生活，作为一个传统大家庭的长子，父亲对李安的一生有着非同一般的深刻影响。在李安的"家庭三部曲"中，父亲是最动人的形象，这和李安浓郁的父子情结不无关系。

李安祖籍江西德安，1954年出生于台湾，父亲给他起名"李安"，一来是老家在江西德安；二来是他的父亲去台湾时所乘坐的轮船为"永安号"。李安的父亲李升长期担任中学校长，可谓书香门第，据说李安从小家教就极为严格，甚至在逢年过节还要向父母行跪拜礼。

父亲对儿子最大的希望是考上大学，子承父业，可是两度联考落榜，让父亲对他的人生前景非常忧虑。这种忧虑直到他凭《卧虎藏龙》获得奥斯卡最佳外语片之后还偶有流露。后来，李安考进了台湾艺术专科学校影剧科，与父亲期望落差很大，让李安的父子关系蒙上薄霜，李安曾形容，"有段时间，我看到老爸就想跑"。

李升明白儿子从小就喜欢弹吉他、写书法、演话剧，具有艺术细胞。不过他认为李安个性敦厚，不适合演艺圈，希望他往教育界发展。李升反对李安学电影，但出于父爱，依然给予很大的支持。大二的时候，父亲送给他一台8毫米摄影机，这是父亲一生送给他的唯一和电影有关的礼物。他用这台摄影机拍了一部18分钟的黑白短片《星期六下午的懒散》，正是这部短片帮助他申请进入了纽约大学电影系。1979年，李安做了一个让父亲十分愤怒的决定：报考了美国的戏剧电影学校。父亲很无奈，他不能接受儿子竟然想去从事没多大出息的娱乐业。1980年，李安拿到了戏剧学学士后，就转读纽约大学电影研究所的想法征询父亲的意见。经过一阵抗衡，父亲同意了，并且帮助他解决了一部分学费和拍片经费。后来，李安在纽约大学毕业 6 年面临无戏可拍的窘境，父亲仍然多次以书信鼓励他要为理想奋斗。李安至今难以忘怀，拍摄《推手》及《喜宴》时资金紧张，老父亲二话不说，主动把珍藏多年的字画奉献给剧组作为道具。

李安曾多次承认，父亲在他的创作生涯中，占有举足轻重的地位。他一连拍摄《推手》《喜宴》及《饮食男女》，外界称为"父亲三部曲"。片中郎雄扮演的父亲，刚毅、强势，对孩子的关爱却极度压抑，谁都看得出来这是李安亲身体验的投射，虽然李升从没公开认同这三部电影的父亲就是他。当年李安在美国结婚时就跟《喜宴》中赵文瑄扮演的男主人公一样寒酸，父母却丝毫不计较，依然赴美捧场，这些温馨感人的真实场景都被李安融入进了那部让他扬名立万的《喜宴》中。

即便是后来拍摄的影片得了奥斯卡奖，在李安看来，并没有给父亲带来观念上的改变：或许他一生都没接受过儿了已经成了一个电影导演这个事实。他们的互相冲突和妥协，却使李安获得了对中国父权文化、亲情纽带的深刻思考和复杂情感。而这一切在李安所拍的"父亲三部曲"中体现得最为深邃。

有一次，李安在接受媒体采访时透露，潜意识中，父亲给予他的压力让他在片中释放出来，"我想没有父亲对我的压力，也没有我影片中能表现出来的张力，父爱成就了我的电影，相反母亲对我的溺爱，让我没有兴趣去探索母爱这样的影片素材"。

1995 年，李安因为成功改编英国女作家简·奥斯汀的原著《理智与情感》第二次捧走柏林国际电影节金熊奖，越洋电话那头父亲一句"很好"让他感动莫名,他从没忘记父亲为他前程担忧的苍老面容。李安以前常自认与母亲个性接近,行事柔软:"我一直是滥好人,深怕得罪人。有礼貌却拖拖拉拉,凡事逆来顺受。"直到拍好莱坞大片《绿巨人》时面对现场的千军万马,突然间找到了指挥若定的感觉:"在自己身上,我终于发现了父亲的影子。"而远在千里之外的父亲似乎也在逐渐理解儿子,有一次父子通话,父亲忍不住说了句:"我看《绿巨人》,终于明白你在拍什么了,找卷录像带送我吧。"父子情感的交融,已尽在不言中。

2004 年,电影《断背山》准备阶段,和李安对峙了一辈子的父亲去世了。李安仿佛感到一种从未有过的空虚。他忍住悲痛,远赴加拿大牧场,全心投入《断背山》的拍摄,希望能抚平自己内心的伤痛和疲惫。支持他继续献身电影的,是父亲临终的遗言:"你不应该放弃,应该继续拍下去。"

由此可见,在我们成长的道路上,我们既需要母亲的关爱,又需要父亲的指引,从同母亲的紧密关系发展到同父亲的紧密关系,最后达到综合,这就是人的灵魂健康和心理成熟的基础。

那么,如何改变目前很多"80 后"男孩、女孩在成长过程中父爱缺失的遗憾呢?我给出两个建议:

一是针对那些很少在家的父亲,一定要"常在家待待"。

前些年,有一首歌很流行,叫《常回家看看》,是唱给那些因为忙碌很少回家看父母的年轻人听的,据说效果还不错,那段时间很多年迈的父母不再寂寞了。可现在,处于成长期的孩子却很困惑,因为他们的父亲倒是常回家,但他们基本看不着,因为父亲回到家大都很晚了，孩子已经上床睡觉，第二天还没睁开眼，父亲又离家去打拼了，好不容易盼到了周末，没完没了的应酬，又让父亲远离孩子的视线。所以，我在这里提出一个概念："常在家待待"，作为男人，别老想着外面的工作，也想想自己家里的妻儿老小。美国经典影片《教父》中，著名影星马龙·白兰度扮演的老教父有一句至理名言："不经常在家中陪伴家人的男人绝不是一个好男人！"而且父亲老不露面，对孩子的人格培养是个缺憾，谁也不愿看到自己的儿子将来没男子气，谁也不愿自己的女儿将来找个跟自己差不多年纪的人做丈夫。为了孩子的健康成长，天下忙碌的父亲们，请你们"常在家待待"。

二是针对那些总是不苟言笑的严父，我建议给孩子多些笑容，多些鼓励，放下家长的架子，学会跟孩子做个朋友。

在本书第一章我谈到，中国的父亲总是过于严肃乃至严厉，从而导致父子关系普遍疏远，儿子反倒愿意与母亲亲近，这也是如今年轻一代的男孩子越来越柔弱的一个原因，孩子普遍害怕父亲、疏远父亲，只好倒向母亲的怀抱，这样他就无法从父亲那里继承男性的诸多特质。所以，为了自己的孩子，能否不要总是摆出高高在上的家长面孔？能否放低身段，多跟孩子聊天？别老只是过问孩子的学习成绩，能否跟他们交流一些思想、情感，跟儿子讲讲只属于男人的故事？和儿子进行一些只属于男人的运动？多鼓励孩子，而不是总贬低他们、训斥他们，只有让儿子真正回到父亲的怀抱，儿子才能真正学会如何成为一个真男人！

「三」

每个人心中都有一个"内在的父母"和"内在的小孩"

1 每个人都有一个"内在的关系模式",那是在跟父母长期的相处中逐步形成的

小丽和小齐是在网上认识的,起先,小丽很兴奋,因为他们在网上聊得很投机,小丽形容,她活这么大,从未跟一个人这么谈得来。小齐告诉她,他5岁丧父,一直跟着母亲过,12岁那年,母亲把他扔给爷爷奶奶,自己跟着一个男人跑了,从此音讯皆无。小齐的"悲惨"身世引起了小丽深深的同情,从小衣食无忧的她突然之间生出了一种强烈的母性,她要"拯救"他!后来,他们见面了,小齐不光长得帅,而且神情举止中还带着一种挥之不去的忧伤,她觉得他极像自己一直喜欢的偶像张国荣,他们相爱了,很快住在了一起,但没多久,小齐又在网上结识了另一个女孩,两人时常秘密约会。这让小丽非常伤心,他们陷入了一次又一次无休止的争吵,最后的结局,小齐搬走了，只剩下小丽一人黯然神伤。

刘小姐结婚了，她觉得自己很幸福，虽然她貌不惊人，也不是那种很有灵气的女孩，但却幸运地钓到了一个金龟婿，她的丈夫黄先生靠自己创业，30出头已是功成名就，多次被评为某市十大青年企业家。然而结婚没多久，她就仿佛从天堂掉进了地狱。她的这位企业家丈夫总像个高高在上的君王，对她横挑鼻子竖挑眼。一会儿嫌她土，一会儿又怪她笨，一会儿又觉得她上不得厅堂，一会儿又认为她下不得厨房。起先，刘小姐处处迎合他，他嫌她打扮落伍就买名牌时装来装饰自己，他觉得她饭菜做得不好就主动报名参加烹饪班，她还经常看书来提高自己，为了迎合丈夫的口味，原本对足球不感兴趣的她天天守在电视机旁跟他看各种欧洲杯联赛，甚至她还上网抄下了很多球星的资料，像背英文单词一样默默记下。可是，无论她多么努力多么辛苦，她都达不到他的要求，换来的仍旧是没完没了的批评、指责、嘲笑和挖苦。

这两个案例都是我在情感咨询时遇到的，表面上看，小丽和刘小姐分别遇到的这两个男人——小齐和黄先生，无论身份、地位、性格、气质都差别很大，在我看来，其实殊途同归，他们都是"内在的关系模式"出了问题，结果给自己的人生，也给身边最亲近的人带来了意想不到的灾难。

每个人都有一个"内在的关系模式"，这个模式不是与生俱来的，而是我们从小在跟父母的相处中学到的，这个模式构成了我们的内在人格，也决定了我们跟父母、跟他人、跟社会，乃至跟伴侣、跟将来我们自己孩子的相处模式。

　　这个"内在的关系模式"就是"内在的父母"和"内在的小孩"的相处模式，它是构成我们每一个人童年潜意识的最重要内容。所谓"内在的父母"指的是在跟父母长期相处的过程中他们对我们的真实评价，这种评价久而久之会进入我们的潜意识，当成外界对我们的一种普遍认知，"内在的小孩"则是我们在成长阶段最初的自我。这两种关系的好坏决定了我们的人格基础，如果"内在的父母"和"内在的小孩"能够和谐共处，换句话说，"内在的父母"总是肯定、信任、鼓励、疼爱"内在的小孩"，后者就会心态平和，健康成长，如果"内在的父母"总是挑剔、指责、打骂或者忽略"内在的小孩"，后者就会像只受惊的小鸟一样虚弱不堪，甚至变态扭曲。

　　有时候，一个人的自我评价就是"内在的父母"对"内在的小孩"的评价，一个自卑的人内心总会出现一个严厉的后妈，在羞辱他，贬斥他，让他抬不起头来。

　　在现实生活中，我们总是可以接触到形形色色性格古怪甚至有心理疾病或人格障碍的人，实际上他们"内在的父母"和"内在的小孩"就总是在吵吵闹闹，甚至陷入长期的恶斗当中，倘若"内在的父母"过于强大，"内在的小孩"就会被彻底压制，此时，就会出现两种情形：要么这个人毫无个性，在父母和一切权威面前只知顺从，要么他就要把那个被压制的"内在的小孩"投射出去、给自己的不满找一个缺口，一旦找到了那个"替罪的羔羊"，他就摇身一变，自己成了"内在的强大的父母"，而把他身边的人当成"内在的被压制的小孩"。

　　本文一开始提到的小齐，很小父亲就离世，母亲又丢下他跟别的男人走了，实际上他的内在的关系模式就是"内在的离开的父母"

和"内在的被遗弃的小孩"的模式，这点跟张国荣在王家卫的电影《阿飞正传》里面扮演的阿飞旭仔很像，因为被母亲抛弃，他仿佛一只受伤的小鹿，总在寻找温暖的巢穴。他喜欢上网，喜欢结识女孩，包括投入想拯救他的女孩小丽的怀抱，都是对童年被遗弃的遭遇的一种补偿行为。但是，由于母亲过早离开，又是因为别的男人而置自己的儿子于不顾，小齐内心深处就产生了一种报复母亲的冲动，当他遇到小丽以后，他就把自己变成"内在的离开的父母"，让小丽去充当"内在的被遗弃的小孩"，他抛弃小丽，实际上就是心理上在抛弃自己的母亲，这是一种投射。因此我敢断言，虽然他为了另外一个女孩离开了小丽，用不了多长时间，他也会离开那个女孩的，因为他这种内在的关系模式已经根深蒂固了。

而这位挑剔的黄先生，如果用内在关系的模式来分析，也好比是独眼龙照镜子——一目了然。他的内在关系一定是"内在的挑剔的父母"和"内在的被挑剔的小孩"，从小他的父母（或者两人都是，或者至少一人是）一定对他非常挑剔，总是对他要求很多，但又总不满意，这无疑造就了黄先生严重的自卑感。其实他的成功，某种程度上正是这种严重自卑造成的。为了逃避这种自卑，为了迎合父母的需要，他努力追求成功，然而，外在的优秀好似头痛医头脚痛医脚的庸医，并未彻底根治掉他内在的自卑，有时候他越优秀，他就越自卑，越自卑，就越不承认，越想这种自卑像排毒一样排出去。此时，相貌平平的刘小姐的出现，满足了他的这种需要，在她身上，他找到了一种优越感，他把自己变成了"内在的挑剔的父母"，把她变成了"内在的被挑剔的小孩"，像倒垃圾一样不断把他内心的自卑倒在他最亲近的人身上，这就是一种投射，有时候，关系越亲密，投射越厉害。后来我从刘小姐那里得知，他不光喜欢挑剔他的妻子，他单位的副总和秘书也经常被他讽刺和挖苦，为此，公司虽然做得很大，但员工的流动性也很大，尤其跟他走得越近的员工，越受不了他。

当然，也有截然相反的一种情况，原先我在电视台工作，有个副手，做事很投入很认真，经常加班加点任劳任怨，但他人缘却很差，原因只有一点：爱挑剔。员工上班迟到10分钟，他就忍不住唠叨，编导做的片子稍有点儿差池，他就劈头盖脸一顿指责。很显然，他的内在关系模式也很糟糕，有一次跟他半夜喝酒我才知道，他从小家里兄弟姐妹多，他是老四，上面两个姐姐，一个哥哥，下面还有一个弟弟，他形容自己是前不着村后不着店，姥姥不疼舅舅不爱。由于长期被忽略，导致他做什么事都比别人慢半拍，加上身材从小没控制好，早早就成了胖墩，在父母面前经常抬不起头来。有时候连哥哥姐姐也嫌弃他，他极度自卑，但他又不愿承认，他总想方设法把内心这种被挑剔的小孩投射出去。在电视台熬到了栏目主编的位置，也给他一种"多年的媳妇熬成婆"的感觉，他要宣泄，于是，好似乱箭齐飞一般，他把内心的自卑全都投射到周围编导的身上。然而，没多久，他的内在关系模式又恢复到了从前。他结婚了，娶了一位富家千金，在这个刁蛮任性的老婆身上，他内心的自卑投射不出去，只好自吞苦果。于是，我仿佛又看到他童年的悲剧再度上演：他天天被他老婆骂，而他却忍气吞声，在他俩的关系中，他老婆成了"内在的挑剔的父母"，而他又甘愿沦为那个"内在的被挑剔的小孩"。

从上面几个例子可以看出，一个人怎么对待他的恋人、配偶，实际上可以折射出他父母是怎么对待他的。如果他无缘无故地离开了你，那他一定曾经被他父母抛弃过；如果一个人总是挑剔他的另一半，那他一定从小被他父母挑剔；如果他喜欢打老婆，那他一定从小经常饱受父母的拳脚。明白了这点，你就会恍然大悟，原来他时不时挑剔你、指责你，甚至他莫名其妙地离开你，并非你的错，是他的内在关系模式出了问题，你没必要惶恐不安。你挨打，更不是你的错，而是他的内在关系极度扭曲。

2 一个人的人际关系，亲密关系或多或少是他"内在关系模式"的一种投射

　　每个人的心中，都有一个内在的小孩，那是个极其需要被爱的孩子。他是童年最初的自我，他天真地望着这个世界，没有任何抗拒和防卫，他一直保持对这个世界无条件的接受和无止境的好奇心。然而，他需要爱，需要被关怀，需要被支持，需要被重视，需要我们也对他无条件地接受。哪怕你到了四五十岁，你的心中还存在那个充满童稚的小孩，在我们成长的过程中，如果我们的需要被忽视，我们的感情被压抑，我们就不得不带着这个愤怒、受伤的小孩在我们身体里面一起长大；而这个伤痕累累的内在小孩也将无法避免地污染到我们的成年行为。每个人的心中，还有一个内在的父母，那是父母最初看我们的眼光，长大以后，它就会变成扩展到整个外部世界对我们的基本评价，某种程度上，它代表一种理性、外部的道德评判。

　　我们每个人心中都有一个"内在的父母"和一个"内在的小孩"，

就像人内心一直有两个"我",一个是本真的自我,一个是道德的自我,一个代表感性,一个代表理性。那么,我们是怎么把这个"内在的关系模式"投射到外部关系上呢?答案是,如果对方像自己"内在的小孩",就将"内在的小孩"投射到对方身上,而自己以"内在的父母"自居;如果对方像自己"内在的父母",就将"内在的父母"投射到对方身上,而自己以"内在的小孩"自居。换句话说,如果一个人的内在模式很糟糕,倘若遇到比他还弱小的人,他就会以"内在的父母"自居,把"内在的小孩"投射到他人身上,摆出一副强者的面孔,颐指气使、专横跋扈,如果他遇到一个内心比他强大的人,他就反过来把自己放在"内在的小孩"的位置,把对方奉若神明,看作"内在的父母",他就会低三下四甚至阿谀奉承。只有内在关系模式正常的人,他才会以一颗平常心对待身边的人。

如若进一步分析,"内在关系模式"比较常见的是以下4种情形。

(1)"我好,你也好",也就是"内在的小孩"好,"内在的父母"也好。如果父母双方都给孩子以足够的爱,同时又充分尊重孩子的独立性,那么这个孩子从小就会建立起这样的内在关系模式,那就是自尊自爱自强自立,信任自己,也信任他人。无论在人际交往还是恋爱婚姻中,都一往无前,一路顺风。

(2)"我不好,你好",也就是"内在的小孩"不好,"内在的父母"好。假若父母之中至少有一个爱孩子,但什么都包办代替,喜欢孩子像个小绵羊一样温顺而听话,那么这个孩子就容易形成这种内在关系模式。还有一种情形,如果父母双方至少有一人爱孩子,但同时又对孩子要求极其严厉,常常用挑剔、责怪、训斥的态度对待孩子,那么这个孩子也容易形成这种内在关系模式。

（3）"我好，你不好"，就是"内在的小孩"好，"内在的父母"不好，如果父母双方都过度溺爱孩子，对孩子的各种条件，甚至无理要求都完全满足，就会让孩子变得无法无天，无情无义，心中只有自己，没有别人，就会出现这种内在的关系模式。

"我不好，你好"与"我好，你不好"的差别是，前者以"内在的小孩"自居，而在建立外部人际关系时将"内在的父母"投射给对方；后者则以"内在的父母"自居，而在建立外部人际关系时将"内在的小孩"投射给对方。前者在乖顺的外表下掩藏着一颗不自信的灵魂，容易迷信权威，丧失自我，一旦进入亲密关系容易形成严重的情感依赖症。后者常常伪装自信、强大，有时还以自大狂的形象出现。在亲密关系中，总是对伴侣百般挑剔，甚至控制欲强。

（4）"我不好，你也不好"，即"内在的小孩"不好，"内在的父母"也不好。如果父母双方自身在成长过程中千疮百孔，又都不爱自己的孩子，甚至以羞辱、折磨、暴打孩子为家常便饭，那么这个孩子一定会导致这样一种内在关系模式。

具备第四种内在关系模式的人，大都内心极度自卑，很容易成为愤青，甚至反社会型人格障碍，如果心态极度扭曲之下得不到及时缓解，甚至会滑向犯罪边缘。

有时候，一个人的人际关系、亲密关系都或多或少存在一种隐秘的投射，投射什么呢？就是他内在的关系。一个人怎么对待别人，尤其是身边亲近的人，实际上反映的就是他"内在的父母"和"内在的小孩"的相处模式。

　　我记得原来我在一家报社工作，我们部门来了个女实习生，女孩子虽然相貌平平，但为人谦和，脸上总是挂着淡淡的微笑，跟她在一起如沐春风。当时，我们部门的人都很喜欢她，有一次带她一起出去采访，在聊天的过程中我获知她有一对非常疼爱她的父母，父母从小就不停地鼓励她、赞扬她、信任她，虽然她长相一般学习也不算很出众，但她一点儿都不自卑，她活得很开心。后来实习结束，大家都对她挺依依不舍的。现在看来，这个女孩子的内在关系模式（"内在的信任的父母"和"内在的自信的小孩"）非常健康，不仅让她始终保持平和的心态，也让她获得了良好的人际关系。

　　心理学认为，在人际关系中，投射与认同是最重要的心理互动机制。所谓投射，指的就是你把你的内在关系模式"强加"到别人身上，所谓认同，则是你接受了别人的内在关系模式。比如在某些公司，老板总是对员工蛮横无理；而员工却逆来顺受，就是前者把他"内在的专横的父母"和"内在的委屈的小孩"这种关系模式投射到后者身上，而后者为了保住这个饭碗只好认同。在恋爱婚姻中，一些酷爱家庭暴力的变态男人和他的妻子也是这种投射与认同的关系。刚才提到的黄先生和刘小姐、我那个同事和他老婆，都是这种投射与认同的互存关系。如果刘小姐选择离开黄先生，员工受不了老板的暴虐主动辞职，那则是"投射不认同"。

❸ 我们身边不乏"希特勒人格"的人

　　提到内在的关系模式，我们不得不提到希特勒。在精神分析学说中，阿道夫·希特勒是个非常经典的案例。因为希特勒的内在关系模式就非常扭曲，一方面他狂妄到极点，总想吞并全世界，另一方面骨子里又自卑到极点，凡是看过他照片的人，一定会对他那猥琐而警觉的眼神印象很深吧？这就是一个人自卑的铁证，而希特勒扭曲的内在关系模式无疑跟他的家族史紧密相连。

希特勒的父亲是个犹太人的私生子，一直活在难堪而屈辱的世界里，为了压抑住这种自卑，他的父亲就用凶狠和暴虐来武装自己。我们知道，当一个人现实生活很挫败，但又拒绝承认这种挫败，甚至反过来表现出一种伪装的强大的时候，他身边的人就深受其害了。尤其是对待他的儿子阿道夫，更是非打即骂。更可怕的是，老子每次打儿子，还嘲笑他是个"胆小鬼"，这样一来，希特勒的内在关系模式就非常可怕，高高在上的是"内在的暴虐而强大的父亲"，被打翻在地的则是"内在的受虐而弱小的孩子"，在长期的家庭暴力中，希特勒彻底认同了"暴虐而强大的父亲"，并将"受虐而弱小的孩子"压抑到潜意识中，然而，这个"受虐而弱小的孩子"并未消失，他像个魔鬼一样时不时跳出来，嘲讽他，挖苦他，告诉他是多么弱小多么没用。希特勒无法容忍这点，于是就将这个"受虐而弱小的孩子"投射到他人身上，接着投射到他最恨的犹太人身上，最终投射到欧洲乃至整个世界。

看"二战"时期的一些纪录片，我们经常可以看到希特勒站在万众欢呼的讲台上，以一种德国救世主的姿态在那里指点江山，显示出他是多么的强悍，多么的厉害。其实，倘若我们从内在关系这个角度来切入，一切都会豁然开朗，原来这只不过是一个人病态而扭曲的内在关系向外的一种延伸而已，他把自己的痛苦转嫁给了全欧洲，他把自己的灾难扩大到了全世界。在无比暴虐无比强权的表面现象下，实际上却是一个胆小如鼠的弱者在做垂死的挣扎。

也许有的读者会说，希特勒太另类！太极端！其实不是，倘若我们仔细地观察生活，你会惊觉，我们的周围不乏这样的人：比如有的人总是以强者自居，喜欢嘲笑弱者，有的人貌似强大，但又总是对人保持很强的戒备，甚至经常用尽各种方法，来显示他永远正确，别人永远错误。那么，这个人无疑就是具有"希特勒性格"的人。不光在职场上，在恋爱婚姻中这样的人也屡见不鲜，比如前面提到的那位黄先生就或多或少有点儿"希特勒人格"。

我有一个师弟，每次跟人见面就喜欢和人辩论，每次不把别人气势压倒决不罢休。有一次跟他聊天，他告诉我，他最崇拜的人是秦始皇，因为他够强够狠，他甚至认为秦始皇"焚书坑儒"是非常必要的，"只不过，秦始皇坑的儒太少了，对于那些不听话的人就该杀"。起先，每次说到这个话题我都忍不住要跟他争两句，但后来我也懒得争了，因为他很容易冲动，搞不好会伤了和气。据说因为这种霸道的性格，他的朋友很少，同学大都对他敬而远之，工作以后跟上司、同事的关系都处不好。他恋爱也很不顺，本来很有才气的一个人，连谈了三四次恋爱都黄了，倒不是他花心，而是女孩子都受不了他的个性。据他说，每次看到女友做了一件错事，他就忍不住要去纠正，女友接受不了，两人就免不了吵起来。

有一次，他给我看他和其中一个女友的聊天记录，我一下子乐了。这哪里是谈恋爱啊？分明是一场网上辩论赛。他几乎对他女友的任何想法、任何举动都要提出异议，都要反驳。你想哪个女孩受得了？后来一个很偶然的机会我得知，我这位师弟从小跟父母的感情就不好，父亲是个局长，习惯把权力规则带回家，对儿子从来就是呼来喝去；母亲也很专横，儿子从小就知道顺从，稍稍提出一些不同看法就被父母坚决镇压。久而久之，儿子渐渐认同这种"内在的专横的父母"，认为强权就是真理，加上长期被打压，反倒想在女友那里找回一些男性的自尊。他谈恋爱，似乎就是在重复他跟他父母的相处模式：我永远正确，而你永远错误，我得不断纠正你，才能显示出我的优越感。只不过在父母面前他是那个"永远错误"的一方，到了女友那里，他要抢占话语权，变成"永远正确"的一方。某种程度上，我这个"崇拜秦始皇"的师弟也是潜在的"希特勒人格"。

❤ 4 要想改变糟糕的"内在的关系模式"，就要学会爱，而不是保存恨

在心理学上，有一个词，叫作"强迫性重复"，童年受过的苦，长大了我们免不了要重复一遍，这种重复有时候是一种转移，即当我们建立一种亲密关系，我们就会把心中压抑太久的痛苦，投射到我们的恋人和配偶身上，那个人无意中就成了承担我们痛苦的"替罪羔羊"。同样，人生往往也是一种强迫性的重复，如果我们童年是幸福而快乐的，我们将来就会不断地重复幸福和快乐，如果童年是不幸和哀伤的，我们将来也会通过新的亲密关系来重复这种不幸和忧伤，除非我们及时斩断这种不幸，宣布和它彻底告别。

虽然很多病态的内在关系模式是我们从小在父母那里逐步建立

起来的，但并不代表我们要在这里指责父母、怪罪父母。因为，他们当年也是孩子，也曾经受过伤、流过泪。美国心理学家苏珊·福沃德就把这些曾经受过伤害又反过来伤害自己子女的父母称为"中毒的父母"。她认为："那些中毒的父母的父母，一样也是中毒的父母。这是一种心理上的遗传。"只有承认这一点，才不会单纯地把心理问题的责任，推卸到父母身上，而是从自己开始，斩断这个家族遗传，让自己成为这个遗传链条的最后一环。

具体来讲，就是要学会爱，而不是要保存恨。

一般来说，具有糟糕的内在关系模式的人，从小缺少爱，也不会爱，因此，要首先学会自爱。具体来讲就是要主动认领、抚慰内心深处那个孤独的受伤的小孩。

在现实生活中，我们常常看到很多内心并不快乐的人，总是向自己提出更高的生活目标：更高的职位、更多的收入、更大的房子、更好的婚姻、更优秀的丈夫……但是得到了以后又怎么样呢？他并未满足，反而更加空虚，那是因为，他只是在追求外部动力，他的内在模式并未改变。这就像一个脸上有疤的人总是通过不断的化妆来遮掩自己，其实这只是掩耳盗铃，一旦无人时卸下妆，疤还纹丝不动地待在你脸上。

内在关系模式糟糕的人，通常是有个"内在的受伤的小孩"，这个小孩从未或者很少得到内在的父母的评价和疼爱，于是他需要把这种糟糕和受伤的感觉释放出去，这就相当于一个人吃了不好消化的东西，必须通过"呕吐"来缓解难受。因此，这个时候，你要主动去认领、去抚慰那个孤独、受伤的小孩。

从现在起，不要再用酒精来麻醉自己，用网络游戏来逃避现实，你要做的，是感受自己真实的情绪，而不是用种种方式逃避自己的情绪，要学会跟自己"内在的小孩"真实接触。在你有痛苦需要逃避的时候，不要躲开，勇敢地冲上去，拥抱那个蜷缩在角落里的内在的孩子。

当你初次见到那个"内在的小孩"时，你可能会觉得羞耻甚至害怕。其实就是因为羞耻和害怕，你的"内在的小孩"才被长久地遗弃在那儿。现在，感受他，拥抱他，不管他有多么不堪，其实那也是你自己。

这时候你要把自己变成"内在的父母"，告诉那个你"内在的小孩"，其实你很棒，你很优秀，你现在做的每一件事都是为了让他快乐，你永远不会丢下他。时不时跟你"内在的小孩"进行心灵的对话，就是一种自己爱护自己，自己发现自己，自己抚慰自己的过程。具体形式，可以采用自己给自己定期写封信，自己跟自己对话的方式进行。一旦我们认领并爱护了我们体内那个受伤的小孩，他好似凤凰涅槃一般，会成为我们重获新生的动力；心理学家荣格将其称为"奇妙之子"——他才是我们探索、敬畏与创造美好人生的内在潜能。

我曾经认识一个心理专家，小时候由于父母的过分苛责，他"内在的小孩"宛如一根小草一样无助，很长一段时间他都很封闭，拒绝跟外界交往。后来他上大学接触了一些心理学方面的课程之后，就学会经常用语言去跟自己内心那个无助的小孩对话。比如每天深夜，他都会等同宿舍的同学睡觉后，一个人来到走廊，用 10 分钟的时间自己跟自己对话。对话时，他有两个自我，一个是无助的小孩，需要宣泄需要帮助，另一个则是成熟的像心理学家的自我，则是耐心的安慰细心的开导，坚持了一年下来，他跟我形容，那个"内在的小孩"渐渐变得坚强起来，偶尔不开心的时候，他就继续自我对话。心理学家的这种自我调节确实很有效果，在这里，我给大家推荐一下。当你一个人总是感到很孤独、很虚弱、很害怕的时候，学会自己安慰自己吧！

其次，多认识、多接触、多结交一些满怀爱心的人，从他们身上感受到爱的力量，让自己的内心充盈起来，从而也让自己的内在关系模式在潜移默化中逐渐得到改善。

中国有句老话叫"近朱者赤近墨者黑"，跟什么样的人交往会影响我们的精神面貌。整天跟瘾君子、赌徒混在一起的人很难想象他会是一个积极乐观的人，同样，在一些外表阳光、心境平和的朋友那里，我们会形成良性的人际互动，我们不会把自己不快乐的"内在关系模式"随便投射出去，别人也不会像中弹倒地一样无条件认同。相反，他们会用他们的爱、宽容和善良慢慢感化我们，此时，我们"内在的小孩"不再饥渴，我们"内在的父母"不再严酷，我们心中的理性和感性都回归正常。在这种改变中，我们逐渐找到了自信，也找到了快乐。

最后，为了避免上一代的悲剧在下一代身上循环往复，为人父母者一定要学会斩断恨的链条，给孩子输以爱的血液，这就需要从孩子出生那一刻起，给孩子提供"无条件和有理智"的爱。

过去，很多心理学书籍，都一味强调，父母要给孩子"无条件"的爱，才是孩子获得健康成长的先决条件。我认为这个提法不全面，必须"无条件"的爱之外再加三个字"有理智",因为如果只强调"无条件",那就会滑向另一个痛苦的边缘——溺爱。当然,如果只强调"有理智",不提倡"无条件",我们就会对孩子有太多的苛求和不满,也会造成很多人格成长的悲剧。那么什么是"无条件而又有理智的爱"呢?我认为美国著名心理学家斯科特·派克在他所写的一本畅销书《少有人走的路》里面的一段话值得借鉴。他说:"真正的爱,不是单纯的给予,还包括适当的拒绝、及时的赞美、得体的批评、恰当的争论、必要的鼓励和有效的监督。"在这里,我所说的"无条件和有理智的爱"大体指的就是这些。

「四」

懦弱的丈夫大多是被强悍的母亲培养出来的

1 我们的性格总是有意无意地模仿和承袭我们的同性父母

瑞典著名的电影大师英格玛·伯格曼一生拍摄了许多名垂影史的不朽杰作，先后 4 次捧走奥斯卡最佳外语片奖，世界各国的很多影评人和导演都认为，如果评选电影诞生以来最伟大的导演，前三名当中伯格曼肯定会占一席之地。在这里，我想推荐大家去看他的一部代表作《野草莓》，在这部堪称他最经典的影片中，伯格曼深入地探讨了父子关系。当然，里面也涉及了本书所研究的一些问题。

《野草莓》的故事主角伊萨克是位功成名就的医学教授。影片一开始，70 岁的老人应邀去一所大学接受荣誉学位的称号。然而，随着剧情的不断推进，我们看到的却是老教授不为人知的过去：当年他暗恋的表妹，因为他的不善表达，嫁给了他的堂弟；他早已去世的老婆，因为他的冷漠和寡情，毅然红杏出墙，使他饱受屈辱；他的儿子跟他也关系疏远；更可怕的是，儿子虽然也是医生，却同样继承了父亲的冷漠，与妻子结婚多年，一直拒绝要孩子，为此，妻子差点儿要跟他离婚……

看到这里，人们不禁要问，作为一名救死扶伤的医学教授，伊萨克为何对家人如此冷漠？伯格曼给出的答案是：父爱的缺失。

影片很大篇幅都是伊萨克的回忆，在老教授最为怀念的童年时光中，父亲的形象是模糊而断裂的，母亲的形象似乎也好不到哪儿去。伊萨克去接受荣誉学位的途中，跟自己的儿媳去一座老宅探望母亲，在这座好似坟墓一样森严可怖的房子里，我们看到的并不是一个慈祥安宁的老妇人，她更像一个欲壑难填的千年老妖，皱纹密布的脸上写满哀怨。伊萨克的儿媳后来对这位太婆婆有句评价："一个冷漠如冰的老女人。"由于父爱的缺失，伊萨克表面上似乎是沿袭了母亲的冷漠。实际上，在儿子艾瓦尔德面前他表现出更多的是对父亲的认同。所以当艾瓦尔德听说妻子玛丽安怀孕之后，并未表现出即将要成为父亲的欣喜若狂，反倒恨恨不平地表示："为什么要让孩子来到这样一个如地狱般冰冷的家庭中？"显然，艾瓦尔德也想把父爱缺失的角色继续扮演下去。

西方电影界普遍认为，伯格曼的大部分作品都或多或少带有一定的"自传色彩"，本片也不例外。显然，伊萨克教授是导演伯格曼的自画像，父爱的缺失代表了他不幸的童年，他跟儿子之间冷漠而疏离的关系也是现实生活中他跟孩子关系的真实写照。

翻开伯格曼的自传《魔灯》，你会看到大师的不幸童年：父亲恩里克·伯格曼是位虔诚的路德派教徒，曾长期担任牧师，为人拘谨而刻板，母亲是一位上层阶级出身的小姐，任性而孤僻。父亲对伯格曼的管束严厉到了近乎残酷的程度，伯格曼的童年生活始终笼罩着一种严峻、压抑的气氛，后来，伯格曼的父亲又晋升为皇家医院的大牧师，对此，伯格曼更是觉得，父亲作为神职人员的角色放大了，原本的"父亲"角色却隐匿不见。严厉而专横的他对儿子动辄施以鞭笞和叱骂，却从未给予他父爱的温暖。后来，伯格曼在回忆中一再流露出童年时代对父爱的渴求，以及因为得不到这种爱而产生的恨。20世纪70年代，伯格曼在接受瑞典一家电视台采访时曾说："一种巨大的怨恨横亘在我和父亲之间。"

　　这种情结也一直影响着伯格曼的电影生涯，他本人曾经承认：自己的很多电影中都存在父子紧张、母女不和的情节，而其源头都是童年的经历。他甚至把拍电影看作是"跃入童年的深渊"。在《野草莓》中，伯格曼深入探讨了父爱缺失的主题：主人公伊萨克的父亲是缺失的，他自己对孩子的父爱也毫无力量，而他的儿子又继承了父亲的冷漠。在表现母女不和的另一部影片《秋天奏鸣曲》中，多次出现两个女儿痛不欲生的特写，而怀着深深愧疚的母亲则像站在审判席上一样总是处于侧面。在摄影机后面，我分明看到了一生孤傲的伯格曼对父亲无法排遣的恨！

　　由于从小得不到父母足够的关爱，伯格曼的性格很扭曲，既敏感、自卑又狂妄、暴躁，他一生结了5次婚，几任妻子都因难以忍受他的古怪个性离他而去。直到伯格曼晚年，他才承认自己对妻子们都很冷漠，并表示出极为深刻的悔意，他说他无论如何也不知道怎样去爱他的妻子。

他同子女的关系，也一如《野草莓》中的伊萨克。他有 10 个子女，数十个孙辈，但每次见面只有短暂的一小时，伯格曼自己也说，他从未想过要一个孩子……这点跟伊萨克的儿子艾瓦尔德的想法惊人的相似！

据说国内一家电视台曾远赴瑞典采访过伯格曼，包括他的儿子，一个正在电视台工作的年轻人。他对他的父亲非常不满，说伯格曼很少关心他，就像伯格曼说他自己的父亲一样。

无论是电影《野草莓》本身，还是作为导演伯格曼的真实人生，似乎存在一种可怕的轮回：父亲对妻子和儿子的冷漠是由于父爱的缺失，没想到儿子在责怪父亲的同时，也在认同父亲的冷漠，并拒绝在下一代面前扮演父亲的角色。伊萨克和他的父亲、儿子是如此，伯格曼祖孙三代不也在重复着这样的悲剧吗？

也许，有些读者会惊呼：伯格曼一家是不是遭遇了什么可怕的诅咒？怎么一家三代都如此"冷漠"？其实，倘若从心理学的角度来分析，伯格曼一家并非特例，在现实生活中，这样子承父"性"的悲剧也在很多家庭屡屡上演着，只不过我们不自知而已。其实，在父母和儿女的关系中，这是一种"父母认同"，有时候，它就像某些遗传疾病一样根深蒂固。

在亲子关系中，"父母认同"是一种非常重要甚至是最重要的心理模式。具体表现在：我们总是有意无意地模仿和承袭跟我们性别相同的一方的父母（即同性父母），而在择偶方面却受到父母中性别相反的一方（即异性父母）的影响。这就是心理学中经常提到的"父母认同"。（不过，如果同性父母在成长中位置长期缺失，我们就会向异性父母看齐。）比如父亲性格坚韧不拔，培养出的儿子一定也是一个坚强的男子汉，母亲温柔贤惠，她的女儿长大了也一定是个淑女，反之，父亲猥琐，儿子也伟岸不到哪儿去，母亲爱唠叨，女儿也是个嘴巴闲不住的人。

这里要强调一点，同性父母对我们的性格塑造是深入骨髓，难以抗拒的，有时候它甚至不以人的意志和好恶为转移。儿子有时候跟父亲关系越僵，越会承袭父亲的性格特征；女儿越跟自己的妈过不去，她就反倒越像自己的妈。有时候，父亲因为儿子不成器而动怒，"我怎么生了这么一个败家子"，其实，父亲不知道，他这个不成气候的儿子其实骨子里已经继承了他性格中的很多特征。我们常常听到很多夹在父子冲突中的母亲这样抱怨："唉，有时候他们父子都一样的倔！谁也不肯让一步！"这就是一种认同，儿子容易在心理上认同父亲并承袭他性格中的很多特征，尤其是他的某些负面性格。女儿则在母亲的言传身教中成为另一个她，当然这里我指的是性格，而不是兴趣、职业和价值取向。前面提到的药家鑫，虽然外表很女气，跟他军人出身的父亲完全相反，但骨子里，他也继承了父亲的不近人情甚至略带暴虐的个性，他对那位受害者连捅6刀的凶残行为何尝不是受到当年父亲打他的影响？

我曾经看过一个科学家写他父亲的回忆录。整本书都是在指责他的作家父亲是多么的冷酷、多么的自私、多么的不近人情。看这本书的时候我就在想，一个人写一本书就是为了"声讨"自己的父亲，那他是不是也很冷酷，很"不近人情"呢？后来我听认识这位科学家的人说，他跟他父亲其实本质上很像，甚至是翻版。有时候我们讨厌一个人，恰恰是因为他身上具有跟我们相似的缺点，而在血缘上、感情上越亲近的人，这种"因果关系"就越纠缠不清。前面提到的伯格曼，他痛恨父亲的冷漠和专断，其实，他也在痛恨之中不知不觉继承了父亲的这种缺陷，并继续以这种冷漠和专断伤害着他的子女。

在心理学中，经常使用到的一个词，叫"内化"，指的是，自己本来是受害者，但潜移默化，反倒把他人的价值观与道德标准吸收过来，变成了自己的思维行动方式。你开始接受乃至实践你所不认同的规则了。比如，小时候你经常被父母打骂，受尽了委屈。可等到你当了父母，你也开始打骂自己的儿女。这种情形实在太多。内心实际上就是对父母潜意识里无条件的认同，哪怕它曾经深深地伤害过你，你也像依赖毒品一样深深依赖它。

伯格曼对他的父亲的冷漠就是一种"内化"。我认识一个做图书的编辑，他当年在一家民营公司任职，他非常不喜欢他的老板，因为那位老板脾气暴躁，动不动就冲员工吼叫，他私底下给这位爱嚷嚷的老板取了个绰号，叫"咆哮帝"。谁知，他后来辞职以后自己开了家图书公司，因为公司刚起步，压力大，他的脾气也不知不觉变得急躁和易怒，于是他也成了另一个"咆哮帝"。这也是一种"内化"。

从小我们的榜样来自父母，我们的人格塑造、精神气质、言谈举止很大程度上是受到我们父母的影响，尤其是父母中跟我们性别相同一方的影响。也就是说，儿子的形象在成长过程中是被父亲打磨，女儿则被母亲左右。所以父母在儿女成长过程中的作用，尤其是正面作用不可低估。

2 男孩过于屈从母亲，就会导致女性化倾向

不过，也要防止出现另外一种可怕的情形，那就是男孩从小过于依附在母亲的羽翼之下，跟父亲疏远（或者女儿恋父，仇视母亲），此时男孩的父亲形象认同就会出现严重偏差，反倒向母亲倾斜，这时候以父亲为代表的男性榜样是明显缺失甚至坍塌的，他就不可能成为独立而坚强的男子汉，软弱、怕事、优柔寡断、怕担责任，将来进入婚姻中，一定会导致婆媳不和。现实生活中，很多婆媳关系处不好，都是丈夫的一味逃避引起的。不用说，他们都在成长阶段跟父亲谨慎地保持着距离，跟母亲过分黏合在一起，他们都是不折不扣的"奶嘴男"。就像一个被惯坏的孩子，永远长不大，也永远学不会对女人，包括母亲起码的尊重。

我曾经在一个节目中，看到一个 20 多岁的儿子对母亲呼来喝去，那口气不像对自己的老妈，倒像是对老妈子，而那位母亲也唯唯诺诺，极像老妈子对老爷的恭顺。这种变了味的母子关系是如何形成的呢？原来儿子的父亲很早去世了，母亲独自一人含辛茹苦，也许觉得对儿子有所亏欠，母亲的爱有点儿太盲目，不理智，结果反倒把小儿子惯成了一个大老爷，这就是成长过程中父亲角色的缺失造成的负面影响。没了父爱，少了榜样，他不懂得男人该如何面对女人，自始至终还是以一个霸道的 3 岁小男孩的嘴脸对待他的母亲，我当时就想，这孩子恋爱以后也肯定不知道该如何正确对待他的女友，将来更不懂得如何为人夫，为人父。

在我的情感系列第一部《男人是野生动物，女人是筑巢动物》一

书中，我曾提到在西方家喻户晓的唐璜，唐璜一直是风流男人的代名词，是个典型的花花公子。其实，唐璜本质上也是在母亲身边没长大的孩子，他像蜜蜂采蜜一样穿梭于多个异性之间，实际上内心深处只是渴望待在一个纯女性化的世界里，不愿长大而已。这点跟生活在大观园里面的贾宝玉很像。

贾宝玉表面上很花，有了林妹妹，还不忘宝姐姐，跟袭人、晴雯还有着说不清的暧昧关系，其实他也是这种离不开母亲怀抱的"奶嘴男"。与其说他花心，不如说他花痴，因为他还没心，只是一个没心没肺的小孩，有的只是一股子痴劲儿，对众多女孩子的痴实际上就是对母亲的痴。熟读《红楼梦》的读者应该对一个细节有印象，那就是宝玉特爱吃女孩子嘴上的胭脂，用弗洛伊德精神分析的学说来解释，这是一个人尚未脱离"口唇期"的表现。在小说中，他跟母亲关系紧密，跟父亲、跟家里一切男性长辈又很疏远，甚至惧怕，所以贾宝玉身上有很多孩子气、脂粉气的一面，这都是亲近母亲、远离父亲的结果。尽管贾宝玉很爱林黛玉，但我敢保证，他们俩如若结婚一定不会幸福，因为宝玉始终未曾真正长大，他从未在父亲、兄长那里学到如何成为一个真正的男人，试问，一个心理年龄永远处于童稚阶段的孩子又如何给人带来足够的安全感呢？幸亏黛玉早逝，否则他俩即使终成眷属也无法白头偕老。

在某些家庭中，儿子无法顺利获得男性成长必备的营养，还跟母亲结成统一战线，孤立父亲、打击父亲。在情感节目中，我见过太多这样的问题家庭。夫妻一旦感情不顺，母亲就会倒向儿子，不但紧紧抓住儿子不放，还跟儿子联合起来对付丈夫、嘲笑丈夫，把儿子拖进这场漫长而持久的夫妻大战之中。很多妻子不知道,当她把儿子拉到自己一边,一起谴责嘲笑自己的丈夫时,儿子也在参与对自己父亲的挞伐,此时,他不仅深受母亲的影响,也在远离父亲的影响,如果是独生子,家里唯一的男性榜样遭到贬斥,儿子就会无所适从,因为他失去了效仿的对象,不知不觉中,他就会对母亲乃至女性形象严重认同。尤其是在一个家庭中,母亲过于强悍,丈夫过于弱小时(或者走向另一个极端:父亲过于严酷,近乎暴虐,母亲过于温顺、软弱),儿子就会像只受伤的小鸡,永远无法离开母亲的怀抱,也无法依靠自己的力量彻底离开,这都会给他的恋爱和婚姻造成不可估量的影响。

对于女人来说也是这样,如果她过于恋父,必然会跟母亲势不两立,她会过多吸收男性的特质,而丧失掉很多女人味,在这种环境下长大的女孩会或多或少有着"假小子"的个性,不够温柔、粗枝大叶。这种女孩一旦恋爱很容易变成"野蛮女友",这些年韩国的影视剧热衷于推销"野蛮女友"的形象,她们总喜欢把情场当战场,把男友当敌人,大声呵斥,颐指气使,拳打脚踢乃家常便饭。可惜大多数男人未必喜欢这种英雄化的"野蛮女友",除非她有全智贤的美貌。倘若进入婚姻,河东狮吼是她们的常态,试问,这样的女性哪个男人会打心眼里喜欢?

❤ 3 在强悍的母亲面前,女儿选择无条件认同,儿子则会无条件逃避

我认为,一个健康的家庭父亲的角色举足轻重,甚至是起决定

作用的。我们常说丈夫、父亲是一个家庭的顶梁柱，不仅仅是指男人负担这个家的经济，而是在家庭中起主导作用。否则，父亲缺失，或者父亲软弱，大权旁落给母亲，这就会给儿子、女儿的心态造成非常不良的影响。

一般来讲，当父亲在这个家庭的作用越来越边缘化之后，母亲就会变得日益强悍甚至说一不二。从孩子总会向同性父母一方形成认同这个角度来看，女儿就会向强悍的母亲认同，久而久之，女儿也会变成强悍的女儿，很多家庭中，关系紧张的母女往往就是性格相同的母女，厉害的母亲，一定有个厉害的女儿；脾气暴躁的母亲，一定会把脾气暴躁的毛病遗传给自己的女儿。

有时候你会发现一些很有趣的现象，当女儿反抗母亲的专制时，女儿也在偷偷地继承母亲的这种专制，并会顺理成章地带到她将来跟她女儿的关系中。如果在女儿成长过程中，女儿总是看到母亲对父亲存在太多愤怒的情绪，女儿长大后，也会不自觉地把这种情绪转移到自己的亲密关系中，总是莫名其妙地对男友或者老公发脾气。我有个中学同学，她就是典型的急性子，总是无缘无故冲老公发火，后来在一次聊天中，我问起她的父母关系，原来如出一辙，她母亲跟她脾气一样，也喜欢对她父亲嚷嚷。中国有句老话，叫"有其父必有其子，有其母必有其女"，说的就是这种父母认同心理，暴虐的父亲必然有个暴虐的儿子，爱唠叨的母亲必然会培养出爱唠叨的女儿，我们总是这样在不经意之间充当儿女的榜样，塑造着儿女的性格，并影响着儿女的心理成长。

在强悍的母亲面前，女儿选择无条件认同，那儿子呢，则会出现另一种情形，那就是无条件逃避。对此，奥地利著名心理学家阿德勒有个精彩的论断，"假如母亲较富于权威性，整天对着家里其他的人唠叨，女孩子们可能模仿她，变得刻薄好挑剔；男孩子则始终站在防御的地位，怕受批评，尽量寻找机会表现他们的恭顺"。因为，当母亲总是指责、批评丈夫时，其实是在指责、批评一切男性，儿子作为男性必然会跟他的父亲一样躲在无人的角落。所以当一个性格过于强势的妻子喜欢嘲笑、奚落她懦弱的丈夫之时，她其实也等于把这种嘲笑和奚落同样甩给了她的儿子，所以，强悍的妻子，必有一个懦弱的儿子，她越指责她的丈夫懦弱，她的儿子也就越懦弱。

我发现，凡是那种强悍的母亲，培养出的不是强悍的儿子，反倒多数是软弱甚至没出息的孩子，这样的例子历史上比比皆是。武则天够强悍吧，夺取了李唐江山，自己称了帝，可她几个儿子一个比一个懦弱，一个比一个平庸，她的一个儿子唐中宗李显，只是个唯唯诺诺的应声虫，见了母亲大气也不敢出，婆的老婆韦氏偏偏又想当第二个武则天，特别跋扈，可惜只有她婆婆的脾气，没有她婆婆的才干，最后这位平庸的儿子居然被自己的媳妇毒死了，你说窝囊不窝囊？她的另一个儿子唐睿宗李旦只会打躬作揖，面对母亲的步步紧逼，直接就闭门谢客，吃斋念佛，最终也没成什么大器，反倒是她的孙子唐玄宗李隆基年轻有为，精明强干，认同了奶奶的豪气和霸气，在武则天百年之后，恢复了李唐江山的荣耀，开创了历史上极负盛名的开元之治。

再说慈禧，也够厉害吧，联合恭亲王奕訢灭了托孤的八大臣，跟慈安皇太后一起垂帘听政。可她偏偏生了个不争气的儿子，同治帝也是个没出息的主儿，最后逛窑子逛出了梅毒。同治的性格也很懦弱平庸，他出外嫖娼某种程度上是给母亲逼的，因为慈禧对他管教极严，对他娶什么样的皇后都要横加干涉，致使他正常的夫妻生活无法进行，只好到外面放纵自己。有意思的是，武则天也好，慈禧也罢，她们嫁的皇帝都不是什么敢作敢为有雄才大略的好皇帝，唐高宗、咸丰帝要么是"妻管严"，要么就是没主见的男人，他们的儿子唐中宗、唐睿宗、同治帝都无一例外继承了老爸这种"不咋地"的血统。这就是认同的力量。

4 母亲越嘲笑和否认父亲，儿子反倒会越向被边缘化的父亲看齐

在心理学上，还会出现一种非常奇怪的现象：那就是当父母产生矛盾，母亲总是当着儿子的面嘲笑父亲的缺点或否认父亲的存在时，儿子意识上也许会倾向母亲，潜意识里却还是偷偷向被边缘化的父亲看齐。这种情况在情感咨询中实在太多了，我就曾见过一个妻子因为受不了丈夫长期酗酒，提出离婚，儿子判给了妻子，这位做母亲的大概怕儿子重蹈父亲的覆辙，一天到晚总是唠叨儿子千万别学父亲，甚至禁止儿子沾酒。有一次儿子考上名牌大学，班上同学给他庆祝，儿子兴奋之余喝了两口香槟，回到家满嘴酒气被母亲闻到了，伤心之余母亲忍不住打了儿子。谁知，造化弄人，儿子上大学以后，因为跟班上女生恋爱失败，借酒浇愁，偏偏染上了当年父亲酗酒的恶习，最后因为酒后打人致残被学校开除。这确实很有意思，孩子越在意识上否认自己父母中的一方，反倒越在潜意识中认同他们。

对此德国著名家庭治疗师，闻名于世的"家庭系统排列"疗法的创始人海灵格的分析非常到位，他说："一个男人在进入一个伴侣关系时，会把自己家庭里的价值和传统带过来，一个女人也是如此。可是，他们各自的传统和价值之间常常有很大出入。孩子们表面上在跟随占优势的一方，但实质上却在跟随另一方，即弱势的一方。例如，如果父亲的价值观占主导，那么这对夫妻的孩子表面上会倾向于跟随父亲的价值观，实质上却会追随母亲的价值观。最常见的是，母亲的价值观占主导，孩子们表面上追随，他们会在表面上拒绝自己的父亲，私底下却在效仿父亲，而且一般情况下，他们并没有意识到自己在做什么。"海灵格认为：如果孩子从一方那里直接或间接得到"不要像你父亲或母亲那样"的信息，那么他们的忠诚就会要求他们变得更像被禁止的一方。

心理学告诉我们，我们在意识上越想否认一样东西，潜意识中越对它趋向认同。比如有些道貌岸然者一听到情色话题就闭口不言，搞不好经常躲在暗处一个人看黄碟；某些整天高喊反腐败的官员，骨子里就是一个腐败分子；嘴上抗日反美的"愤青"，说不定早就偷偷持有绿卡，或者用的全是日货。

那么如何避免悲剧的一再上演呢？

（1）在家庭中牢固树立稳定的夫妻关系。

在家庭中，父亲和母亲之间的关系才是最基本的关系，在由良好的夫妻关系支撑起的家庭里，孩子才会感到有保障。一对相爱的男人和女人组成一个家庭，他们首先是夫妻，而后才是孩子的父母。伴侣关系在父母关系之前出现，拥有优先权。夫妻关系对于亲子关系来说仍保持着系统上的优先权。像树根支持和滋养枝叶一样，首先出现的伴侣之间的爱支持和滋养着他们对孩子的爱。如果夫妻关系弱于亲子关系，孩子就会无所适从，就会出现认同方面的障碍。

（2）让男孩归父亲，女孩归母亲。

"男孩要归父亲，女孩要归母亲"这是海灵格的原话。他认为"孩子们应该先向同性父母靠拢，并从这一关系中吸取同性的力量，体会到自己对异性的吸引力，同时体验到异性对他的吸引力。然后，男孩再回到男性的世界，成为一个男人，女孩回到女性的世界，成为一个女人。只有这样，他们的心理才更健康。"而很多在父母认同方面出现障碍的孩子，比如所谓"假小子""娘娘腔"都是过于跟异性父母亲近，而忽略同性父母。只有在父亲面前，男孩才充分体会到父亲带给他男性的力量，使之成为一个独立坚强的男子汉，同样，女孩只有在母亲面前才会充分汲取女性的特质，女人味只有在温柔贤淑的母亲那里得到滋养，而不是父亲给予的。同样，一个母亲如果担心自己的儿子太懦弱太女气，就要让他在成长阶段多跟父亲或其他男性长辈在一起。

受父亲影响的儿子比起眷恋母亲的儿子来说，会更加尊重母亲。同样道理，当一个女儿抛开对父亲的眷恋，回到母亲的身边时，她并没有失去父亲，她的父亲也没有失去她，反而她会更加尊重父亲，更爱父亲。因为儿子在父亲身上会学到男人对女人的那种尊重、理解、关爱，此时他会以一种更加成熟、更加理性、更加包容的心态来面对自己的母亲。

（3）夫妻产生矛盾和摩擦，不要把孩子卷进来，更不要总是当着孩子的面数落对方的不是。

有时候，在一个家庭中，儿女意识上会遵从强势一方的教导，骨子里却反过来认同弱势一方。让他们自由选择，而不要强行干涉。有时候，你越指责，他们越逆反，前面提到那个儿子之所以把父亲的"酗酒"恶习照单全收，就是在母亲高压下逆反的结果。也许有的读者会担心，这样孩子会不会学坏？我的看法，你把真相不加掩饰地告诉他，让他自己判断，自己选择，你无须刻意回避，更不必横加指责，只是提醒他要对自己的行为负责，这样，孩子在一种宽松的氛围中反倒会作出理智的选择，如果错误诱导，反倒得不偿失，甚至适得其反。

「五」

我们选择伴侣，其实就是选择我们心目中理想的
父母形象

1 每个人或多或少都有一些恋母（恋父）情结

我们与恋人（配偶）在相处中出现的种种问题，都可以从童年跟父母的关系中找到答案。

三年前我曾经做客一档情感节目，遇到了这样一段爱情故事：23岁的小雨温柔大方，一年前自一所名牌大学毕业后，进入一家大型企业工作，虽然身边围着不少优秀的男孩子，可是小雨却偏偏爱上了一个不该爱的人，一个年长小雨近一倍的单位同事——老王。工作中的频繁接触和生活中的互相关照，让小雨和老王之间渐渐产生了不一样的感情。小雨觉得，他身上有一种很成熟、稳重的气质。跟他在一起，有一种被呵护、被疼爱的感觉。

两人一次出差途中，小雨的水壶提手断了，断口非常锋利，一不

小心就容易伤人。但出门在外，没有水壶又十分不便。老王看到后，不声不响地用小刀帮她把水壶断口一点一点磨平。看到这一幕，小雨心里非常感动，那一刻，她突然觉得老王很像自己的父亲……

然而，老王毕竟快 50 了，离过婚，身边还带着一个年近 20 岁的儿子，如何面对这份"非同寻常"的感情，小雨陷入了深深的矛盾和困惑之中。

在演播室现场，小雨告诉我们，从进入青春期的那时候起，她的眼睛就从来没有停留在同年龄的男孩子身上，相反，却对老王这种成熟稳重型的男人情有独钟。高二那年，在父亲单位举办的运动会上，她认识了父亲的一位朋友—— 一个气质沉稳作风干练的"叔叔"。当时他正在参加射击比赛。在小雨眼中，这位"叔叔"举枪瞄准的动作潇洒大气，简直就是《上海滩》中许文强的翻版！这一场景如同一幕电影长久地定格在了年仅 16 岁的小雨的脑海中。从那以后，小雨跟他一直保持着亦师亦友的关系，平常生活学习中有什么烦恼，她都第一时间想到他。在高考前，他帮小雨联系了补课老师，买到了紧缺的参考书。之后，小雨以优异的成绩考上了一所名牌大学。进入大学，他们依然保持着密切的书信往来，而且电话不断。渐渐地，小雨发现自己对他的感情起了变化，已经不像高中时把对方当作长辈，而是希望他对自己像恋人般呵护。

小雨异常的"择偶观"引起了我的浓厚兴趣。在现场我就忍不住问她，跟父亲的感情怎样？是不是从小缺少父爱？

没想到我的问话竟引得小雨泪眼婆娑。小雨直言，自从上大学离开家以后，就很少跟父亲联系，工作也是在外地，一年难得回家一次。

　　小雨说，她的父亲是家里三代单传的独子，没有生个儿子是他和整个家族最大的遗憾。从小到大，父亲跟她都没有任何亲密的举动。有一件事小雨至今记忆犹新：七八岁那年一家三口在公园里照"全家福"，轮到妈妈给小雨和爸爸照相了，妈妈说你快上去，亲你爸爸一口。当时小雨就冲上去，但爸爸的表情非常厌恶，此时，快门刚好按下去了。这张表情尴尬的照片后来就被小雨收藏在她的日记本里，心情不好的时候她都会拿出来细细端详，每次看到它，小雨都会有种想哭的冲动……

　　显然，小雨对老王的情感源自父爱的缺失，这就导致了她较为严重的恋父情结。

　　恋父情结又叫伊利克特拉情结，这是古希腊神话中一个著名的悲剧：伊利克特拉是希腊联军统帅阿伽门农和王后克拉得耐斯特拉的女儿。特洛伊战争结束之后，阿伽门农回国，但被王后和她的姘夫伊吉斯修斯杀害。伊利克特拉就鼓动她的弟弟欧莱斯棍兹入宫，杀死她的母亲和姘夫。弗洛伊德就把这段女儿为了替父亲报仇而杀害母亲的故事，比喻为恋父情结。

　　跟恋父情结相对应的则是恋母情结，又叫俄狄浦斯情结（本书第一章有介绍）。弗洛伊德曾把个体的性心理发展分成5个阶段：口唇期、肛门期、性器期、潜伏期、生殖器期。他通过多年的研究得出结论，无论是男孩还是女孩都有可能在生殖器期（3~6岁）产生恋母或恋父情结：男孩会极度依恋母亲，甚至对母亲产生恋情，对父亲则出现嫉妒、竞争乃至憎恨的心理，女孩对父亲也一样。弗洛伊德认为，恋母或恋父情结是每个人在成长过程中都要必经的阶段，只不过这个阶段维持得很短,进入潜伏期,就会逐渐消失。

心理学界普遍认为,恋母(恋父)情结是一个人最基本的人际关系,长大以后的各种人际关系都不同程度地受恋母(恋父)情结的影响。可以说,后来的各种人际关系都是这两种情结的变形。某种程度上来说,每个人或多或少都有恋母(恋父)情结:美国前总统布什、克林顿,童年时都有恋母情结,长大后才逐渐脱离母亲的影响,成为杰出的领袖;印度圣雄甘地也有恋母情结,他生前不止一次地表示儿时母亲常常教导他不要沉沦于饮酒、女人和吃肉等享乐,长大后,他遵从母亲教诲,清心寡欲,结果修炼成圣人。有一种观点:与母亲相处融洽、有快乐童年的人,长大后成为出色领袖的概率很高。当然,有一个前提,这种恋母情结应该适可而止,不能无休止地泛滥,前面我提到的很多"奶嘴男"都是整天黏在母亲身边、尚未断奶的小男孩,他们恋母情结属于比较严重的,与这些名人不可同日而语。

国外心理学家通过进一步研究指出,3~6岁出现的恋母(恋父)情结是恋母(恋父)情结的第一阶段,进入青春期后出现了恋母(恋父)情结的第二阶段,只不过第二恋母(恋父)情结的对象不再是自己的亲生父母,而是父母的替代者,比如自己的老师、长辈,历史上的名人或当红的影视歌星。这个时候,中学生疯狂追星,情窦初开的女孩会情不自禁暗恋班上英俊潇洒的男老师,春情萌动的少年会偷偷喜欢上性感风韵的成熟女性,都是儿时恋母(恋父)情结的延伸。有些孩子还喜欢编造"身世幻想",想象自己不是现在的父母所生,而是从小被领养的,"亲生"父母比现在的父母要高贵得多。甚至产生告别养父母,踏上寻找亲生父母的征途的想法,尤其到了青春期，一些对子女管教过严的父母，会被后者产生如斯幻想。这种心理如果过分强烈，就会导致"非血统妄想"，即毫无根据地认定自己不是现在的父母所生。

随着年龄的增长，恋母（恋父）情结的对象渐渐年轻化，进入成熟期，大多数人会被同龄人所取代。这就是恋母（恋父）情结的第三阶段。为什么恋母情结的对象会越来越年轻呢？这是因为，恋母情结的对象虽然来源于父母，但又不完全是现实的父母，而是理想的父母。每个人心中都有两个父母的形象，一个是现实的父母，一个是理想的父母。现实的父母就在我们的家中，天天跟我们朝夕相对，理想的父母存在于我们的想象中，存在于我们的童年潜意识里。现实的父母会有很多的缺点，也会逐渐变老，理想的父母却很完美，不会随着年龄的增长而变老，因此，个体在长大，而理想的父母却始终不变。我们所爱的那个人，其实是我们心目中永远不老、始终不变的理想父母形象，这是一种潜移默化的恋母（恋父）情结。如果一个孩子在3~6岁的成长阶段父母没有给予足够的关爱，换句话说，男孩的恋母情结或恋父情结无法得到正常满足。他就会产生深深的失落感，就会在青春期和成熟期努力弥补这种缺失的母爱（父爱），那么哪怕他进入成熟期，也会依然执着地寻找母爱（父爱）。此时，同龄人就不会吸引他的注意，反倒是一些年龄跟父母相仿的长者让他情有独钟。

对前面提到的小雨来说，在家中，父亲就像座沉默的远山，令人敬畏，加上一天到晚很忙总是不在家，渐渐地，小雨对自己亲生父亲的形象模糊了，淡漠了（代表了现实的父亲形象）。然而另一方面，在她的内心深处，一个成熟稳重温柔体贴的理想的父亲形象却又慢慢成型，并随着年龄的增长，日渐清晰起来。其实，每一个小女孩在成长的过程中都渴望父亲的保护，父亲的关爱，有时候父亲像一座山，有时候父亲也像一片海。弗洛伊德曾说过，父亲常常是女儿成长过程中的第一个情人（对儿子来说，母亲也是这样），这个"情人"常常给女儿以榜样，给女儿以力量。然而，当这个"情人"的位置长期空缺，孩子幼小的心灵就像提前断了奶一样感到不满足，长大以后她就要努力去弥补这方面的遗憾，正所谓缺什么补什么。父爱缺失的女孩，常常会将对父亲的感情转移到现实中某个与父亲形象极其相似的男人身上，后者便不知不觉地成为父亲的替代品，但他又不完全等同于父亲。在父亲的光环效应下，"他"被进一步神化了，成为无可替代完美无缺的"情圣"。这大概就是现实生活中，很多像小雨这样从小缺少父爱的女孩子总是情不自禁地爱上跟父亲一样沧桑的老男人的原因吧！

2 我们对现实的父母越不满意，就越会对理想的父母满怀憧憬

所以，恋父（恋母）情结的产生并不仅仅是父爱缺失造成的，它也是理想父母和现实父母差距过大的结果。如果现实的父母和理想的父母一致，我们就会幸福、开心、快乐，如果不一致，我们就会失落、愤懑、痛苦，现实的父母跟理想的父母差距越大，我们就会越纠结、难受、烦恼。换句话说，我们对现实的父母越不满意，就越会对理想的父母满怀憧憬，它会形成一种无所不在的童年潜意识，对我们

今后的亲密关系造成难以磨灭的影响。而当长大以后，我们就会把这种对理想父母的寻觅融入另一种亲密关系中，那就是恋爱和婚姻，此时，另一半无疑寄托着我们对理想父母的渴求。

比如，一个女孩的父亲既是成功人士，又很会体贴关心女儿，她就会产生移情作用，把未来丈夫定在事业辉煌、对自己温柔体贴的标准上。反之，如果父亲暴虐，这个女儿就会对现实的父亲产生怨恨，她心目中就会幻想出一个截然不同的理想父亲形象：态度温和、通情达理，而且这个理想父亲的模板会一直潜藏在她内心某个保险箱内，紧紧锁住，将来一旦遇到跟这种模板接近的男士，就会情不自禁地打开。有时候我们选择的恋人标准，常常不自觉地按照父母的标准去定度，如果我们真心喜欢我们的父母，理想父母和现实父母就会重叠，我们就会按照跟父亲或母亲基本一样的类型去选择另一半。如果我们对父母不满，那就意味着我们的理想父母和现实父母存在较大的分裂状态，此时，我们爱上的那个人，就会跟现实父母反差很大，那个反差就是我们心底真正需要的理想父亲（母亲）形象。有时候我们对伴侣的不满，潜意识中是对父母一方的不满，我们迫切想对伴侣进行改变，其实潜意识是想改变我们曾经看不起的父母。

我曾经收到过一个恋爱中处于困惑阶段的女孩子雯雯的来信。她告诉我，她很爱她的男友，男友对她也不错，只有一点让她难以忍受，那就是男友从来不许她在夏天穿过于花哨和艳丽的裙子上街，哪个男孩子不希望自己的女友美丽动人？为什么"这一个"却如此另类？好奇心驱使我给她回了信。女孩子给我的答案是，这让男友不由自主地想起了小时候红杏出墙的母亲。原来，男友的父亲是个沉默寡言的工程师,母亲在宾馆搞接待,性格热情奔放。上初中的时候,父母感情不和,母亲就在单位和一个同事偷偷好上了。有一次,他在放学回家的路上,亲眼看到母亲穿着艳丽的花裙子在公园里和那个男人手拉手在散步,他当时觉得耻辱极了,像没头苍蝇一样跑回家,趴在床上哭了一晚。后来父母离异了,跟父亲单过的他从此拒绝去见母亲,也恨透了那种"花枝招展"的女人,每次一看到这种女人,男友第一时间的反应就是她一定不正经,是个"坏女人"。而雯雯恰恰是一个低调内敛的女孩子,这让男友很满意。不难看出,她的男友对现实的母亲极度不满,而雯雯则正好相反,符合他心目中的理想的母亲标准。但哪个女孩子不爱美呢?有时候雯雯也有穿上漂亮花裙子的冲动,但她的男友不许,因为这让他想到了那个不堪回首的现实的母亲形象。

如果我们小时候在父母那里没得到足够的快乐,长大以后会在潜意识中把恋爱当成一次又一次的"疗伤"过程,目的是想补偿童年的不幸。具体表现就是,我们会把恋人当成"理想的父母",在他面前,我们会把自己退化成一个孩子,以期得到理想父母的爱。前面提到的小雨就是这样,她爱上老王,就是把老王当成了理想的父亲,补偿童年父亲没带给他的足够的爱。可问题是,男人再成熟再像"父亲",他也有脆弱的一面,一旦哪天他无法很好地行使"父亲"的职责,这段"忘年恋"是不是也就走到了尽头?

在那期节目中,老王也接受了编导的电话采访,老王说他开始跟小雨在一起的时候,很开心,因为小雨看上去很乖巧、很无助,激起了他作为一个中年男人的保护欲。但时间一长,他有点儿招架不住了，因为小雨太任性，总是给他提出无穷无尽的要求，稍不满意就无理取闹。比如大家同在一个公司，但不同部门，有时候老王下班早，就去接小雨，但如果老王加班，小雨就受不了，非要老王提前下班陪她，一旦不遂她愿就乱发脾气，有一次甚至把他办公桌上的文件全给扔到了地上。甚至老王去看读大专的儿子，她也非要跟去。有时候老王觉得自己不像在谈恋爱，倒像收养了一个女儿。很明显，小雨在老王身上寄托的更多的是对一个父亲的情感，而不是对一个男人的关爱。她对他更像女儿对爸爸的撒娇和任性，而没学会一个女人对男人应有的尊重和体贴。

这其实也是很多忘年恋遭遇的暗礁：一方总是过分依赖另一方，向另一方索取，而不懂得付出和给对方足够的依赖感。正常的男女之情是需要双方面的付出和索取的，否则，就会失衡。

3 **只有获得父母足够的爱，现实父母和理想父母的形象才会合二为一**

我们选择恋人，其实就是选择我们心目中理想的父母形象。可见，父母对孩子的影响有多么的巨大，有时候甚至会伴随终生。

美国前总统比尔·克林顿一向风流成性，跟他纠缠不清的女人很多，但有人总结，克林顿喜欢的女人虽多，基本上不离两种类型：一种是像他的夫人——现任美国国务卿希拉里那样的，另一种就是跟莫妮卡·莱温斯基差不多的———个曾经差点儿让他名誉扫地的白宫实习生。希拉里精明强干，是职业女性的楷模；莱温斯基风骚但略带傻气，像个可爱的芭比娃娃。这两个女人看似南辕北辙，其实都或多或少跟克林顿的母亲弗吉尼亚很像。

克林顿很早就丧父，是母亲一手把他带大的，克林顿一直反复强调说：如果没有妈妈强有力的支持，他绝对不可能当上总统。每当有人问起谁对他一生影响最大，克林顿会毫不犹豫地回答说："当然是我母亲。"弗吉尼亚的前半生谈不上有多少幸福——第一任丈夫虽然爱她却去世得太早，第二任丈夫在肉体和精神上都给她造成过难以磨灭的伤害。但是她依旧可以让自己生活得逍遥自在、不受拘束，这实在得益于她那一套排忧解愁的秘方。她说："我先在脑袋里放个盒子，然后把自己喜欢的东西放进去，其他的东西关在外边。盒子里面是白色的，装满爱、友谊和乐观；盒子外面是黑色的，充满着悲观和消极，还有那些对我的批评。"众所周知，克林顿在和莱温斯基那段性丑闻惊爆之后，依旧能够夜夜安眠，笑对弹劾，无疑是受了弗吉尼亚的真传。应该说，希拉里的坚强、乐观的个性像极了克林顿的母亲。在克林顿饱受反对派抨击的人生低谷，是希拉里矢志不渝地站在丈夫一边，从妻子坚毅顽强的个性中，我们不难找到弗吉尼亚的影子。

弗吉尼亚身上似乎还有另外一面，她先后 4 次结婚，据说还曾经一度"红杏出墙"而惨遭第二任丈夫的"家暴"，从传统的角度来看，这似乎是一个不怎么"守妇道"的女人。还在克林顿很小的时候，她就把他带到夜总会去，初衷是想让他学习怎么吹萨克斯管。但克林顿毕竟只有 10 岁，一个女人把自己 10 岁的儿子带到这种"少儿不宜"的场所，可见其作风豪放的另一面。克林顿后来曾经对自己喜欢的一个女人说过这样一句话："你就像我的母亲——又风骚又爱吃醋。"这就是克林顿眼里的母亲形象，据说，在跟莱温斯基偷情期间，他曾经亲口对她说："你是那么生机勃勃，充满活力，这一点和我母亲真的很像。"不可否认，克林顿迷上莱温斯基，实际上也是在她身上找到了母亲的另一面。

如果按照理想父母的模式来分析，克林顿一生最挚爱他的母亲弗吉尼亚，他现实的母亲和理想的母亲基本合二为一，因此他长大以后喜欢上的各种女人，都是以母亲作为标准的。只不过，希拉里更像他母亲坚强、乐观的一面，而莱温斯基则像她母亲风骚、可爱的另一面。弗吉尼亚完美而多变的性格就像一个大蛋糕，被儿子长大以后陆续分给了他钟爱的若干异性。

某种程度上来讲，恋爱也好，婚姻也罢，都是亲子关系的一种延伸，如果童年幸福，我们就会在恋爱、婚姻中延伸幸福，如果童年不幸，我们很有可能会延伸不幸。

只有在父母足够的爱的哺育之下，我们在童年潜意识中才会将现实的父母和理想的父母形象逐渐重合，直至合二为一。而且，两者形象越相似、接近，我们才会成长得越健康，心理越成熟，才不会把童年的遗憾带到将来的恋爱和婚姻中。这时候，一个成熟的男人或女人，面对自己渐渐老去的父母，不会再像一个孩子一样只知索取，不懂回报，相反，他反倒扮演起父母的角色，像保护孩子一样保护自己的父母，爱护自己的父母。有时候一个成熟的男女跟父母的关系，跟他的童年时代正好相反，他的责任感、他的成熟度、他强大的经济实力使他更像他父母的父母，此时，他的父母反倒逐渐需要他来呵护、照顾，退化成了他的孩子，这是正常的。即便我们在恋爱和婚姻中按照父母的模式去寻找意中人，我们也不会退化到童年时嗷嗷待哺的状态，因为我们的心灵已经足够强大，我们完全可以像对待年迈的父母一样对待这个亲密爱人，平等地尊重他，无条件地呵护他，不计回报地爱他。

如果从小得不到父母足够的爱，现实的父母和理想的父母在我们的童年潜意识中会形成严重对立的两组形象，我们宛如饥肠辘辘的乞儿，总是得不到温饱，总是营养不良，一方面我们在现实的父母面前永远是个委屈而可怜的小孩，根本长不大，另一方面我们会在其他异性身上寻找理想的父母形象，一旦找到了，我们依然会把自己变回那个委屈而可怜的小孩，会把对现实的父母的不满全部发泄到这个所谓的理想的父母身上，久而久之，对方会不堪重压，因为他毕竟不是理想的父母，只是你的一厢情愿的错觉，最终你也会恍然大悟，找寻理想的父母只不过终究是一场难圆的梦而已。

接下来有的读者就要问了，如果我现实的父母的确让我失望，或者我真的存在比较严重的恋父（恋母）情结，怎么办？

两点建议：

（1）要善于把父爱（母爱）和真正的爱情区别开来。要学会移情作用，把较为严重的恋父（恋母）情结转移到一些值得信赖的长辈身上，而不要转嫁给自己所爱的人。

所谓移情，在心理学上是经常被提及的一个术语，指的是把对一个人的感情转移到另一个人或一件物品身上。什么意思呢？我举个例子，以前我认识一个女孩，跟前面提到的小丽类似，从小没了父亲，父爱缺失非常严重，起先，她把这种严重的恋父情结寄托在一个个比她大很多的恋人身上，结果对方不堪重负，恋情均无疾而终。后来她看过心理医生，对方建议她可以把这种恋父情结适当投射到身边一些长辈那里。她是做销售的，在工作中认识了一位很谈得来的客户，一家公司的老总，那位老总50多岁了，经常在工作和生活中关照这个女孩，女孩在他身上感受到了一种深沉的父爱，但不是爱情，于是，她就认这位老总当干爹。碰巧，这位老总只有儿子，没有女儿，老总的太太一直也想要个女儿，正好我这个朋友人又懂事乖巧，就给人做了干女儿。这样，在跟干爹的相处中，她较为严重的恋父情结得到释放，慢慢地，在生活中她反倒不再刻意找年纪大的男人做恋人，不久前，她跟一个只比她大3岁的男孩结婚。这就是移情作用：把恋父情结转移的结果，她既得到了父爱，也收获了真正的爱情。所以，当一个有严重恋父或恋母的人遇到自己心仪的对象时，要首先认清，你对他（她）是真正的爱情？还是仅仅把对方当父亲（母亲）看待？不要混为一谈。如果对方给你的更多是父母的感受，你就不妨把他们当成自己真正的父母来对待，而不要把男女之情掺杂其中。

（2）如果你真的陷入一段忘年恋当中，也不要仅仅把自己当成一个只知索取的孩子，而要学会适当奉献。

现实生活中，忘年恋并非凤毛麟角，除了那种纯粹的"利益交换"，大多数忘年恋还是很幸福的。在一期节目中，我就遇到一个丈夫大妻子20多岁的婚姻个案，两人结婚十五载一直是举案齐眉。我当时很好奇，就忍不住询问他们的夫妻相处之道，妻子给出的答案是：我们是互相照顾互相迁就。外人看他大我很多，似乎是他更像父兄，要照顾我迁就我，其实不然，回到家里，我照顾他迁就他更多，一是他年纪大了身体不好，二是人岁数越大反倒越来越孩子气，所以我就多担待些。其实，这番话不仅适用于忘年恋的婚姻，也适用于一切幸福的婚姻：夫妻两个不能只知道单方面地向对方索取（哪怕对方年龄比你大很多），而是也要学会彼此照应，毕竟你找的是伴侣，不是父母。父母对儿女的爱有可能前者的付出会更多些，但伴侣不会，只有平等的付出才会有美好的收获。

第三章

家庭和成长对我们人格的
潜在影响

爱最令人恐怖的地方，便是以关心之名强加自己的意志给对方，扼杀对方的自由。

「 一 」

不健全的家庭走出的一定是人格不健全的孩子

1 我们成长过程中的家庭经验形成我们心理的整个深层结构

本章内容，要从我们每一个人最熟悉的家谈起。

家，多么温馨的字眼，多么平静的港湾。想起家，你是不是会想起一盏光线柔和的台灯、一块甜蜜的蛋糕、一张舒适的大床、一声亲切的问候？想起你的父母？你的妻儿？你的爷爷奶奶？家，让我们每一个人都离不开它，每一个人都想得到它，每一个人都会惦记它。对于在外打拼而又疲惫不堪的现代人来讲，家，是印在他们胸口的一颗朱砂痣。

然而，从心理学的角度来说，家并不都是天堂，有时它也是我们痛苦的根源。在这里，我们谈到的家分两种：一种是我们与父母的原生家庭，另一种则是我们和配偶、孩子组成的新生家庭。

每个人的潜意识和他的童年经历，尤其是他的原生家庭息息相关，我们成长过程中的家庭经验形成我们心理的整个深层结构。这个深层结构包括我们对父母的看法，对自我的认知，对爱情和婚姻的价值观，对人际关系的处理，以及未来对子女的态度。总而言之，我们的自我形象跟家庭形象息息相关。

比如有的人总是很自卑，自我评价低，那么首先可以判定他的父母对他的评价就不那么高，或者说他在父母面前就很自卑；有的人患有严重的恐婚症，或者结婚以后不想要孩子，那么我敢断言他一定从小生活在一个不健全的家庭里，要么是单亲，要么就是父母长期不和，让他对自己的家庭乃至未来自己的婚姻形成严重的不信任感。长期的情感咨询过程中，我经常遇到那些不想结婚或者拒绝进入婚姻的男女，倘若细问，他们的原生家庭一定千疮百孔，他们父母的婚姻一定问题丛生，不快乐的家庭走出的一定是不快乐的子女。

我认识一个年近三十以写网络小说著称的女作家，文笔优美而流畅，但她的作品我一直不太接受，总感觉充满着压抑和黑暗，跟她聊天得知她的原生家庭给她带来了太多负面的影响。她的父亲当年是个江南才子，写得一手漂亮的古体诗词，可是，孤傲的个性、错误的婚姻把这个才子生生"毁了"。当初她的父亲娶了一个美女——也就是她的母亲，原以为才子佳人是天作之合，谁知，却从天堂走向了地狱，她的母亲长得虽然不俗，但生活中却很俗，为了柴米油盐酱醋茶一天到晚总跟老公计较。她的父亲虽是才子，却总是心高气傲，这就难免怀才不遇。有时候男人事业越没起色，女人就越看不顺眼，越看不顺眼就越喜欢挑三拣四，如果这个男人心甘情愿当个"缩头乌龟"，这日子没准儿还能凑凑合合过下去，可是他的父亲毕竟也是才子，所谓才子先不管才高多少，必得先是心高不少，哪能允许老婆这么贬损自己？你有来言我就有去语，一来二去，别人家孩子都能打酱油了，他们家夫妻俩则是天天打嘴战，吵得凶的时候好比是两挺机关枪在互相扫射。他们的骂声好比子弹横飞，他们的家里成了硝烟弥漫的战场，最后不闹到鸡犬不宁天昏地暗是决不罢休。

女作家形容，从小到大就没见父母和颜悦色说过话，什么事都要争出个子丑寅卯来，久而久之，她这个做女儿的也被卷入了这场旷日持久的战争。有时候，父母会把对彼此的不满、挑剔乃至愤怒转嫁到女儿身上，让女儿成为"代罪羔羊"。从小，她就活在被父母不断地指责、讽刺、挖苦的氛围中，她一件事没干好，父母就会骂她"笨得像头猪"，偶尔她考了个高分，在家里高兴一会儿，父亲就会打击她："得意什么？只有小人才会得志便猖狂！"害得她很长一段时间都不敢在家里表露出愉快的神情。

女作家告诉我，整天生活在这种靠吵架来维持日常生活的家庭中，给她带来了两种负面影响：一是她的性格也跟她的家庭一样波澜起伏，既狂躁又脆弱，既自负又自卑，原先在一家外企上班时，她就经常和单位领导、同事吵，后来喜欢上网在论坛流连，遇到意见不合的网友，又不由自主跟他们吵；二是她对婚姻的看法相当负面，觉得没意思，很烦躁。她谈过几次恋爱，无一例外都散伙了，原因不在别人，而在她，她跟我说一想到婚姻经常莫名其妙头就大了，她很害怕自己的婚姻会重蹈父母不幸婚姻的模式。因为她只要跟任何男人在一起生活不到三天，她就忍不住要跟对方吵，男人总是因为受不了她的刻薄落荒而逃。她说她管不住自己的嘴，因为她在自己将来的婚姻中看不到一点儿阳光。她已经打定主意今生绝不结婚，这也是她的作品总是被黑暗包围的深层心理所在，她从小生活的那个家庭太压抑，太恐怖了。

很显然，这位女作家的原生家庭是个问题家庭。在问题家庭中成长的孩子，得不到父母给予的爱，得不到成长所需的养分，尤其欠缺自爱及关心社会的良好示范。反之，他们学会的是在父母的漠视及心理遗弃中学到的"自贬"，这种自贬和自卑长大以后在人际交往尤其是在择偶当中会筑成一道严重的心理屏风，将朋友和恋人阻挡在门外。

2 健康家庭最重要的是和谐

对此，德国著名家庭治疗师海灵格形容："健康的家庭宛如平地，孩子会成长为挺拔的人树。而有问题的家庭宛如悬崖，孩子会成长为奇形怪状的树。"

说到这里，也许有的读者会问，什么是健康的家庭？什么又是有问题的家庭呢？

我们先来看看健康家庭是什么样子的？

通过多年的情感咨询，我认为，健康家庭里，家人各自心理健康而家人之间关系良好，每个家庭成员之间都能友好相处，同时又保持独立自主，既能满足共同的需求又不疏忽个体的需求。健康家庭是培养成熟人格的园地。

健康家庭的特征

（1）夫妻关系稳定而和谐，是一个家庭的核心。

（2）夫妻之间有合理的冲突，有公平的争吵，但不会长期冷战，更不会家庭暴力。

（3）父母和子女之间地位平等，关系融洽。父母对子女既有足够的爱，也有合理的管教。

（4）父母不仅是子女的父母，也是子女的良师，更是子女的朋友。

（5）不仅提供孩子衣食住行，也让孩子健康地成长。

（6）不仅让孩子有依赖感，也能培养孩子的自主性。

（7）是孩子打造自我，建立自尊的地方。

（8）是完善孩子成熟人格的最好土壤。

（9）是孩子温暖的避风港，而非窒息的铁屋子。

（10）让孩子对未来组建自己的婚姻和家庭满怀信心。

美国家庭问题研究专家约翰·布雷萧认为：在健康的家庭中，人们扮演健康的角色，父母的角色主要是提供时间、关注、指引和给孩子做示范。

他们示范：

·如何扮演男人或女人的角色。

·如何扮演先生或太太的角色。

·如何扮演父亲或母亲的角色。

·如何培养亲密关系。

·如何做个正常有用的人。

·如何与他人之间保持适当界线而不做逾越角色的事。

如果用两个字来总结健康家庭，那就是"和谐"。现在，中国提倡和谐社会，而社会是由一个又一个家庭组成的，所以建设和谐社会首先要建设好和谐家庭。而这种和谐的家庭又跟和谐的婚姻息息相关。

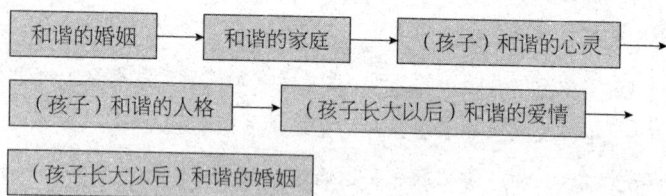

```
和谐的婚姻  →  和谐的家庭  →  （孩子）和谐的心灵  →

（孩子）和谐的人格  →  （孩子长大以后）和谐的爱情  →

（孩子长大以后）和谐的婚姻
```

我这里所说的和谐是真正的和谐，而不是那种靠表面来维持的和谐。中国人历来讲究谦虚忍让，亦重视家庭的和谐，这本来是好事，但一不小心却又走向了另一个极端：那就是我们不懂得如何面对冲突，尤其是不懂得如何处理跟亲人、情侣之间的冲突。有了问题，我们只知道一味地忍让，甚至忍气吞声，忍辱负重。但是，任何人对负面心理的接受都有一个临界点，到了这个临界点，如果不及时梳理、清除，就像黄河决堤一样不可收拾。这就如同家里的垃圾桶要经常清理，如果总是捂着，一旦溢出来，那就臭不可闻了。人的心理也是这样，一旦负面情绪吸收过多，但又得不到及时处理，就会产生更大的不满乃至愤怒，终有一天会像氢弹爆炸一样产生不可估量的后果。君不见那些人到中年才离婚的夫妻，最爱说的对配偶表示指责的一句话就是："我忍了你几十年了，我实在忍不下去了",可见,为了所谓的和谐,一味的忍让无异于饮鸩止渴。这种和谐也不是真正的和谐,而是一种靠虚假和谎言维持的和谐。

③ 准许合理的冲突是健康家庭的重要标签

那么,如何避免陷入这种虚假和谐的怪圈呢?我的建议,夫妻之间感情出了问题,一定要及时沟通,及时处理。但夫妻不是圣人,不是合伙做生意的伙伴,有时候遇到意见不统一,观点不一致的时候,难免做不到心平气和,拌个嘴吵两句我认为很正常。因此,我鼓励夫妻之间适当地争吵,而不是为了避免争吵极力忍耐。

美国的心理学家曾经写过一本书,叫《夫妻:最亲密的敌人》,书里最开头就说夫妻必须吵架,这样便于真实地将不满与积怨发泄出来。不吵架不代表没有问题,只是矛盾被压抑了,所以说,吵架也是夫妻间相互沟通从而达成理解、互相包容的一种方式。夫妻吵架有时候是一种润滑剂强心针,适当吵吵就跟植物界的光合作用一样,有利于新陈代谢。夫妻就怕冷淡,如果连架都懒得吵,最后冷淡就会变成冷漠甚至冷战,那就不是亲密的敌人了,而是彻头彻尾各自为政各怀鬼胎的敌人了,所以,适当的小打小闹是夫妻生活的维生素,时不时补一下,还是大有好处的。

当然,我在这里不是鼓励夫妻之间把吵架当成家常便饭,张口就吵,动手则打,夫妻吵架是门艺术,更好比一件合身的衣服,多一分则长,少一点则短,要量体裁衣适可而止,要学会"争"而"有限度"、"吵"而"不记仇",因此,有些心理学家提出一个观点,家庭中,夫妻要学会"公平的争吵",所谓"公平的争吵"指的是:

(1)合理地表达自己的观点,不压抑自己,也不夸大其词。

(2)坚决做到对事不对人,不要以此攻击对方,更不要使用侮辱和谩骂的字眼。

(3)夫妻之间没有对与错之分,要学会求同存异(不要总是指责对方"错了",有时候人在面对指责的时候都很倔,宁肯强硬到底也"绝不认错")。

(4)立足当下,避免翻旧账(比如丈夫或妻子当年曾做过对不起对方的事,人家都认了错,没必要每次吵架都往事重提,不依不饶)。

(5)避免大段说教,要学会以情动人。

(6)不要在细节上纠缠不清(比如丈夫记得这周共刷了三次碗,妻子硬说只有一次,大家为此争论不休)。

(7)你不是法官,不要随便给人列出种种罪状。

(8)学会倾听对方的心声,倾听之后再进行合理的申辩。

(9)有争论,一次只争论一件事,不要没完没了,要适可而止。

(10)要学会自我解嘲,要学会给对方台阶下。

我认为,准许合理的冲突是健康家庭的重要标签。良好的冲突也是一种沟通方式,唯有问题家庭,才会否认问题的存在。问题家庭的成员要么就是虚情假意地抱成一团,所谓稳定压倒一切,彼此说着言不由衷的话戴着面具生存;要么就是互相敌视,彼此疏离,整个家庭就像被"白色恐怖"笼罩着。

4 **如果在原生家庭跟父母的关系未处理好，一定会把这种缺憾带到新家庭中**

接下来我们谈谈什么是问题家庭。

很多心理学家把问题家庭又称为不健全的家庭，美国家庭问题研究专家约翰·布雷萧认为："婚姻是家庭系统的核心。父母各自的状况，以及两人之间的关系形成了家庭的基础。夫妻是家庭的建筑师，不健全的家庭来自不健全的婚姻，而不健全的婚姻是由两个受内心空虚所驱使的人建筑起来的。"

问题家庭的特征

（1）夫妻关系紧张不安，要么长期冷战，要么持续争吵（不是公平的争吵，而是恶性的吵架）。

（2）夫妻关系不是家庭的主宰，母子关系或者父女关系成了家庭的核心。

（3）父母在家中是绝对的老大，说一不二，子女只有唯命是从，稍有不从就被坚决镇压（或者出现另一种极端，子女称王称霸，父母沦为低三下四的奴仆）。

（4）家庭中潜藏着不为外人所知的秘密（比如父母中的一方有外遇，孩子当中有抱养来的，家庭中有人意外死亡或长期不在但被禁止谈论）。

（5）有严厉的家规和严酷的惩罚。

（6）家人之间缺少互动和沟通，充满冷漠和敌视。

（7）家庭氛围高度紧张，战争一触即发。

（8）家庭成员都隐藏真实的自我，戴着面具生活，表现出一个"假我"。

（9）家庭沦为战场，几乎天天都在发生无休止的争吵和战争。

（10）大多数家庭成员都视这个家庭为牢笼，总想逃离出去。

以上10条特征读者可以自行对照一下自己的家庭，只要具备5条以上就符合问题家庭的特征，超过8条则属于"重度"问题家庭。

其他9条都好理解，第8条也许有的读者不明就里，为什么在父母面前还要戴着面具生存？

一般来讲，夫妻感情越和谐，孩子成长的空间越宽松。孩子一方面可以从父母的爱中体会到足够的满足感和安全感，另一方面也可以在父母的言传身教中培养自主和独立，而且展现的是真实的自我，无须戴着面具生活。如果孩子在父母面前总是战战兢兢如履薄冰，甚至有伴君如伴虎的恐惧，久而久之，孩子不仅安全感出现缺失，也会渐渐戴上面具，靠讨好或迎合父母的情绪而生存，从而出现忘记真实自我，展现出一个假面的自我。但真我并不会消失，一旦遭遇合适的土壤，还会破土而出。

比如历史上著名的亡国之君隋炀帝在登基以前很长一段时间就是靠隐藏真我，表现假我而骗取了父亲隋文帝和母亲独孤皇后的信任，继而打败大哥杨勇，得以继承大统。

过去一提起隋炀帝杨广，大家第一时间想起的就是那个昏庸、残暴、贪婪、好色的暴君。其实，杨广并非一生下来就是个"亡国孽种"，他天生聪颖，长相俊美，且文武双全，智谋过人。他13岁就被封为武卫大将军，年仅 20 岁就出任行军大元帅，统领 50 万大军攻打南方的陈国，次年一举灭陈，协助父亲隋文帝完成统一大业。当年这位"英俊少帅"在陈国查封府库，秋毫无犯，口碑极佳。是年，杨广晋升为太尉，统领天下兵马。更厉害的是，杨广不仅会打仗，还写得一首漂亮的好诗，《隋书》也说杨广"好学，善属文……"比如他曾写过一句"寒鸦千万点，流水绕孤村"，宋代大词人秦观非常喜欢，连"借条"都没打，就直接拿来用在了他的一首《满庭芳》的词中。

说到这里，也许有的读者就不明白了，既然杨广这么出色，又偶像派实力派兼具，为什么还要在父母面前故意演戏去讨得他们的欢心呢？

因为他不是长子。

按照封建帝国历来的规矩，太子是立长不立幼，杨广因为是次子，一出生就错失了这个良机。有大哥杨勇在，当皇帝本来轮不着他。可这个杨勇实在有点儿"二"，其实他也不是什么坏人，《隋书》记载他生性率直，为人宽厚。似乎也是个好男人的料，但偏偏生活奢侈，性喜浮华，而且为人好色，"二奶""小三"众多。说到这两点，也许很多读者会不以为然，这算什么缺点？古代的公子王孙哪个不好大喜功，哪个不三妻四妾？是的，像杨勇这种太子搁在历朝历代都很正常，可是在他的父亲隋文帝和母亲独孤皇后那儿就不正常了。为什么？因为这个隋文帝杨坚自小就喜欢节俭，最讨厌铺张浪费，而独孤皇后呢，天性善妒，最恨男人妻妾成群。据说，这位独孤皇后13 岁嫁给隋文帝的时候，就让丈夫在洞房里立下毒誓：今生不许跟第二个女人生孩子。当时，隋文帝还是北周的一名普通官员，后来，隋文帝废了北周皇帝自己"黄袍加身",独孤成了皇后,偌大的后宫也几乎见不着什么漂亮女人,别说,这个独孤皇后还真挺"独"的。所以,太子杨勇的这两个缺点正好犯了他父母的两个大忌,你说隋文帝夫妇心里能舒服吗?

相比大哥的直来直去,身为弟弟的杨广却城府颇深。你说杨广不喜欢珍珠宝器?见了美女毫不动容?怎么可能?杨广也是男人,是男人没几个不好色的,何况他还是英雄,英雄爱美人,自古亦然。但杨广会装,为了讨好父母,更确切地讲,为了打败大哥杨勇夺取太子之位,他必须将伪装进行到底。有一天隋文帝和独孤皇后同临杨广的府第,杨广便将后宫美姬都藏起来,只留下几个又老又丑的宫女充当侍役,身上穿的还都是"地摊货"。杨广与太太萧妃,也故意穿得很陈旧,好像五六年前的款式,连家里的一切陈设都因陋就简,甚至杨广还故意让仆人把架上的诸般乐器都弄得尘堆垢积,看上去好像很久没用了。隋文帝素性节俭,最恨奢华的行为,见到杨广如此节衣缩食不好声色,非常满意。那个见了美女就冒火的母亲看到儿子家里无美姬,只有丑妇,而且小两口恩爱非常,也没什么"二奶""小三"介入,也频频点头。从此文帝夫妇对杨广更是另眼看待。没多久,杨勇被淘汰出局,杨广则如愿以偿。

应该说,杨广的登基是处心积虑的结果。按心理学的说法,他就是在父母面前用假面的自我取代了真实的自我,但这种假我不会长久,因为他不真实,且很压抑。所以,杨广一旦即位,就好似换了一个人,他不再节俭,反倒极具奢华,他不再禁欲,反倒广罗天下美女,他还征用百万民夫修大运河,两次派兵攻打邻国高句丽,不到十几年工夫，大隋江山就被这个不孝子给毁了。杨广最后的疯狂，你既可以看成"恶魔"本性的一次大暴露，也可以当作他在父母面前压抑多年的结果。这种压抑不管是主动还是被动，不管是在外人面前还是父母伴侣面前，久了，都会让人产生极想释放的癫狂。小的可以毁灭一个人，大的则可以毁灭一个国家。所以，隋朝的覆亡，倘若追本溯源，跟隋文帝夫妇对人太过苛求有关，包括对自己的子女。最后苛求的结果，反倒迷糊了你的双眼，看不清人的本来面目了。

有些在父母面前一向很乖很听话的孩子，会突然在社会上干出一些让人匪夷所思的事：比如逃学、打架斗殴、未婚先孕，那么，可以断定，这些孩子在父母面前展现的都是"假我"。

从小喜欢在家中靠讨好父母来赢得一席之地的孩子，特别是女孩，一旦组建自己的家庭之后，也会把对父母的讨好向老公转化，无条件付出，患上"良家妇女综合征"，最终把老公推给外面的小三，沦为弃妇。

在问题家庭里长大的孩子往往在自觉或不自觉中性格出现以下的偏差：

（1）性情暴躁，做事冲动而缺乏理智。

（2）要么很难相信别人，要么就容易上当。

（3）人际关系冷漠和疏离，缺少朋友和伙伴。

（4）喜欢沉迷某些特殊嗜好，如烟、酒、网络游戏或者过度的性爱。

（5）或多或少的强迫症。

（6）完美主义倾向，容易吹毛求疵、百般挑剔。

（7）敏感而多疑，自尊心极强，稍微受到一些不公正的待遇就会产生不满情绪。

（8）对人和事总是持极端的看法，非黑即白，非善即恶，顺我者昌，逆我者亡。

（9）对爱情和婚姻容易产生不信任感，大多患有"恐婚症"。

（10）出现自闭症、抑郁症及多种人格障碍的概率较高。

戏剧大师曹禺的不朽名作《雷雨》相信大家都很熟悉吧？过去，文学评论家更多是从反封建的主题来分析它深刻的思想意蕴。其实，倘若从心理学的角度来看，《雷雨》也是一座丰富的宝藏，值得深挖。因为，作为资本家的周朴园，他的家庭就是一个非常典型的问题家庭。

前面我多次提到，一个健康的家庭首先是夫妻和谐，从这点来看，周家就严重不符。应该说，周朴园和他的太太繁漪之间是既不恩爱，也不和谐。第一，从剧中大量的信息可以得知，周朴园当年娶繁漪纯粹是为了某种利益，他们之间根本没有爱情，这从周朴园天天逼繁漪喝药这个细节中可见端倪。第二，他们家庭中隐藏了太多的秘密：周朴园早年始乱终弃，为了荣华富贵残忍地抛弃了为他生下两子的婢女侍萍，繁漪作为续弦又得不到丈夫足够的爱而不得不跟继子周萍长期乱伦；第三，周朴园冷酷、残忍、自私而虚伪，在家中高高在上，说一不二，就像个专制的暴君，在他的淫威下，整个周公馆压抑而窒息，如同一口残酷的井，让人透不过气来。第四，周家的家规不近人情，太太没病却被丈夫天天逼着喝药，稍有不从就是一顿呵斥，老子训儿子跟老爷骂下人似的如出一辙。第五，由于夫妻之间缺少真挚的感情，导致周家整个家庭关系都是冷漠和扭曲的，繁漪对丈夫有着强烈的恨，大儿子周萍见了父亲就像老鼠见了猫，小儿子周冲天真烂漫，喜欢黏在母亲身边，跟父亲明显隔膜，周萍一会儿跟继母繁漪乱伦，一会儿又觉得对不起父亲，一种深深的负罪感挥之不去。第六，除了周朴园，周家的人都视周公馆为"牢笼""监狱"，总想一走了之。

在这样一个令人窒息和压抑的家庭氛围中，周家两个男孩的成长无疑都是不正常不健康的。

过去对周萍普遍的看法是懦弱，我觉得，这是表面现象，由于在成长的环境中只有父亲，没有母亲，周萍一方面产生了较为严重的恋母情结，他爱上后妈繁漪就是从小缺少母爱的结果；另一方面他在性格上又向父亲极力认同：他的虚伪自私、他的不负责任都完全"师承"了他那位至高无上的父亲大人。当年他的父亲残忍地抛弃了他的生母，30 年后，他也残忍地抛弃了他的继母。在《雷雨》最后，周萍在绝望中自杀，我个人的看法，如果周萍没死，他将来绝对是第二个周朴园。而周朴园在做少爷的时候何尝不是又一个周萍呢？历史就是这样惊人的相似，下一代总是不可避免地重复着上一代的悲剧！

周冲过去被认为是周家唯一的亮点，他热情得像一团烈火，单纯得像一张白纸。但从心理学的角度分析，周冲也是个"残缺"的少年。由于父亲的冷漠，周冲从小跟母亲繁漪过分黏合，导致他人格不独立，气质中太多"娘气"。他的很多举动和行为都极不成熟，包括他向女仆四凤示爱都让人感觉非常幼稚和可笑，套用我前面喜欢用的一个术语，如果说周朴园、周萍是"僵尸男"，周冲则不折不扣是个"奶嘴男"，这样乳臭未干的男孩一旦进入婚姻状态也会重复周家的悲剧。

再说周朴园，按照传统的观点，他是一个"大恶人"，是周家悲剧的总根源。其实，从话剧里很多细节可以看出，周朴园的"恶"不是从石头缝里蹦出来的，他早年留学德国，也一度是热血青年，我相信他当年追求婢女侍萍是真心实意的。应该说，他曾经是另一个周萍，但后来他屈从了封建家庭的压力，变成了后来那个人见人憎的周朴园。剧作里没提到周家老太爷是个什么样的人，但从周朴园被迫对侍萍始乱终弃这一点可以推断，周朴园的父亲也一定是个不讲情面的暴君。可见专制的父亲催逼出顺从的儿子，将来顺从的儿子当了父亲，又摇身一变成了专制的父亲，早年周萍式的热血青年最后一步一步地沦为周朴园式的大家长，这就像一种可怕的轮回！包括侍萍早年到周家做女仆，跟周家大少爷产生畸恋，后来，侍萍的女儿四凤长大以后又进了周家当女仆，也不由自主地爱上了周家新一代少爷！某种程度上，不少的问题家庭都在不停地复制着上一代问题家庭的悲剧，如果不警醒，如果问题家庭中的主要成员不进行反思，不进行心理干预，下一代的问题家庭会接踵而至。

从周朴园和周萍两代父子的人生悲剧中不难看出，一个人如果在原生家庭中跟父母的关系未处理好，一定会把这种缺憾带到他的新感情、新家庭中，会给他的情侣、配偶和将来出生的孩子带来无尽的烦恼甚至痛苦。

「 二 」

我们总是在不自觉中"复制"父母的家庭模式

1 **人格的不完整，家庭的不健全，某种程度上具有代代相传的"光荣传统"**

在问题家庭中，父母总是把孩子当成出气筒，让孩子为他们不快乐的情绪"埋单"，不知不觉，孩子欠下了巨额的债务，长大以后，他（她）就要去唆使他（她）的另一半或者下一代来偿还。如果夫妻双方都带着来自原生家庭的伤害，试想两个伤痕累累的人又如何组建一个健康的家庭呢？就像一伙残兵败将又怎么能够重新组成一支强大的军队呢？

在一期情感节目中，我曾经见过一个酗酒者，每次喝醉了就对老婆孩子拳打脚踢，但酒醒后又十分后悔。在现场咨询中，我得知这个"家暴男"原来也是受害者，他的父亲当年也酷爱用拳头说话，总是对他和他的母亲使用暴力。从小他就痛恨自己的父亲，谁知道这种愤怒无处化解，到了他的新生家庭中，他居然由当年的受害者演变成了今天的加害者，他父亲当年是如何对待他和他母亲的，他现在就如何对待他的老婆和孩子。碰巧，他的老婆从小也是在她父亲的严厉管教乃至棍棒下长大，跟他结婚也是在重复童年的悲剧。

有时候，受害者对暴力的态度好像是一种"虐恋"。通常我们认为暴力的伤害如此巨大，所有人都会像躲避豺狼一样的躲避它。但事实正好相反，受尽虐待和羞辱的人，由于自尊严重受损，自我概念被贬低，越发觉得自己不具有选择的权利，因此和暴力的关系宛若吸毒者离不开毒品一样难以割舍。

尤其是受到暴力伤害的小男孩，有时候反倒会崇尚暴力，迷恋暴力，因为他们最初是弱者，他们会错误地认为只有依靠暴力才能翻身做主，他们会把暴力当成不二法宝，当成苦口良药，甚至定海神针，因此以暴制暴、以暴抗暴乃至以血还血、以牙还牙的观念才会一度如此流行。如果他目睹父亲的暴力行为，长大后他会相信男人就是比女人优越，并且认定男人才是一家之主。男孩通常比女孩更认同暴力，特别是在拳头下长大的孩子，会习惯于用拳头来解决问题，会崇尚强者，在目睹暴力后也成为一个暴力主义者，认同施暴是克服无力感的一种方式。认同施暴者的人丧失了自己的判断力，也因此成为一名施暴者。这样的认同可以让他觉得安全而能生存下去，每一个施暴者都曾是一名受害者，虐待老婆及孩子的人一度也极端无助。

问题家庭走出的是有问题的孩子，有问题的孩子带着累累的伤疤进入婚姻，会带出不健全的婚姻，这种不健全的婚姻不仅会影响夫妻关系，也会波及孩子，正所谓，城门失火殃及池鱼。它也会再度克隆出另一个问题家庭。孩子在这种问题家庭中成长，深受其害，一旦长大结婚，又会陷入另一段不幸福的婚姻，派生出另一个问题家庭。人格的不完整，婚姻的不幸福，家庭的不健全某种程度上都具有代代相传的"光荣传统"，我们总是在不知不觉中"复制"父母的家庭模式，因为问题家庭出来的人通常会娶或嫁一个来自同样不健全家庭的人。这种恶性循环就像一根绳上的蚂蚱，谁也跑不了，因为两个来自问题家庭的男女结合，会组成一个新的问题家庭，悲剧就是这样在循环上演。

被美国《时代周刊》称为电影诞生以来最伟大的演员，曾先后两次摘取奥斯卡影帝桂冠的马龙·白兰度，就是一个从问题家庭走出来的"坏男孩"。他是家庭悲剧的受害者，长大了以后却又在制造一轮又一轮的家庭悲剧。失败的童年，失败的婚姻，失败的子女，悲剧在他的一生中如影随形。他的3次婚姻均告失败，一生有20多个女人跟他纠缠不清，他的子孙也大多经历梦魇般的人生，杀人的，自杀的，吸毒的……喜剧大师卓别林跟他合作了一天，就这样毫不客气地这样评价他："演戏是个天才，可做人却是个彻头彻尾的失败者。"

6年前，这位伟大的演员在洛杉矶一家三等医院悄无声息地走了，没有鲜花，没有哀乐，甚至身边连个亲人也没有，留下的却是一长串的数字：一个不朽的角色——教父，5部经典的影片——《欲望号街车》《码头风云》《教父》《巴黎最后的探戈》《现代启示录》，6个自杀的情妇，25个不幸的子女，1100万英镑的巨额债务。

一代电影教父走后，只有两个人出来说话，一个是美国总统布什，他说：美国失去了一个伟大的演员；一个是叫莉莎·沃默的女子，她说：白兰度私生女的名单上漏掉了她。

这就是马龙·白兰度，他既是天使，又是魔鬼，既是让万千影迷敬仰的超级巨星，也是让无数女人恨得牙痒的流氓恶棍。而这一切，都源于他那遍体鳞伤的原生家庭。

马龙·白兰度的父亲是个推销商，脾气暴躁，从小就对白兰度非打即骂，而且整天不着家。母亲是个失败的戏剧演员，终日喝得酩酊大醉，跟一个又一个男人上床。有时候在酒吧醉得不省人事，白兰度便挨家挨户地询问，推开一扇又一扇酒吧的门，把头探进黑洞洞的厕所，看她在不在其中的一个马桶上。有一次，父亲把母亲找回来，领她上了楼。白兰度在客厅里听见她摔倒了，接着是拳打脚踢的声音，他赶紧跑上楼，只见母亲躺在床上哭泣，父亲恼怒地站在床头。白兰度气得发了疯，他怒视着父亲，用低沉而清晰的嗓音一字一顿地说："你要是再打她，我就杀了你。"白兰度那乱哄哄的童年，就像一个失火的乐园。

对一个敏感而孤独的孩子来说，一个不快乐的童年将伴随他的一生，这些人终生无法忘怀那些被严重忽略与残酷对待的日子，那些童年的创伤长大了以后将会化作一种基因深深融化到他的性格中，他以后的生活就是要加倍地补偿那些在童年中渴望得到却总是得不到的东西，这种东西有时候被叫作"爱"。

白兰度始终是那个酗酒失意的女演员和浪子推销员的儿子，一个毕生在寻找母亲庇护的孤独的小男孩，他的容貌很大程度上继承了父亲，英武挺拔且充满了攻击力，而他的艺术天分则是拜母亲所赐，而他像野马一样桀骜不驯的个性，包括成名以后在好莱坞的种种叛逆行为都是童年对父亲反抗的延续，而他混乱的性生活，对女人的索取无度则是"不够检点"的母亲的翻版。这个电影界至高无上的教父，骨子里却是一辆"欲望号街车"，开到哪儿是哪儿，永远没有终点，永远不会为哪个女人熄火。

然而，就是这辆"欲望号街车"彻底开启了马龙·白兰度非凡的演艺历程。1951 年，根据同名舞台剧改编而成的电影上映，获得意想不到的成功，马龙·白兰度扮演的集天真单纯与粗鄙凶悍于一身的底层工人斯坦利一下子改变了美国女性的审美取向。从此，格里高利·派克似的绅士不再吃香，人们更感兴趣的是穿着汗衫、露出肌肉、一脸坏笑的白兰度：他是女工们的性幻想对象，也是高贵的小姐们的梦中情人。从某种程度上说，他开了好莱坞的荤：从未有一个流氓如此被爱戴，从未有一个恶棍如此可爱。他把男人和男孩，英雄和地痞成功地嫁接在一个角色身上。在他那里，粗俗也可以成为一种性感，眼神也可以在透露出无耻时偶尔闪现出天真。

白兰度成功了，就像当今的超女快男一样一夜成名了，白兰度后来形容，"仿佛一觉醒来坐在糖果堆上"。在 30 年的表演生涯中，他先后 9 次被奥斯卡提名，其中包括两次奥斯卡影帝，一次戛纳影帝的殊荣。与此同时，他不停地结婚离婚，生下一大堆性情古怪的子女。他的妻子总在争吵，他的情妇总在自杀，他的子女则陷入无尽的麻烦。

1952 年，在拍摄《萨巴达传》时，他爱上墨西哥女子莫维塔，与她共同生活数年。1956 年，又被印度姑娘安娜迷住，甚至赠送母亲的耳环以示自己的认真态度。1957 年，安娜声称自己怀孕，白兰度娶了她。1958 年，她生下一个男孩，取名戴维，但白兰度更喜欢克里斯蒂安这个名字，于是，两人之间爆发了一场骇人听闻的战争，所有的欺骗、谎言和虚伪尽显其中：白兰度和安娜相互诽谤，还招来警察助阵，在法官面前轮番登场，互相谩骂甚至大动干戈。克里斯蒂安成为这段婚姻的牺牲品：他从此以虐待宠物和摔盘子为乐。

1960 年，白兰度与怀孕在身的莫维塔结婚，生下儿子米科后，两人很快陷入离婚官司。离婚大战还未见分晓，1962 年，在拍摄《判舰喋血记》的外景地，白兰度堕入 19 岁夏威夷少女泰丽塔的情网。这一次，他认为自己找到了真正的归宿，甚至为了"新生活"一度息影。但两人生下 3 个孩子后最终分道扬镳。

白兰度和先后 3 位妻子的情感历程惊人的一致：迅速堕入情网，怀孕，然后结婚，陷入争吵，分居，离婚，白兰度跟每一个妻子和情人分手之后，这个世界上就会多出好几个无辜的孩子，他们的童年，他们的性格都在重复他们的父亲早年同样的悲剧：白兰度的大儿子克里斯蒂安·白兰度吸毒、私藏武器、干非法交易、与父亲的情妇上床；切娜是白兰度的小女儿，这个如向日葵一样美丽的姑娘在家中得不到关爱，就到毒品中寻求慰藉。

1990 年 5 月 16 日，白兰度的家庭迎来了一场堪称毁灭性的悲剧：儿子克里斯蒂安杀死了女儿切娜的男友戴格。当警察赶到时，戴格已经死了，面部射进一颗子弹，切娜坐在沙发上，手里握着一个打火机，面前摆着一杯酸奶。人们至今搞不清楚究竟发生了什么：据白兰度家的人讲，是一场殴斗；据辩护律师讲，是一场意外；据切娜讲，"是我父亲安排了一切"。后来，儿子被判刑，女儿自杀。马龙没有参加女儿的葬礼，但却在儿子被判刑的法庭上露面了，他悲痛地说了一个多小时，他表示，是他和前妻毁了儿子，他对受害者的家属表示歉意，并说："抱歉，如果能够用我来换回你们失去的亲人，我会毫不犹豫地这么做，我愿意为此承担一切后果。"但具有讽刺意味的是，受害人的父亲却说，白兰度把法庭当成了片场，他这么说仅仅是在作秀和演戏，而白兰度的儿子理应被判死刑。尽管如此，白兰度为了他的儿子获得减刑，到处求人，甚至不惜变卖家产，到一些三流广告中去客串一个微不足道的角色，只为获取那么可怜的一点儿薪金。

曾有记者问白兰度是否应为这种乱糟糟的局面承担责任？他说："当一只海鸥从 2000 人头上飞过，谁知道它掉下的羽毛会落在哪里？"然而，这位"不负责任"的父亲真的可以把沉重的罪过当成轻浮的羽毛？他仿佛中了诅咒，正如他在《巴黎最后的探戈》中说过的台词："你一直是孤单的，你无法逃脱寂寞的感觉，直到你死去。"这显然就是他一生的写照。

有人说，马龙·白兰度的一生太有戏剧性了，甚至比他演过的任何一部电影都有戏剧性，也太有悲剧性了，比他演过的任何一部电影都更加震撼。不堪回首的童年，接二连三失败的婚姻，儿子涉嫌杀人接受审判，女儿以自杀告别人世，这一切的一切都让白兰度陷入了深深的痛苦，而他的这些痛苦似乎也都融入他的表演感染了每一位影迷。愤恨是永远吞噬白兰度的内心魔鬼，而借助剧中人物的宣泄则是清除这个恶魔的有效途径。是什么造就了白兰度的伟大表演？我认为，是痛苦的经历，是不幸的人生，是他从小生活的那个问题重重的不健康家庭。

马龙·白兰度与父母之间的爱恨主导了他的一生，甚至在日后当他成为父亲时，也再一次体验了身为父亲的痛苦。他早年不肯原谅他的父亲，最终导致他在不停地重复父亲的性格悲剧，这就是心理学上的内化，你越恨那个人，你反倒越像他，他父亲当年给他带来了无尽的创伤，他做了父亲以后也在伤害着他的一个又一个的子女。其实，马龙·白兰度很爱他的儿子克里斯蒂安，他曾想做个好爸爸，但残酷的童年潜意识却让他不由自主变成了另一个"坏爸爸"，有时候我们要学会原谅自己的亲人，哪怕他们曾经那样刻骨铭心地伤害过自己，如果你不原谅他，归根结底就是不原谅自己，最后你会把上一辈种下的恶果不知不觉地传给你的下一代。

❤ 2 一个整天听着自己父亲"坏话"的孩子，心灵将会被污染

在问题家庭中，还有一种非常特殊的形式，那就是单亲家庭。从我个人的认识来看，单亲家庭不见得都是问题家庭，因为有些单亲家庭，父母虽然离异了，孩子并未受到太多伤害，他们虽然只跟其中一方单过，但还可以经常跟父母中的另一方相见，即便是单亲家庭，孩子还在享受双亲的呵护。但对于那种离婚以后父母中的一方从此"消失"，或者很少让孩子跟其中一方见面的纯粹的单亲家庭来说，就会出现一个很尴尬的问题：那就是对离异的另一方完整形象的正确描述。

对于单亲的父亲或母亲而言，很容易传递给孩子离开的那方的各种负面信息，特别是如果那个人的离开是造成离婚、遗弃或是痛苦的

根由。一个整天听着自己父亲"坏话"长大的孩子，心灵将会被污染。也许这个词我用得有点儿过分。但大家仔细想想，一个男孩在成长阶段总是从母亲那里收集到父亲各种不好的信息，他将如何塑造自己的男性形象？上一章提到，男孩的男子汉形象很大程度靠父亲来树立，父亲如此不堪，儿子将如何面对？如果他觉得"自己的榜样彻底坍塌"，那么他又如何去感受自己是好的？长此以往，对这个男孩男性气质的培养是非常不利的。

如果是女孩，从母亲口中假若听到的全是什么"你父亲对不起我们母女俩""男人都不是什么好东西"，在她的童年潜意识中会对她的择偶观造成很大的负面困扰，这样会导致两种极端：一是她会逐渐认同母亲对父亲乃至对天下男人都不是什么好东西的评价，这样的女孩一旦进入婚恋阶段，会无所适从，甚至会对男性产生敌意。

我曾经接触过好几个 30 岁左右还从未恋爱的剩女，她们大都是单亲家庭长大，有母亲而无父亲，由于长年缺少男性的陪伴，她们对异性的认识完全来自母亲的印象，母亲如果天性刻薄，她们就好挑剔，母亲对父亲评价不佳，她们也会对男人拒之门外。当然有时候也会出现另外一种情况：就是母亲越否认父亲，女儿反倒激起好奇心，向父亲或者跟父亲类似的男人严重认同。

大概是两年前吧，我曾经在一份报纸上看到过这样一个报道：一个聪慧美丽的女大学生，拒绝了无数优秀的追求者，却义无反顾地爱上了一个小偷，还怀上了他的孩子，那个小偷后来因为去一家商场偷盗被判刑 5 年，这位女大学生居然无怨无悔，她向记者表示要把孩子养大，等待他刑满出狱。这段孽缘遭到了女孩母亲的强烈反对，然而，母亲越阻止女儿越坚定，最后差点儿害得她的母亲为她上吊。

当时我和写下这篇报道的记者都茫然不解，究竟是什么力量使得这位女大学生爱得如此疯狂而执迷呢？

前不久，我又在无意之中翻出了这位记者的追踪报道，原来女孩的这种选择跟她的单亲家庭有着直接关系。

女孩的父亲曾经是个生意人，长年在外奔波，很少在家，大概是在外面有了第三者，母亲受不了，就提出了离婚，那年女孩才6岁，从此，女儿跟着母亲，父亲则杳无音信。之后，当女儿问起爸爸在哪里的时候，母亲就板起面孔来骂她。母亲还常常向女儿灌输，说父亲是个不负责任的坏蛋，甚至故意丑化他，说他品德败坏，无恶不作。有时候母女俩坐在一起看电视剧，看到一个坏人为非作歹，母亲竟然会跟女儿说这样的话：你爸就是这德行，你一定要忘掉这种恶人。女儿表面上认可，其实心里一直忘不了，这甚至影响了她的择偶观。上大学以后，很多班上优秀的男生向她示爱，她没感觉。一个很偶然的机会，她在大街上购物，遇到了后来那个流里流气的坏男人。当时他准备偷她的钱包，被她及时发现了，她不仅没报案，还被他吸引了。对此，记者采访了一个心理学家，他给出这样一个解释，由于母亲总是贬低和丑化她的父亲，她在意识层面认同母亲，潜意识中反倒对这种十恶不赦的坏蛋产生了好奇心，因为他就像悬崖上的野葡萄，够不着，越是够不着越想接近，这种心理最终导致她爱上了一个坏蛋。

这种畸恋看似不正常，其实很正常，因为女孩是在跟父母的认同过程中出现了偏差。表面上她认同那个坏蛋，实际上是在认同她的父亲。有时候人的意识和潜意识经常在打架，意识上他认同东，潜意识又让他向西。这就构成了人性中复杂而又矛盾的一面。这也是一些单亲家庭中容易出现的偏差。

当然，父母离异，父亲把母亲从家庭中抹掉印记，也会让女儿选择向处于弱势的母亲认同。英年早逝的英国王妃戴安娜就是这样。

戴安娜从小也生长在一个不幸的家庭。虽然父亲斯宾塞是一名贵族，但戴安娜的出生令一心想要个男孩的父亲极为沮丧，母亲也抬不起头来。那是因为在斯宾塞家族，性别始终是很重要的问题，女人在他们家只能做"二等公民"，戴安娜渐渐长大，开始变得缺乏自信。

6岁那年，母亲和别人出走，这在当时的社会是极为少见的，这也成了英国上流社会的丑闻。

为此，斯宾塞夫妇之间的争斗和诉讼一直拖了两年。最终，法院将戴安娜姐弟的监护权判给了他们的父亲。父母的离异给戴安娜造成难以忘怀的创伤，他们调皮的时候没有人约束，他们需要爱的时候没有人在意。戴安娜多年以后还记得母亲哭泣的情景，但父亲却从来不提母亲出走的事，也不许别人提。困惑留在心中，结起了疙瘩，戴安娜变得越发沉静害羞。她觉得一切都是自己的错，她是个让父母讨厌的孩子，没有身为一个男孩的羞耻感啮咬着她幼小的心灵。

同时，父母的离异使得戴安娜对现实生活越发不满，开始向往不切实际的东西。后来，戴安娜曾对别人说过，少女时代自己一度为浪漫爱情小说而着迷，那些小说里的浪漫故事都是她所向往的。其中一部是写一位勇敢、英俊而又温柔的希腊王子遇到一位甜美的少女，最终少女不仅收获了爱情，也得到了王妃的称号。戴安娜其实一直在潜意识中幻想自己成为那个希腊王妃。应该说，她后来嫁给查尔斯王子，既是对这种浪漫追求的结果，也是从小父母离异给她造就了一颗不甘服输的好胜心，她要引人注目，她要证明自己是最好的。前面提到，被父母遗弃的孩子特别害怕被忽略，向世人证明自己的价值成了她矢志不渝的目标。不可否认，她选择嫁给查尔斯王子，爱情的因素并不是最重要的，更多是一种出人头地、改变自己的愿望，这也为她后来婚姻的失败埋下了伏笔。

戴安娜曾经对她的保姆说，她长大后绝不会让自己的孩子经历家庭婚变的折磨。但不幸的是，她母亲当初的离家出走，似乎在潜意识中一直影响着女儿。尽管父亲后来根本不许女儿提起这个母亲，但戴安娜却明显把认同的天平倒向母亲那边。由于跟查尔斯先天的感情基础并不牢靠，加上潜在的自卑心理，婚后的戴安娜似乎更喜欢抛头露面，这让一向低调的查尔斯难以忍受。两人最终分道扬镳，原因很多，但有一点毋庸置疑，破碎家庭给戴安娜带来的心灵创伤实在太大了，哪怕嫁入皇室，也无法让她的心灵得到平复，很大程度上，戴安娜后来的离经叛道简直跟她当年的母亲如出一辙！可以说，戴安娜的婚姻悲剧从她看上查尔斯那一刻起就已经注定了。

3 在某件事情上过于执着的人，其实是在自我中彻底迷失的人

在问题家庭中成长的孩子，会产生一种深深的羞愧感。心理学认为，羞愧感是一种灵魂的病，是对自我产生最尖锐的痛苦之感，将

我们与别人隔离开来。

在这里，"羞愧感"不同于健康的羞愧。健康的羞愧是"我做错了"，而羞愧感是"我是个有问题的人"；健康的羞愧是"我犯了一个错"，而羞愧感是"我本身就是一个错误"；健康的羞愧是"我的行为不太好"，而羞愧感是"我不好"，两者大不相同。

当我们羞愧时，犹如灵魂之杯破了个洞——儿时，欲望未能得到满足的我们，仿佛一个无法装满的灵魂之杯，这种缺憾无法补偿，因为我们永远无法让童年重新来过，不管如何努力地想将子女、情人或配偶变成我们的父母，都没有用。无论多少次，我们努力想装满灵魂之杯，那个破洞依然存在。

羞愧的心态否定自我，就像一个粗暴的老师对一个考试偶尔不及格的学生大声嚷嚷："你永远是个笨学生"，它是造成很多心理困扰的罪魁祸首。诸如孤僻、自卑、偏执乃至强迫症、抑郁症、完美主义乃至各种边缘性人格都是羞愧的心态在起作用。一旦羞愧感在人的内心世界中成功上位，就会左右人的性格行为乃至人际交往和情感生活。

更为可怕的是，人在羞愧之后会产生无法自主的强迫行为，让我们不由自主地想要更多的钱、性、食物、毒品、财产、享乐和兴奋来填补，如同一个极度饥饿的人需要不断地进食，可总是吃不饱，即便吃成了一个胖子，整个人身体也很"虚"——因为那是"虚胖"，而不是强壮。

因此，不健康的婚姻建立不健全的家庭，生长在这种家庭的人注定会有问题，会出现上瘾、中毒以及强迫行为，都是童年期间曾被羞辱和遗弃的后遗症。

一提上瘾中毒，很多读者就会首先联想到吸毒。其实，从心理学角度分析，所谓上瘾、中毒以及种种强迫行为并非仅仅指吸毒，包括沉迷于烟、酒、网络、赌博，甚至频繁地婚外出轨、完美主义、"工作狂"都是。

韩国著名情感作家南仁淑在《婚姻，决定女人的一生》中有这样一段话："那些很容易对某件事情上瘾的人，很可能从小生长在残缺的家庭，或者童年时期没有得到过足够的爱。因为没有建立起心理上的独立自我，他们一定要通过对某件事情的过分执着，来确认自己的真实自我。"

我基本同意这种观点，在某件事情上过于执着的人，其实是在自我中彻底迷失的人，他们往往把工作、爱好当成人生的麻醉剂，这跟酗酒、滥赌的人异曲同工。

比如在事业中过分执着、工作中过于较劲的男人，往往也是生活中不善于照顾自己的男人，更是一个不会关爱家人的男人，在报纸杂志上有时候我们会读到一些举世闻名的科学家、数学家的报道，里面常常会出现这样的描写：他们每天的生活只有两个字——工作，他们总是夜以继日、废寝忘食，没有星期天，也没有节假日，忙到出门甚至连自己的家在哪儿都不记得了。那一刻，很多读者都会为他们大无畏的献身精神深深地感动，而我的心里却莫名地升起一种悲凉感，他们工作起来是如此的忘我，自然也会把家庭老婆孩子忘到九霄云外，身为他们的家人一定是长期被冷落，过得并不舒心。一个整日埋首于工作的男人，一定不是一个好丈夫，更不会是一个好父亲。某种程度上，这也是一种中毒，一种强迫的上瘾行为，只不过用工作的外衣给掩盖了而已。

④ 与其期待别人救你，不如首先学会自救

说了这么多问题家庭的"问题"，也许有些读者会很灰心：我也是问题家庭走出来的，难道我的人生就像耗子遇到猫——在劫难逃吗？难道我就该听天由命？让痛苦像接力棒一样地从父母那里接过，然后再传给我的孩子吗？

当然不是，问题家庭走出的人不见得就一辈子带着"问题"生活下去，并残忍地传染给他的下一代，只要认清问题、及时根治，问题也会逐步得到缓解。

这里，我针对那些在问题家庭中长大的读者提出 3 点建议：

第一，不要逃避，要学会面对问题。

只有首先面对问题，我们才会从问题的泥沼中挣脱出来。不承认问题，甚至文过饰非，我们将会在问题的雪球中越滚越大。这就跟一个人犯了错误要首先承认错误才能进一步改正错误是一个道理。心理学告诉我们，我们的痛苦最直接的来源就是对真相的扭曲，我们不愿承认残酷的真相，只好戴上面具，或者像个鸵鸟一样把自己藏起来。回避真相是各种心理疾病的根源。而承认问题，则是向走出困境迈出了第一步，也是最关键的一步。

第二，要学会给自己疗伤。

与其被人救，不如自救。很多心理疾病的根源在于，我们一旦陷

人痛苦的泥沼当中，总是期待一个救世主从天而降，我们不知道这个世界上只有自己才是自己真正的主人。很多问题家庭走出的人拒绝改变现状，总是以找不到适合的另一半为借口。其实，你都不想改变，又如何奢望别人来改变你？

那么如何给自己科学地疗伤呢，这里我推荐美国家庭问题研究专家约翰·布雷萧的一种方法。他说："我衷心建议每个来自不健康家庭的人，每天花几分钟和自己'内心的小孩'做一些接触，我也建议每个人在包里或桌上放一张幼时的照片，我发现这样非常具有治疗作用。每当我感到挫折或处于极度紧张状态时，就会看着我 4 岁时的照片，并且和内在的那个害怕的小男孩说说话，这种做法带给我不可思议的帮助。"那是因为，布雷萧早年也是成长在一个问题家庭，他父亲当年严重酗酒，他自己也不知不觉遗传了父亲的这种陋习，后来通过在戒酒中心反复治疗，也通过这种自疗方式，他走出了家庭的误区，不仅获得新生，也成了一名出色的家庭问题研究专家。

这种和自己内在的小孩对话的方法我上一章提到过，那就是每天抽出一定时间，哪怕 5~10 分钟，拿出儿时的照片，面对面跟他聊聊天，这就是"现在的我"跟"过去的我"的对话，告诉他，"哪怕这个世界不要你，我也永远不会离开你。""我知道你曾经很不快乐，但我不想再这样不快乐下去了。"把每天自己开心和不开心的故事告诉他，学会用现在的长大的那个我去安慰过去弱小的我。这种方法如果持之以恒，会收到意想不到的效果，不妨试试？

如果童年太过不幸，或者你的原生家庭带给你太多的伤害，建议你采用"告别痛苦"的方法。给自己的童年、自己的过去写一封长信，把你对曾经的不满、怨恨、痛苦、哀伤全部倾泻出来，告诉你的过去，你将从此跟它一刀两断。然后举行一个哀悼仪式，把这封信烧掉，以这种仪式跟自己不幸的童年彻底告别。这种方式，国外的家庭治疗师经常采用，也是一种自疗的方法。

第三，如果自觉问题严重，可以适当借助专业的心理医生或心理书籍进行治疗。

在中国，很多人都没有去看心理医生的习惯。其实，在西方这很普遍，一些较为严重的心理疾病，或者过去的家庭经历带给你太多痛苦的回忆，可以通过心理治疗得到逐步的缓解。如果你想看一些专业的心理书籍，我推荐大家看两个专家的作品，一本是德国著名家庭治疗师海灵格的代表作《谁在我家——海灵格家庭系统排列》，还有一本是美国著名家庭问题研究专家萨提亚的《新家庭如何塑造人》，相信对你走出家庭迷雾会有所帮助。

「三」

心理未曾充分成长的人会在婚姻中寻找另一个"爸妈"

❤ **1** 心理未曾充分成长的人都是长着大人身躯的孩子

这些年做情感咨询，我经常在电视节目中、现实生活中看到很多恋人、夫妻总是哭哭笑笑、吵吵闹闹的，他们不懂得尊重对方，不会合理地面对冲突，不会妥善地处理矛盾，一吵架，要么就大声嚷嚷，恶语相向，要么就把"分手""离婚"挂在嘴边。近两年，闪婚、闪离成了一道时髦的风景：结婚如闪电、离异似秋风，今夜花好月圆，明日各奔西东。很多人看不惯这些，斥之为缺乏责任感。其实，如果按照心理学来分析，他们都是在心理上未曾充分成长的人。换言之，他们都是长着大人身躯的孩子。一旦面对爱情和婚姻，弱点自然暴露无遗。

那么，心理成长与未曾充分成长的人如何界定呢？美籍华裔职业催眠治疗师李中莹先生用了一句很简单的话来概括："成长了的人能够照顾自己，照顾别人，而未曾成长的人则需要别人的照顾。"

在心理上未曾充分成长的人的心态

（1）外表、打扮、说话、举止都带点儿孩子气。

（2）跟别人聊天，有意无意都会提到："我爸爸怎么说""我妈妈怎么说"。

（3）谈话中总喜欢用"我"，很少用"你"。

（4）非常自我，很少顾及他人的感受。

（5）更愿意向别人倾诉，而不喜欢倾听。

（6）特别在意外界的评价，渴求别人的赞美。

（7）情绪起伏很大，变化无常。

（8）喜欢岁数比自己大很多的异性。

（9）不喜欢照顾别人，总希望别人照顾自己。

（10）做事有始无终，不负责任。

（11）遇到困难总喜欢逃避。

（12）跟别人产生矛盾之后，总是一味地指责别人，从不反思自己。

在心理上未曾充分成长的人往往是父母从小没有给予足够的爱，导致他心理发育不全，就像一个从小吃不饱穿不暖的孩子一样"营养不良"，只不过这种营养不良更多是心理层面的；当然，父母过度的溺爱，也会导致孩子非常享受这种过分的照顾，从而拒绝长大，成为永远长不大的孩子。

2 一个人从生到死，要经历 8 个心智成长的阶段

美国著名心理学家，新精神分析学派的代表人物之一埃里克·埃里克森认为，一个人从生到死，共经历 8 个心智成长的阶段。如果在某个阶段里因为某些原因未曾获得满足感，就会产生缺憾。轻者他的心理未曾充分成长，不管外表多么成功，内心始终像个孤独受伤的孩子，重者会形成很多心理疾病或者人格障碍。

在这里，我想把这 8 个阶段给大家介绍一下，这个人格发展的理论非常重要，它可以让我们检视自己在成长中究竟出了哪些问题，也可以让为人父母者保持一份警惕，在孩子不同的人格发展阶段一定要按部就班、对症下药。

这 8 个阶段是：

第一个阶段：婴儿期 1 岁前——信任与不信任

第二个阶段：儿童期 2 岁前——自主与羞愧

第三个阶段：学龄早期 4~5 岁——主动与内疚

第四个阶段：学龄期 6~11 岁——勤勉与自卑

第五个阶段：青春期 12~18 岁——对身份与角色的困惑

第六个阶段：成人早期 18~25 岁——亲密感与孤独感

第七个阶段：成人期 25~65 岁——繁殖感与停滞感

第八个阶段：成熟期 65 岁以后——自我完善感与绝望感

下面简单地介绍一下各个阶段人的不同心理需求。

第一个阶段：1 岁前——信任与不信任

这一阶段的孩子刚刚出生，生活无法自理，对外部世界极度恐慌

不安。他要靠获取母亲的乳汁来维持生命，一旦受到惊吓，则需要母亲无时无刻的陪伴和安慰。

如果在这一阶段他的需要得到满足，孩子会觉得生长在一个安全的地方。长大后，他会充满自信以及信任他人，他会很好地处理人际关系，融入亲密关系。

如果他的需要未能从母亲那里得到满足，孩子内心的安全感就像悬在半空中一样，无从建立。

长大以后他很有可能会出现以下的个性特征：

（1）总是害怕被人抛弃。

（2）有严重的情感依赖症。

（3）敏感多疑，很难信任他人，哪怕是自己的伴侣。

第二个阶段：2岁前——自主与羞愧

这个阶段的孩子主要是在父母的配合下学习排便。

如果这一阶段父母对孩子的排便训练合法，他会获得充分的自主性，并对自己的身体有一个正确的认识。

如果这一阶段父母无法满足孩子的需要，特别是孩子因为随处排便，受到恶意的批评及嘲笑，他会产生严重的羞愧感，甚至觉得自己的身体是不洁的、肮脏的。

长大以后他很有可能会出现以下个性特征：

（1）总是觉得自卑、自我评价低。

（2）禁欲主义，婚后出现性冷淡的概率高。

（3）对性极度好奇，热衷于床笫之欢。

（4）强迫型人格。

第三个阶段：4~5 岁——主动与内疚

这个阶段的孩子耽于幻想、喜欢探索外部世界，并开始按照自己的主意行事，有很强的主动性。

如果在这一阶段孩子的需要得到满足，受到父母的鼓励和赞扬，他就会表现出一份健康的好奇心，面对困难也会勇往直前，百折不挠。

如果在这一阶段父母无法满足孩子的需要，反而因他做出的尝试而训斥他处罚他，他会觉得内疚、有挫败感。

长大以后很有可能会出现以下个性特征：

（1）害怕犯错。

（2）总是感到无助及内疚。

（3）不善于表达自己内心的感受，在亲密关系中容易患上情感失语症。

（4）喜欢不断地讨好别人，在婚姻中女性容易过度付出。

第四个阶段：6~11 岁——勤勉与自卑

这一阶段的孩子，会开始与别人竞争及比较。

如果在这一阶段孩子的需要得到满足，老师和家长经常鼓励他，赞扬他，孩子将会充满活力和自信。

如果在这一阶段家长和老师无法满足孩子的需要，经常严厉地批评或忽略孩子，孩子会不信任自己，或者不会自觉地做事。他会产生不配做某件事的想法或者总感觉自己不如别人。

长大以后很可能会出现以下个性特征：

（1）避免参加任何的竞赛或极度喜欢与别人竞争。

（2）对自己，也对他人吹毛求疵。

（3）完美主义倾向严重。

（4）做事拖拉。

第五个阶段：12~21岁——对身份与角色的困惑

这一阶段的孩子随着青春期的到来，会接受自己生理上的种种变化，会对异性产生好奇心，会产生"我是谁""我从何处来""到何处去"之类的身份困惑，会形成初步的人生观。

如果在这一阶段孩子的需要得到满足，他就会完整地接纳自己，坦率地面对成长。

如果父母和老师在这一阶段未曾满足孩子的需要，总是严格地限制他管教他，过早地强逼他进入某一角色，他会形成反叛的个性或者变成一个轻浮的人。

长大以后很有可能会出现以下个性特征：

（1）对自己人生角色感到困惑。

（2）无法确定长久的人生目标。

（3）需要不断地恋爱来获得满足。

（4）性取向出现异常。

（5）追名逐利，只靠外部的荣耀来确定自己的价值。

第六个阶段：18~25岁——亲密感与孤独感

这一阶段孩子已经长大成人，他会在跟异性的不断接触中寻找另一半，获得亲密感。如果在前5个阶段未曾获得满足，就会害怕或拒绝跟异性深入接触，从而导致孤独感。现实生活中很多这一阶段的男孩女孩都不曾恋爱，无疑都是早年的人生经历出现过挫败。

第七个阶段：25~65 岁——繁殖感与停滞感

这一阶段的健康男性或女性都有了组建家庭乃至生儿育女的计划，并在工作中不断进取，在事业上高歌猛进。反之，一个心理未曾充分成长的人，会对婚姻产生恐惧，对养育下一代不感兴趣，对工作也缺乏斗志，其人格特征是贫乏和停滞的。

在这一时期，人们不仅要生育孩子，同时要承担社会工作，这是一个人不断付出和创造力最旺盛的时期。

第八个阶段：65 岁以上：自我完善感与绝望感

这一阶段，人们的人生已走完大半，一个充实的人不会因一生碌碌无为而羞耻，也不会因虚度年华而悔恨，他会在自我反思中获得一种满足感。相反，对自己一生不满的老人要么悲观厌世，要么恐惧死亡。

3 一个人越是被无情地遗弃过，他对家庭的依恋就越强烈

前面谈到，如果一个人在成长的阶段（尤其是前 5 个阶段）未曾获得充分的满足，他就会像个饥肠辘辘的孩子，希望有人关爱，有人照顾，倘若进入择偶阶段，总是有意无意地幻想对方是自己的另一个妈（爸）。上一章也谈到，越对现实父母不满的人，越对理想的父母满怀憧憬，在恋人面前，他会把自己变成孩子，把对方看作父母。

幻想是人类心灵世界中一个重要的活动，也是潜意识的重要内容，如果我们在现实生活或情感需求方面得不到满足，便会在幻

想中创造一个完美的世界，或者虚拟出一个圆满的亲密关系。比如安徒生经典童话《卖火柴的小女孩》中那个衣不蔽体食不果腹的小主人公，每当在寒冷的黑夜中擦亮一根火柴，她的眼前就会出现一个美好的幻觉：一会儿变成衣食无忧的小公主，一会儿又跟早已去世多年却最疼爱她的奶奶欢聚一堂——这种幻想犹如海市蜃楼，使人有充足的勇气支撑着走下去。在现实关系中，一个孩子越是在情感上被剥夺、有缺憾，他与父母在幻想中的联系就越紧密。也就是说，一个人越是被无情地遗弃过，他对家庭的依恋和理想化就越强烈。这种依恋和理想化一旦进入婚姻中，就是希望对方完美无缺，就像自己理想的父母形象。可惜，这只是幻想，不是现实，对方的完美只是你虚构出来的，他并不真实，只不过在恋爱中，我们都被爱情的光环所迷惑，如同明星在镁光灯下总是十分耀眼一样。一旦进入琐碎的婚姻生活中，对方的缺点就会像显微镜一样被无穷地放大，于是失望、不满、指责、怨恨全都产生了，这样的婚姻就很难真正和谐，只会整天在吵吵闹闹中度过。另外，被父母过分溺爱而不能自食其力的孩子，也会在婚姻中产生重度依赖。

为此，德国著名心理治疗师、闻名于世的"家庭系统排列"疗法的创始人海灵格认为："如果一个男人还维持在儿子找妈妈的状态，或是一个女人还维持在女儿找爸爸的状态，他们和伴侣之间的爱也许很炽热，但他们之间的关系绝不是成熟的男女关系。在建立伴侣关系的时候，不管他们有没有意识到这一点，其实，他们是想要获得一些无法从父母那里得到的东西，他们寻找的是父母亲。那么他们培育出来的联结关系就会趋向于孩子和父母之间的关系。有时候会碰到这种情况：一个男人寻找一个像妈妈的女人时，会碰到一个按儿子标准寻找男人的女人；又或是一个女人寻找一个像爸爸的男人时，会碰到一个按女儿标准寻找女人的男人。这一类的伴侣也许会有一段甜蜜的日子，但当他们有了孩子后，三者之间的关系就会出现极大的困惑，需要做艰难的调整。"

我曾经在一期节目中碰到这样一个较为极端的案例，卢女士长期跟自己的女儿关系紧张，女儿在异地上大学，毕业后想回到父母身边，竟然遭到她的强烈反对。一个母亲竟然想把女儿赶得远远的，这是一种什么样的心理呢？细问之下我才知道，卢女士一直觉得是女儿夺走了丈夫的爱，导致她被丈夫长期冷落。她把女儿视为潜在的"第三者"。

也许很多读者难以理解，怎么母亲还会嫉妒自己的亲生女儿？这要从她独特的成长经历说起。

卢女士出生在一个干部家庭，从小父亲就把这个唯一的女儿视为掌上明珠，然而，8岁那年随着母亲的突然离世，一切都变了。身为干部的父亲很快续了弦，不久，卢女士的弟弟妹妹相继出世，父亲原先对她独一无二的爱逐渐转移了，让她很不适应。加上她一直不喜欢自己的继母，上中学以后她就开始离开父亲、在学校寄宿，从此她很少再回家。然而，对父亲深深的眷恋依然无法逝去，上大学的第二年，她爱上了她班上的辅导员，这就是后来成为她丈夫的吴先生。

虽然吴先生只不过比她大五六岁，但为人沉稳、作风踏实，而且很会体贴人，这让卢女士感到很贴心，她形容这有点儿像一个长期远离家庭温暖的游子一下子找到了回家的路。大学毕业没多久，他们就结婚了。应该说，吴先生是个非常优秀的男人，事业上很有闯劲，四十出头就当上了系主任，后来又做到学校的教务处长，对家庭也很关心，对妻子也很照顾，不是现在流行的那种一忙起来就无暇顾家的所谓成功男士。结婚后第三年，他俩爱的结晶也出生了。起先卢女士还挺喜欢这个女儿，后来发现女儿更喜欢跟爸爸黏在一起，而吴先生也对女儿的成长倾注了很多的心血。渐渐地，卢女士心理开始不平衡了，她觉得丈夫似乎不再像以前那样关注她了，一下班，先问女儿怎么样。而她火暴的脾气似乎也让女儿总是敬而远之，女儿越倾向于父亲，母亲就越抓狂，到后来，甚至发展到母亲一看到女儿就生气，非打即骂。一般家庭是婆媳失和，丈夫是风箱里的老鼠两头受气，卢女士家里却是母女关系紧张，父亲不知所措。没办法，女儿也像当年她那样在中学就选择了住校生活，考大学更是去了异地。但女儿还是记挂父亲，大学毕业想回到家里，卢女士一听就怒不可遏。

　　其实，故事讲到这里，稍有点儿分析头脑的读者就会明白了，卢女士虽然年纪不小了，却是个在心理上未曾充分成长的孩子，她跟女儿之间的紧张关系与她童年父爱的突然缺失有很大关系。早年她本是父亲的掌上明珠，但父亲再娶生子，给她带来了深深的失落感，她当初找吴先生，表面上是找一个丈夫，实际上是找另一个父亲，是在吴先生身上找回缺失的父爱。她甚至在潜意识中幻想这辈子吴先生的爱只属于她一人，这就像当年她是她父亲唯一的专宠一样。女儿的降生，打破了这种平衡，吴先生对女儿的"视线转移"让她想到了当年父亲对继母、对弟弟妹妹的"移情"，卢女士心中再次涌起了一种失落感，她感觉自己又被"父亲"第二次抛弃了。

卢女士的问题看似复杂，其实很简单，就像前面海灵格分析的那样，她在婚姻中始终是在找爸爸，这不是成熟的男女关系："这一类的伴侣也许会有一段甜蜜的日子，但当他们有了孩子后，三者之间的关系就会出现极大的困惑，需要做艰难的调整。"

如何调整呢？我在现场给出的建议是：让吴先生和卢女士在心理医生的带动下做一次面对面的谈话，让吴先生亲口告诉她：我是你的丈夫，不是你的父亲。我永远不会抛弃你，还会像从前那样一如既往地对你好。女儿终究是女儿，是我们共同的女儿，她不是我们的第三者。我们要一起对她好，而不是要排斥她，敌视她。我也建议卢女士的女儿要学会跟母亲沟通，打开母女之间多年的心结。

其实，是表现出父亲或母亲般的威严，企图去教导、促进和帮助另一方时，对方就有被束缚和管教的不自由感。或者当一方总是表现出像孩子一般的无助、无知、无聊，总想依赖、依靠、依托对方时，对方也会感觉总要背负沉重的包袱一样难以为继。

每一个成人都曾经经历过被养育、被教导的过程，无论想怎么样重复这一过程，都会对爱造成伤害。所以，可以想象到，如果伴侣中的一方受到的只是小孩那样的"礼遇"，他就会像小孩子那样用反叛家庭的方式从亲密关系中挣脱出来，并在这个关系之外寻找自由。因此夫妻之间的冲突大部分是因为一方用对待小孩或对待父母的方式对待另一方。我曾在上本书《女人不"狠"，地位不稳》第三章中谈到，幸福美满的婚姻应该是夫妻角色的多种转换，而不是其中一方总在扮演父母，另一方总在扮演小孩。只有这样，夫妻关系才和谐，婚姻才稳固。

「四」

父母培养孩子，最重要的是给孩子足够的爱与尊重

1 我们的一生实际上就是不断得到爱，又不断分离的一生

父母培养孩子、教育孩子、疼爱孩子，按照心理学的说法，等于从小在孩子的内心建立起一个良好的内在关系模式，这个内在关系模式就是"内在的父母"和"内在的小孩"的关系模式，让他和谐健康，自信自强。这也是他将来成功走进社会，组织家庭，处理人际关系，融入感情关系的基础。

那么如何做到这一点？

最重要的是两点：爱与尊重。

所谓爱，指的是父母给予孩子足够的爱，就是前面我提到的"无条件和有理智的爱"，光强调"无条件"，不强调"有理智"，就会变成溺爱；相反，只强调"有理智"，不强调"无条件"，就会变成"庆爱"。这个词是易中天先生发明的，他在《闲话中国人》一书中提到

中国的父母当中有相当一部分，对孩子的教育以严格、严厉甚至严酷为主，讲求"棒打出孝子"，这样的父母虽然也爱孩子，但这种爱太过暴戾，让人不寒而栗，比如药家鑫的父亲对孩子就是一种"戾爱"，最后把一个好端端的孩子给吓成了"杀人犯"。

所谓尊重，就是指父母要充分尊重孩子的独特性。孩子不是父母身边的附属品，不是父母眼中的一张白纸。从一出生他就有一种独一无二的特性，这就是我在前面提到的"内在的小孩"，这个"内在的小孩"存在于每个孩子乃至成人的心中，是不以父母的意志为转移的。对于这个"内在的小孩"，父母应该学会引导他、呵护他，而不是操控他、压制他。因此成熟而理智的父母在给孩子足够的关爱的同时，也要学会适当地跟孩子分离。所谓尊重，既是尊重孩子的独特性，也是让他在逐步长大以后从父母的身边分离开来。如果说这个世界上所有的爱都是以聚合为基础，只有父母的爱是以分离为目的。

我们的一生实际上就是不断得到爱，又不断分离的一生，爱和分离构成了人生的两大主旋律。

我们出生以后，得到了爸爸妈妈的爱，上学以后，我们得到了老师、同学的爱，工作以后，又得到了单位领导、同事和社会上各种各样朋友的关爱，恋爱结婚，我们又获得了生命中另一半的爱，将来我们有了下一代，我们在给孩子爱的同时，也得到了孩子对我们的爱。没有爱，我们的心灵将无法成长；没有爱，我们的天空将阴云密布；没有爱，我们的世界将了无生趣。

我们的一生，在不断得到爱的同时，也在不断经历分离的痛苦。

第一次分离的痛苦来自婴儿。随着呱呱落地的那一时刻，每一个出生的婴儿都遭遇第一次痛苦的分离：他离开了母亲温暖舒适的子宫，来到了一个完全陌生的世界，所以他要放声痛哭。没有这一声哭，一个新的生命不会就此诞生。

在孩子 3 岁之前，是离不开妈妈的，饿了，妈妈会给他吃的，冷了，妈妈会把他紧紧抱在怀里，他需要什么，妈妈都会在第一时间满足他。但很快，婴儿意识到自己与妈妈是两个人，这个心理上的分离比分娩过程还要痛苦。所以每当婴儿醒来，发现妈妈不在身边，就会哇哇大哭，这就是对分离的恐惧。慢慢地，他们开始接受"妈妈是妈妈""我是我"的概念。但是，他们仍然无法接受妈妈会离开自己，哪怕是去工作，去上班，去做饭——所有做过父母的都知道，幼儿园小班开学时，第一次彻底离开家的孩子们总是哭成一片，总是喊着要找"妈妈"，这就是分离带来的疼痛感，即使这种疼痛是暂时的。

然后，我们的每一步成长都是伴随着与父母的进一步分离：上小学中学，我们跟父母在一起的时间会渐渐让位于学校的老师和同学；进了大学，我们会住校；参加工作，我们甚至会告别父母，去异地他乡闯荡漂泊；直到最后，我们会彻底离开那个生我养我的原生家庭，组建一个只属于自己的新家，我们真正成熟了，这种成熟的标志之一就是跟父母的分离；再往后，我们有了自己的孩子，我们要逐步教他们体验分离、学会分离。

婴幼期我们都在父母温暖且安全的怀抱里茁壮成长，我们就像口香糖一样黏在父母身上，如果父母一旦不在视线之内超过 24 小时，我们会害怕，会哭泣。到了童年期，我们开始慢慢学会从母亲的怀抱中挣脱出去，我们会说话了，会走路了，然而，随着青春期的来临，我们越来越渴望独立，越来越向往从父母24小时无时无刻不在的视线中逃离。英国著名人类学家、社会学家、心理学家，《裸猿》一书的作者莫里斯形容："从身体接触的观点来看，这仿佛是体会第二次降生，家庭的子宫像母亲的子宫一样被放弃了。"亲密行为的原生序列是抱紧我、放下我、别管我，当一个年轻人走入社会、离家居住以后，他开始寻找自己的另一半，开始谈情说爱，开始在为组建新的家庭而奋斗，其实这是新一轮亲密行为的重演：陷入热恋中的情侣时刻不离，仿佛哺乳期的母婴。男人往往承担母亲的职责，照顾女友，保护女友，而后者更像随时躺在母亲怀中的婴儿，很多女性在被对方拥抱时最喜欢说的一句话就是"抱紧我"，有时，他们还互相以"宝宝""宝贝"互称。此时，恋爱期的亲密行为与婴儿期是多么的相似啊！跟孩子依赖母亲一样，两性之间彼此交织的依恋纽带开始形成，为了强化这种依恋效果，恋人（尤其是女方）会把"抱紧我"的信息强化为"永远不要离开我"。一旦稳定的感情关系确立（如进入婚姻状态），我们往往不再习惯于整日的耳鬓厮磨，我们需要亲密中有独立，热烈中有冷静，这就有点儿像童年期孩子对父母爱说的一句话："放下我"，此时，第二轮的婴儿期开始让位于第二轮的童年期。恋爱期日益浓烈的亲密行为开始慢慢降温，倘若夫妻之间处理不当，就会产生摩擦，乃至频繁地吵架和长时间地冷战，甚至导致婚外恋，严重者则以离婚收场。

可以说，爱和分离是一个人成长过程中最重要的两大关键词。

我们首先需要爱，没有爱我们无法真正长大，无法建立正常的人格，其次我们需要分离，没有分离我们就无法真正成熟，无法成为自己。没有分离父母就不会真正尊重孩子的独特性，不会真正给孩子一个自由的空间；如果只有爱没有分离，这种爱就会变成绳索，让人窒息，失去自由，如果只有分离没有爱，一个人则会变成一个无家可归的弃儿，安全感、信任感都会严重缺失。

前面我曾谈到过早的分离会给一个人带来不可避免的童年创伤。然而，如果走向另一个极端，拒绝分离，一直跟父母像强力胶一样黏合在一起，也是非常可怕的一件事。拒绝分离，其实就是拒绝长大，拒绝承担责任。如今很多家庭中出现的啃老族、婆媳不和以及夫妻之间查对方的短信，进对方的邮箱，一吵架就又哭又闹寻死觅活的现象，都是在成长过程中缺少独立性、自主性，从而导致不懂得如何跟恋人、配偶相处的结果。

法国著名演技派女星伊莎贝尔·于佩尔曾主演过一部影片叫《钢琴教师》，里面就描写了一对无比纠结也无比痛苦的母女关系。于佩尔扮演的这位钢琴教师风情万种、清丽脱俗，可惜这样一位气质美女快到40岁了还是个老姑娘，导致她嫁不出去的罪魁祸首不是别人，正是她的母亲。

影片一开头，于佩尔下课回家，就被面无表情的母亲堵在门口，质问她跑哪去了，怎么回来晚了？紧接着就是一场激烈的争吵。随着影片情节的展开，我们得知，于佩尔早年丧父，是母亲一把屎一把尿把她拉扯大，母亲在女儿身上倾注了大量的爱，也在日复一日当中把这种爱转化为一种控制，控制女儿的言行，控制女儿的交友，控制女儿的自由。于是我们看到了一个虽然长相不凡却性格有点儿古怪的女教师，在外人面前她像个禁欲的修女，下了班却偷偷在家看黄碟；见了男人退避三舍，却疯狂爱上了比她小十多岁的男学生。她和母亲的关系也极度扭曲：既是母女，也像夫妻，母亲干涉她，她就奋起反抗；母亲忍不住打她，她也打母亲。但她又离不开母亲，30多年母女俩不仅一直住在一起，甚至天天像夫妻一样同床共枕。她带男学生回家过夜，母亲躲在门外偷窥；她和男学生做爱，母亲要冲进来干涉。很明显，母亲这种极度的控制欲就是没有处理好"爱与分离"这种关系的直接恶果。只有爱，不懂分离，爱就会变成一把利刃，把彼此都伤得体无完肤。影片结尾，男学生受不了女教师的心理"变态"扬长而去，只剩下后者孤零零的一人游荡在寒风凛冽的街道。

《钢琴教师》虽然在艺术上称不上是多么的出类拔萃，却是一部心理分析的绝佳教材。它告诉我们，如果跟父母，尤其是母亲的心理分离没处理好，将会影响一个人的恋爱和婚姻。

2 自我实现是人生最重要的一种选择，它不以任何人的意志为转移

美国著名心理学家，有人本主义心理学之父美誉的马斯洛在其代表作《存在心理学探索》一书中将人类的需要分为两大类：一类是基本需要，另一类是成长需要。基本需要包括：生理需要、安全需要、归属与爱的需要和尊重需要。而成长需要则包括认知需要、审美需要和自我实现的需要。其中自我实现的需要就是成为自己、完善自我，

被马斯洛认为是人生追求和自我发展的最高境界。换句话说，一个人是否真正成熟，是否充分发挥出自己最大的潜能，就是他能否达到自我实现的需要，这在很大程度上取决于父母对他独特的个性的充分尊重。比如孩子明明喜欢"文史地"，父母却过于迷信"学好数理化，走遍天下全不怕"的传统观念，强迫孩子选择自己不喜欢的志愿；比如有些父母从小就让孩子报这个班上那个课，一会儿让他学钢琴一会儿让他练书法，也不管孩子自己喜不喜欢；比如有些父母仅仅出于门当户对的考虑，非要让子女嫁给（或娶进）自己不喜欢的伴侣。这都是不尊重孩子独特性的表现。

自我实现是人生最重要的一种选择，它是一个人追求的终极目标，它是不以任何人的意志，包括父母的意志为转移的。前面我提到的那个网络女作家，她从小的目标就是写作、出书，写出一本让自己也让世人满意的小说就是她人生最大的愿望，然而，她的父母总是以各式各样的理由来阻止她，干涉她。上小学时，她就喜欢阅读古今中外文学名著，结果换来父亲一顿讥讽："整天读这些杂书，有什么用？"考大学，她要读中文系，父亲跟她拍桌子："中文系出来能干啥？喝西北风啊？"无奈她只好去读经济。大学毕业后，她想进出版社，又被专断的父亲粗暴干预，最后乖乖进了一家银行。干了5年，她实在受不了刻板枯燥的朝九晚五的工作，提出辞职，准备当自由作家，父母差点儿跟她决裂。有一天，她在网上跟我抱怨：快30了，却从未感觉到人生的快乐，因为从小到大她都是被父母操纵的玩偶，她始终没有自我，有的只是父母的意志。今天，她决定了，她要为自己活一次，哪怕离家出走也在所不惜！

意大利幼儿教育专家蒙台梭利认为：每一个孩子一出生就有一个精神胚胎，这个精神胚胎中藏有心灵成长的密码。孩子只有通过自己的行动、感受和思考，才能解开这个密码。可是我们的很多父母，总喜欢打着爱的旗号，把自己的意志强加到孩子身上。让他们干自己不喜欢的事，走自己不想走的路。父母总是认为自己永远是正确的，孩子永远是幼稚的，从上学、选择志愿到毕业分配，再到恋爱结婚，他们都要大包大揽。表面上看他们是关心爱护孩子，实际上是在抹杀孩子的独立性格，禁锢孩子的独立思想。这些孩子很可怜，他们也许都已经接近而立之年，但他们的心灵从未长大，他们的精神胚胎近乎压抑甚至畸形，这种孩子，我把他们称为"被父母意志绑架的孩子"，他们从未真正获得过心灵的自由，说得难听点儿，他们只是父母和长辈手中的"精神人质"！

现在"80后"出现了一批"啃老族"，指的就是孩子结婚以后不能独立生活，无论在物质上、精神上都在依赖父母，他们还住在父母的房子里，吃着父母的喝着父母的用着父母的，甚至花销也由父母掌握着，生出的小孩自己也不会带，也交给父母来照顾。表面上看似乎是这些"80后"不懂事不孝顺，给父母人为增加各种负担，实际上是父母还在"护犊子"，总觉得孩子没长大，走一路扶一程，结果自己累得要死孩子还不领情。因此很多被管得过严看得过死的孩子，都有压迫感和窒息感。我看到一个报道，国内一个心理学家曾经让一个被父母照顾得无微不至的大学生用画面来形容自己的感受，结果那位大学生画的竟然是一双手扼住了自己的咽喉！

由此可见，爱最令人恐怖的地方，便是以关心之名强加自己的意志给对方，扼杀对方的自由。

　　一个在音乐学院读书的女孩子曾经在短短一个月的时间内先后给我来过 3 封邮件，说她想自杀。我起先以为是为情所困。后来才知道她受不了妈妈对她的严格要求，她觉得那就像一张无可逃遁的网，让她窒息，让她疯狂。

　　从 3 岁开始，母亲就整天逼着她坐在钢琴旁，让她练琴，后来大点儿了，又让她学古筝、学二胡、学声乐。上了小学初中，每天繁重的学业完成之后，别人家的小孩可以出去玩，可以看电视，她不行，她还要在妈妈的督促下练两小时的琴，一旦偷懒，妈妈手中的戒尺就要发挥威力了。她跟我说，她一直不喜欢音乐，也不喜欢钢琴，但是她要圆妈妈的梦。

　　当年，她的母亲也是中央音乐学院的高才生，嗓子漂亮、气质绝佳，可惜既没关系，也没背景，更没机会进中央一级的歌舞团，最终只能怀着一颗落寞的心回到那个穷乡僻壤，从此她的音乐梦想破灭了。孩子出生以后，母亲好似哥伦布发现了新大陆，她决心在女儿身上实现自己一辈子未曾实现的理想，于是她极力栽培她，谆谆教导她，严格要求她。女儿考音乐学院声乐系那年，她提前半年带她来京，在学校附近专门租了民房，买了教材，请了家教，没日没夜地辅导女儿。终于，女儿不负众望以第三名的成绩被择优录取，这时候母亲似乎该心满意足了吧？不，进校以后，母亲对女儿提出了更高的要求，除了完成必要的功课之外，还要女儿参加各种声乐大赛，音乐剧演出。女孩形容，母亲的要求就像压在她身上的一座大山，让她透不过气来，而且这座大山的"海拔"还在不断地升高，就在她入围一次歌唱大赛前十名的消息传来的时候，母亲打来电话激动地为她加油，她却想到了自杀，因为她不快乐。她在邮件中告诉我，即便她最后进了前三名，她也感受不到一丝一毫的光荣，因为那是她母亲的意志，而不是她的意志。

无疑，这就是一个被母亲意志绑架的孩子，在前者强大的意志的笼罩下，她暂时达到了人生的顶峰，但她并不幸福，因为那不是她想要的东西，她一直在为她母亲活着，说得严重点儿，她只不过是她母亲的替身，她从未成为自己。她缺少高峰体验。

高峰体验这个词我在第一章提到过，那什么是高峰体验呢？简单地讲：就是人在进入自我实现和超越自我的状态时感受或体验到的最完美的心理境界。它可以来自男女坠入情网时的兴奋，和异性结合时的满足，母亲看到初生婴儿后的慈爱，也可以是你突然听到一首美妙的乐曲时产生的欢快心情，在科学实验或者艺术创作中猛然进发的灵感，在森林里、在海滩上、在群山中那种和大自然融为一体的奇特感受——高峰体验这个概念最早是马斯洛提出来的，他曾说："这种体验可能是瞬间产生的、压倒一切的敬畏情绪，也可能是转眼即逝的极度强烈的幸福感，甚至是欣喜若狂、如醉如痴、欢乐至极的感受。"马斯洛曾经这样动情地描述过这种高峰体验："一位年轻的母亲在厨房里为丈夫和孩子准备早餐而转来转去，奔忙不止。这时一束明媚的阳光洒进屋里。阳光下孩子们衣着整洁漂亮，一边吃东西，一边叽叽喳喳地说个不停。丈夫正在轻松悠闲地与孩子们逗乐。当她注视着这一切的时候，她突然为他们的美所深深感动，一股不可遏止的爱笼罩了她的心灵，她产生了高峰体验。"

3 "被父母意志绑架的孩子"有时候会干出一些匪夷所思的事

被父母意志绑架的孩子，往往会出现两种截然不同的情形：要么戴着假我的面具，把真我隐藏起来，表面顺从，内心忧伤，一辈子都为父母为他人而活，是个精神胚胎提前死亡的"行尸走肉"；要么一旦父母的意志不起作用，就会疯狂报复，滑向自我沉沦、自我放纵的另一个极端。

读过美籍华裔著名历史学者黄仁宇先生的大作《万历十五年》吗？如果你读过，相信一定对万历皇帝不陌生吧？万历皇帝名叫朱翊钧，庙号神宗，是大明王朝第十三任皇帝。他9岁登基，当了48年的皇帝，是明朝在位时间最长的国君。

提起这位万历皇帝，我们中学的历史课本是这样评价他的：虽然在位40多年，却有30多年不上朝、不理政。那他干吗去了？一直在后宫闭关修道。于是，传统的历史学家毫不客气地就把"昏君"这个大帽子扣在了他的头上。

在我看来，万历皇帝的后半生虽然不上朝、不理政，也不跟大臣见面，但据此就把他跟历史上一些"无道昏君"相提并论似乎有点儿草率。因为，万历的前半生还是相当"可圈可点"的。

据明史记载，万历皇帝朱翊钧自幼聪颖过人，经史子集过目不忘。6岁时，见父皇在宫中骑马奔驰，便上前挡道谏阻："父皇为天下之主，单身匹马在宫中奔驰，倘若有个疏忽，那可不得了！"他的父亲隆庆皇帝听后甚为感动，当即下马，立他为太子。隆庆六年，父亲病逝，年仅9岁的朱翊钧登基，第二年改年号为"万历"，至此掀开了大明王朝新的篇章。

应当说，万历皇帝从小的成长环境是非常舒适的，他的生母李氏虽为宫女出身，但被当时的裕王（就是后来的隆庆皇帝）看中，隆庆元年就被册封为贵妃，万历登基她顺理成章升为太后。李太后不是那种只知道娇纵溺爱孩子的母亲，反倒严格要求尽心尽责。万历登基时年纪尚小，她就一直在乾清宫正寝内室与儿子同住一屋，对面而卧，亲自监护并培养儿子的学习和起居，直至万历大婚。他的父亲隆庆皇帝也一直很喜欢这个乖巧懂事的孩子。父皇去世以后，李太后找来了当时的首辅张居正给这位小皇帝当指导老师。这个张居正可不得了，不仅是历史上鼎鼎大名的政治家、改革家，而且还满腹经纶、才气过人，为了让小皇帝早日成材，张居正就像当今的博士生导师，言传身教之余，还针对 10 岁左右孩子的特点，亲自编写教材，向他讲述历代兴衰和帝王功过。据说，万历皇帝对这位张老师也很尊重，在亲生父亲去世以后，把他当成了自己第二个父亲来看待。按理说，有这么尽责的母亲，又有这么高级的博导，万历皇帝最后即便成不了汉武帝、唐太宗第二，至少也应该是个认真负责的好皇帝吧？可历史恰恰给我们开了一个巨大的玩笑，万历皇帝成年以后，不仅未能像李太后、张居正所期许的那样成为"尧舜之君"，反倒嗜酒、恋色、贪财、尚气，甚至对张居正恩将仇报，在这位当朝宰相去世没多久，就来了个抄家籍没，差点儿还掘墓鞭尸。

这究竟是怎么回事？李太后望子成龙，张居正"望帝成尧"，最后却换来这么一个可怕的后果？后者居然还培养出了一个自己的掘墓人？

　　如果你读懂了我前面的论述，在这里就不难找到问题的答案：很简单，万历皇帝朱翊钧也是一个被父母（和他的老师）意志绑架的孩子，虽然贵为九五之尊，他并不快乐。李太后也好、张居正也罢，从小就想把他培养成一个"尧舜之君"，然而，他们从来没问过这个可爱又可怜的小皇帝：你有没有过想当"尧舜之君"的伟大抱负？其实这个意志是他们强加给一个孩子的。10岁左右的孩子，本还是天真烂漫的年纪，他需要有一个幸福的童年，但李太后和张居正却无时无刻不像监视一个犯人一样在监视他。

　　史料记载，张居正不仅每天给这个独一无二的学生布置大量的作业，还经常正襟危坐一本正经，从不给孩子一个笑脸，甚至连哪怕儿一丁点儿的鼓励和表扬都没有。有一回小皇帝读书时念错了一个字，这位张老师居然大声呵斥，连起码的君臣之礼都不讲了，吓得小皇帝直哆嗦。那位太后老妈，经常在儿子不好好听话，不认真学习的时候来上这么一句："你要再不做功课，就罚跪，就告诉张老师！"小皇帝一听，脸儿都绿了，罚跪不怕，可是要告诉张老师，那可惨了！我们都知道，在民间大人常常用大灰狼来吓唬不听话的小孩子。不知不觉中，那个总是严肃、严苛甚至近乎严酷的张老师就成了小皇帝心目中的"大灰狼"了！你想想看，一个孩子整天在大灰狼的恐吓中长大，他的童年会幸福吗？别的孩子的童年都是五颜六色的，他的童年无疑是灰色的，就像大灰狼的颜色。

　　前面我提到过每个人都有"内在的关系模式"，这是他跟父母（或长辈、亲人）长期相处的过程中逐步形成的。在万历皇帝登基以后，张居正某种程度上扮演了他第二个父亲的角色，但这个"父亲"

给他带来的不是温暖的父爱，而是一种担惊受怕。渐渐地，他内在的关系模式则变成了"内在的冷酷的父亲"和"内在的受伤的小孩"的关系。一旦张居正走了，他就要把这个模式颠倒过来，他要以"内在的冷酷的父亲"自居，而把"内在的受伤的小孩"投射出去，尤其是跟张居正身份级别一样的大臣们。

后来他对这位恩师之所以翻起脸来比翻书还快，就是对当年所受的各种委屈、无奈、害怕、痛苦的一种报复心理，当然，张居正表面上道貌岸然，知书识礼，骨子里男盗女娼、贪赃枉法（张居正被抄家以后，人们才发现他的家产堪比皇宫，简直快成了清朝的和珅），也让万历皇帝对这位导师极度鄙夷。

小时候他被太后和导师的意志绑架成了一个只会点头，只知顺从的乖孩子，一旦他长大了，"松绑"了，他就要迫不及待地把别人给他穿上的这件意志的外衣撕掉，他要展露自己的意志。但一个张居正死了，朝廷上还站着上百个张居正，他们怎么能允许皇帝展现自己独立的人格？这就涉及一个非常有意思的话题，皇帝，别看至高无上，其实都是傀儡。谁的傀儡？封建思想和皇权意志的傀儡。他们表面上什么都可以干，实际上什么也干不了，他们只能照着祖宗沿袭下来的章法、太后群臣给设计好的蓝图邯郸学步。万历皇帝亲政之后很快就遇到一个难题：他是要立长子为太子？还是立自己宠爱的郑贵妃所生的次子为太子？在这个问题上，万历皇帝当仁不让，他要立后者，群臣则据理力争，因为历朝历代都是立长不立幼，就为一个太子，万历皇帝和群臣们僵住了，谁也不让谁，结果这一僵就是20多年，最后咱们这位万历皇帝直接撂了挑子，干脆朝也不上了，大臣也不见了，消极怠工长达 30 年。

如果站在历史学家的视角，我们会大义凛然地指责这位皇帝不负责任不讲道理不顾大局，倘若站在心理学家的一面，我们则会非常同情他，因为他从小就是一个被父母和导师意志绑架的孩子，他活得很不开心。他后来一切匪夷所思的举动，都是对强加给他的一切不属于他本人的意志的一种彻底的反抗。

4　父母要学会给孩子培养"自主意识"，而不是总在灌输"强迫意识"

从万历皇帝的人生悲剧中，我们似乎可以看到中国式传统教育下的一种普遍悲剧，这种悲剧是什么呢？国内一位心理学家对此尖锐地指出：绝大多数中国人，都是在"应该"与"不应该"的教诲声中长大的。

"你应该听话！"

"你应该懂事！"

"你应该努力学习！"

"你应该考第一！"

"你应该考上理想的大学！"

"你应该找个稳定的工作！"

"你应该和领导搞好关系！"

"你应该找女朋友了！"

"你应该结婚了！"

"你应该有个孩子了！"

"你不应该这么调皮捣蛋！"

"你不应该看这些没用的杂书！"

"你不应该丢爸爸妈妈的脸！"

"你不应该考这么差！"

"你不应该早恋！"

"你不应该辞职！"

"你不应该离婚！"

"你不应该由着自己的性子来！"

……

多么熟悉的话语，多么真实的声音，从小到大，我们每一个人，更确切地说是每一个中国人都是在父母、长辈、老师类似这样的谆谆教导中走过来的。也许有人会不以为然，怎么了，这有什么不对的吗？难道我们的父母不应该这么做？难道我们做子女的不应该听话？

对于这种教育方法，我不是完全否定，但我也不完全赞成。因为，这种"应该"与"不应该"的话一旦听多了，就会变成一种"强迫意识"，慢慢地它们就会像套在孙悟空头上的紧箍咒，让我们变成一架被人操控的机器，或是被别人牵着走的木偶。我们就会变得没有独立的思想，没有独立的人格，至于我们"喜欢"什么，"想要"什么，"愿意做"什么，这些"自主"的意识就会慢慢退化甚至消失，最终会失去自我。再往下，父母、长辈、老师给我们灌输的"你应该怎么样，不应该怎么样"就会逐步内化到我们童年潜意识的土壤深处，我们无论干什么，都会变成"我应该怎么样""不应该怎么样"，将来我们有了下一代，也会顺理成章地这样要求子女："你应该怎么样，不应该怎么样"，种种的清规戒律就如此的周而复始，代代相传。

心理学告诉我们，很多强迫症、抑郁症乃至心理疾病都是这种"应该"与"不应该"的产物。持这种思维模式的人，即便没患病，一天到晚也为别人而活，内心没有自我，没有快乐，久而久之，也会变成一个冷漠、麻木的人。

为什么会这样呢？

我们都知道，每个人心中都有两个自我，一个是"道德的自我"，这代表外界对我们的评价，而我们来到这个世上，最初的评价来自我们身边最亲的人——父母，久而久之，这种"道德的自我"就会变成"内在的父母"，这是一种理性的声音；人的心中还有一个自我，就是"真实的自我"，这个自我遵从于内心真实的感受，就是"内在的小孩"。换言之，"真实的自我"更多是跟着感觉走，所以，人的"自主意识"，比如我喜欢什么，想要什么，都是感觉告诉我们的。如果一个人"道德的自我"过于强大，"真实的自我"过于渺小，感觉就会逐渐变得迟钝，最后索性就找不着感觉或根本没感觉了。如果出现这样一种情况，那就非常可怕，因为很多抑郁症患者的一个重要症状就是"对什么事情都没兴趣，没感觉，高兴不起来"。即便没得这种病，我们无论做什么事都会了无生气、意兴阑珊。在第一章我谈到，中国历代婚姻中为何夫妻之间缺少真情、过于平淡，在于他们的婚姻都由不得自己做主，全是父母说了算，乃"强迫意识"的产物，既然婚姻不是跟着感觉走，那么他们也没什么幸福感，日子也就过一天算一天，如同树叶落在江心里——随波逐流。

那么如何改变这种情形呢？

其实说起来很简单，我们的父母要学会从小给孩子培养"自主意识"，而不是总在灌输"强迫意识"。

所谓"自主意识"就是在遵纪守法，不损害他人利益，不伤害他人感情，能对自己行为负责的前提下，多让孩子做自己想做的事，做自己喜欢做的事，做自己愿意做的事，而不是总居高临下地要求他们"应该怎么样""不应该怎么样"。

"自主意识"和"强迫意识"最大的区别在于：前者是积极地唤醒孩子内心的创造力，培养他们多方面的兴趣，让他们主动去追求自己的幸福，也是一种尊重孩子独特性的表现。现在我们常说要提高整个民族的心理健康水平，怎么提高？首先要从娃娃抓起，要让他们从小就树立自主意识，想自己所想，做自己想做，学会对自己的行为负责。

后者则是父母抹杀孩子的个性，把自己的意志强加到孩子身上，把他当成你思想的奴隶，是被动消极的，孩子也许表面遵从，但并不心甘情愿，关于这些内容我第一章第二小节曾经谈过一些在父母面前过于听话的乖孩子的真实感受，这里就不重复了。

第四章

一个人自我价值的高低将决定
他的幸福指数

对女人来讲，自爱的最重要的一点，就是让自己无论在何种心境下都依然保持一份美丽，不是为别人，是为自己，悦人者先悦己。女人只有先对自己好，才会赢得男人的尊敬，才会获得男人的青睐和宠爱。

「一」

自我价值是我们给自己的幸福大厦建造的第一块砖

1 自我价值不足的人会导致心理地震

这些年，由于职业的原因，我接触了形形色色的情感困惑和婚姻问题，尽管个案迥异、情况不一，但只要深究下去，你会恍然大悟——很多当事人之所以在感情的迷局中兜兜转转无法自拔，其实都有一个共同点：他们的自我价值普遍不足。

那么什么叫自我价值？它和爱情、婚姻又有怎样的必然联系呢？

先说说两个真实案例，都是我在电视节目中遇到过的。

由于性格不合，小杨早在 3 年前就跟女友小文提出了分手，没想到，一段恋情的结束却是他如噩梦般恐怖生活的开始。从那时起，他的手机就陷入了被前女友时时刻刻追踪锁定的状态。每天一大早，小杨的手机只要一打开，前女友的电话好像呼啸而来的子弹一样让他猝不及防，每天少则七八十个，多则上百个，这给他的工作和生活带来了极大的影响。情急之下，小杨只好更换电话号码，谁知新号码没换两天，前女友的骚扰电话再度响起，甚至都大半夜躺在床上了，电话还会跟《聊斋》里的女鬼似的不期而至，小杨跟我形容那就是绝对的"午夜凶铃"，让他不寒而栗。

　　不间断的电话都是这位"执着"的前女友小文从外地老家打来的，而且已经坚持了3年之久。小杨无奈之余换了很多来电拒接软件，小文随之也安装了更先进的反拒接软件，真应了那句老话"道高一尺魔高一丈"。除了电话骚扰之外，更让小杨感到恐怖的是，电话那头的前女友尽管早已不在他身边，却依然时刻掌握着他的一切动向，包括他这3年在哪儿租房、换了几个工作、交了什么朋友全部一清二楚，有一段时间，小杨甚至怀疑小文是间谍出身，他觉得自己的生活就像一个犯人一样被完全监控了，他惶惶不可终日，最终只好到电视台求助。

　　那天我是在电视台的演播室见到小杨的，小伙子瘦弱不堪，眼神里满是惊恐之色，宛若一只受惊的小鸟。在他不远处，站着一个戴墨镜的女孩，拎着行李箱，人不算漂亮，但也还算秀气，听编导说，这就是小文，她从老家江苏来的，刚下火车。小文的脸被大大的墨镜遮挡住了，表情看不真切，但依稀可以感觉到一种冷酷的寒气罩满全身。

　　演播室现场，基本上都是小杨在倾诉，小文处于沉默状态中。我问小文，既然跟小杨都分手这么久了，为什么还每天不间断地打电话给他？小文面无表情，还是不说话，我只好把问题又重复了一遍，小文终于开口了，声音不大但语气坚定："我不甘心！"

"你不甘心什么呢？"我接着问。

"我不甘心就这么被他给甩了。他当初说要对我负责到底的，他说话不算话，他是个不负责任的人，我要惩罚他，让他彻底认错！"

这究竟是怎么一回事呢？

在演播室现场，我们得知，4年前，23岁的小杨跟20岁的小文在网上相识了，一来二去，两人渐渐聊出了感情。小文为了跟小杨在一起，从老家江苏特地赶来北京相见，恋情也从网络走进了现实，很快两人住在了一起。但是没多久，小杨就感觉到小文这女孩疑心特重，占有欲强。小杨每天上班，几乎每隔一个小时小文就会来电话询问他在干什么，在家里他只要接一个电话旁边的小文就要问是谁，渐渐地，他的QQ、邮箱也成了女友定期检查的目标。有一次，他跟客户出去谈事，小文还在后面偷偷地跟踪，为此两人大吵了一架。还有一次正好赶上周末，因为要陪客户去登山，小杨怕小文瞎猜疑，就说要去单位加班，结果引起小文的强烈怀疑，于是一整天，电话一个接一个地打，惹得客户心生不满，一单本来唾手可得的生意瞬间"黄了"。小杨忍无可忍，提出分手。小文不同意，小杨为了躲避她，只好不回家不见她，没过两天女友发来短信说自己要自杀，还一条接一条地叙述自杀的进程，小杨吓坏了，慌忙赶回家，推门一看，女友好好地坐在床上看电视呢。

就这样，一来二去，小杨只要一提分手，小文就一哭二闹三上吊，没办法，小杨只好谎称要到外地出差一段时间，趁她不注意偷偷收拾行李走了。当女友缓过味来，才发现男友人也走了、家也搬了，甚至连工作也悄悄地换了。小文不甘心被甩，于是一段长达3年的电话追踪行动拉开了帷幕……

故事说到这里，也许很多读者都会忍不住提出这样一个问题：小文，为什么对爱如此执着和疯狂？她的这种近乎偏执的行为从何而来呢？

其实，在小杨长篇累牍的讲述中，我也一直在思考这个问题。我猜想，小文在她的成长过程中应该是从未得到过父母足够的爱，足够的关怀，从而导致她自我价值严重不足。后来，在我跟她母亲的通话中我完全证实了这一点。8 岁那年，小文的父母离异了，原因很简单，父亲长年在外做生意，母亲是个家庭妇女，聚少离多加上父母之间的共同语言越来越少，终于让这段婚姻走到了尽头。母亲当时恨透了父亲，觉得孤儿寡母被抛弃了，于是，"我们都被你那没良心的爸给甩了！"成了母亲一不开心就会随口说出的"气话"，不知不觉，这种不安全感导致了小文性格逐渐变得偏执多疑起来。她渴望有人爱她，又担心这段爱不长久，她沉迷于网恋，又恐惧这种虚拟的爱稍纵即逝，她对男友严防死守甚至分手之后采取的电话追踪的极端行为都是这种心理作祟下的恶果。

如果用一句话来总结悲剧产生的根源：那就是小文的自我价值严重不足，使得她根本就不懂得如何去珍惜感情、处理感情。

在同样一个情感电视节目中，我还碰到过一个性格极度强势的妻子，别看下岗多年，但依然彪悍十足。坐在演播室，不仅嗓门儿大，语速还特快，听她说话感觉像机关枪在扫射，基本上她一说完，面前的人全都得倒下，太有压迫感了。那期节目，几乎成了她对丈夫的"控诉大会"，控诉的理由是结婚 30 年的丈夫为了一个舞伴要跟她离婚。

原来，作为工程师的丈夫业余时间爱跳交谊舞，经常参加单位组织的周末舞会。妻子不爱跳，但更受不了丈夫跟其他女人抱在一起跳，有一次居然跑到舞会上大吵大闹，还当着众人的面扇了他的舞伴一个耳光，回到家里又让丈夫老实交代生活作风问题，甚至逼着他去医院查艾滋。丈夫觉得人格受到极大的侮辱，一次激烈的冲突之后离家出走了，他宁可睡在单位的传达室，也绝不回家。这种情况一直维持了快两年。节目组的编导专门去打听了一下相关情况：她丈夫那个舞伴是单位另一个科室的，两人只是周末舞会上偶尔在一起跳跳舞，平日里根本没什么接触。但那位强势的妻子总是不相信她丈夫。据丈夫反映，自从 10 年前买了个手机，家里的日子就没一天安宁过，妻子每天的电话都是"老三篇"：头一句问："你在哪里"，第二句就是"你干什么呢"，第三句必然是"你跟谁在一起呢"，天天如此，搞得他不胜其烦。每天一到下班时间，她就给他打电话催他回家，没回，就接着打，再没回，继续打，有时候没办法只好关机，她就给他所有的朋友、同事打电话。终于，借着舞会风波，丈夫来了个"火山爆发"，提出离婚。没想到，说到这，这个看上去非常强悍的女人突然间泪流满面，她哭得很伤心，很无助，她说她那么做都是为了爱，她太爱他了，她太在乎他了，她不想失去这份感情，更不想离婚。

在上本书《女人不"狠"，地位不稳》一书中，我曾经提到过这个女人，简单地分析过这个案例。她的强势只是一个面具而已，骨子里她其实非常软弱，这种软弱源于早年一段不堪回首的经历：10 岁那年，因为父亲外遇，母亲自杀了，从此，她的心也跟着碎了，破碎的心造就的是一个破碎的人格，换句话说，她也是一个自我价值严重不足的人。为了掩饰内心的恐慌，她用强势的外表来包装自己，为了不让自己重演母亲的悲剧，她对丈夫实行紧逼盯人的战术。然而，到了关键时刻，她的心理弱势还是彻底暴露了出来。

从这两个案例可以看出，一个人的自我价值很重要，它直接影响他的性格、他对感情的处理方式和他的婚姻、家庭生活。换句话说，自我价值，是一个人给自己建造幸福大厦的第一块砖。如果这块砖很瓷实，大厦的稳固建成将指日可待，如果砖有裂缝，甚至本身就是一块碎砖，大厦将岌岌可危，幸福也终将化成美丽的泡影。

那么到底什么是"自我价值"呢？我们又该如何定义它呢？

美国著名心理学家维吉尼亚·萨提亚认为：一个人对他自己的感觉和想法，就是"自我价值"。

美国职业催眠治疗师李中莹先生在他所著的《爱上双人舞》一书中，对什么是"自我价值"有过一个比较详尽的论述。他说："自我价值包括了一个人所有的信念、价值观和规则。一个人在生活中的每一个角色里，都有符合该角色的信念、价值观和规则，因此在不同角色中一个人会有不同的思想和行为模式出现，但是，总离不开这个人的自我价值范围。"

李中莹先生认为："自我价值"包括三项要素：自信、自爱、自尊。

自信就是信赖自己具备所需要的能力。一个人对自己没有信心，就不能对别人有信心，别人对他也不会有信心。

自爱就是爱护自己。一个人不爱自己，就不能爱别人，别人也不会爱他。

自尊就是尊重自己。一个人不尊重自己，就不能尊重别人，别人也不会尊重他。

相反，"自我价值不足"就是自信、自爱、自尊不足。

我是基本认同李中莹先生的看法的。自我价值对我们每一个人来说都太重要了。它是我们心里的根，它决定我们一生的成就，造就我们一生的幸福。我们在工作、恋爱、婚姻、家庭中遇到的种种问题最终都会正本清源，归结到自我价值这个最根本的症结上。而它的不足，就是今天社会里种种个人问题的根源。换句话说，自我价值不足的人会发生心理地震，震中是在童年，震源包括他的人际关系、感情关系甚至亲子关系。

每个人都需要自我价值、自爱、自我接纳，以及做一个独特个体的自由空间。然而，每个人也需要他人的关怀、爱护，需要性与爱，希望从他人眼中看到一个满意的自己。这就可以理解为什么每个人都那么渴望得到来自他人的评价，尤其是表扬和赞美。

2 一个人自我价值的形成来自出生以后的最初 3 年

那么接下来的一个问题也随之而来了，我们的自我价值是如何形成的？又是怎样建立起来的呢？

美国心理学家纳森·阿克曼认为：我们的自我形象和家庭形象紧密相依。通俗地讲，一个人自我价值的形成跟他的成长环境、家庭氛围和父母教养方式息息相关。其中，父母的教养方式尤为关键。美国家庭问题研究专家约翰·布雷萧认为：父母的教养方式形成孩子的自我概念。萨提亚在她经典的著作《新家庭如何塑造人》中也持类似的观点："父母的一言一行、一举一动或者一个面部表情都是一种信息，会影响孩子对自我价值的判断。"

在西方，心理学家普遍达成这样一种共识：一个孩子是带着两个问题来到人间的，第一个问题是：我是谁？第二个问题是：我如何活下去？前者关乎孩子的身份认知，后者关乎孩子的基本需要及生存之道，头一个问题解决不好，就相当于一个人连自己姓甚名谁来自何方都搞不清楚，想想看，他会开心吗？他能快乐吗？而帮助这个孩子揭晓答案的，只能是他的父亲母亲，这其中，母亲更是责无旁贷。

一个人最初的自我概念是来自母亲对他的感觉与期望。一个人的自我形成，准确地说，乃始于母亲的子宫之中——当我们在娘肚子里生根发芽之始，那个小小的自我就跟胚胎一样初具雏形了。换句话说，自我来自父母的塑造，家庭的熏陶。出生之后，自我概念更来自父母的眼睛。我们通过观察父母对自己的语调、眼神、口气形成了自我认识，我们对自己的感觉完全与抚育我们的人观点一致——即在我早年时抚育我的人对我的感觉即是日后我对自己的感受——一个人的自我价值的形成来自出生以后的最初三年，主要来自父母（或监护人）的反映，就像一朵花，长得是否好看和茁壮，主要取决于园丁的浇灌。

相反，如果父母从小给予一个孩子的关爱不够，他会觉得自己有欠缺、不优秀，长此以往，他的自我价值就会不足。一个孩子如果从小就被父母遗弃，自我就如同被扇了一记响亮的耳光一样饱受羞辱，从此他就会变得不自信，甚至会产生"我很差劲，一无是处"的强烈自卑感。在这种自卑情结的干扰下，他们常常会作出常人意想不到的出格举动，以抚慰内心的羞愧。前面提到的两个案例虽然不太一样，但两位女当事人的童年经历却有相似之处，她们很小就被父亲扔下不管了，在她们的内心深处，积攒着深深的怨恨，又平添着无比的忧伤，小文对男友的电话追踪，强势妻子大闹丈夫单位的舞会现场，都是自我价值不足导致的行为怪僻。

每个孩子都有一种正常的自我需求：那就是自尊、自爱、需要被适度地肯定和赞扬。但在问题家庭中，他们这种正常的自我需求长期得不到满足：轻者被忽略，被遗忘，重者经常被斥责，被虐待，他们只会通过不断地自贬和自责来压抑自己内心的痛苦和愤怒。每个人内心世界都有一个情绪的垃圾桶，来处理负面情绪，当负面情绪过多得不到及时清理，就像家里的垃圾桶堆积如山就会泛滥成灾，到时候不仅污染环境，也会恶臭冲天，人的内心世界亦是如此。一旦人的内心负面垃圾过多，就会随时喷涌而出，给自己也给他人造成情绪污染。

3 我们的自我价值越高，在两性关系中越倾向于给予，而不是索取

如果把自我价值比喻成一支马上要投入作战的部队，自我价值高的人代表这支部队不仅兵强马壮，而且粮草充足，哪怕战争陷入僵局，也不会人心惶惶，因为有强大的后备军和足够的粮草供应，后备军就是他的父母，粮草代表着他内心的力量。反之，一个自我价值不高的人则是一支老弱病残的队伍，且后防空虚，粮草不足，即便部队刚一开拔声势浩大，但稍一遇到阻力，就惊慌失措阵脚大乱，倘若陷入重围，更是缺乏后应，这样的部队不打败仗才怪！

我们的自我价值将直接影响我们对爱的期待值。我们的自我价值越高，在两性关系中我们会更多倾向于给予，而不是索取，更看重彼此之间的独立性，而不是依赖性。相反，自我感觉差，将会像个永远长不大的小孩子一样把对方当成大人，将会越来越多地依赖于对方提供的持续保证，而这些持续的保证多了，会让对方不堪重负，会逐渐变成一张永远无法兑现的支票。在男女双方的关系中，如果一方总是要依赖于另一方的称许、关注和赞同方能确认自己的良好感受，而当另一方没有常常表现出这种充分认同的时候，便觉得自己一无是处，由此引发的种种不良感受，往往会将一段曾经美好的关系很快就扼杀和摧毁掉。

经典电视剧《过把瘾》中，江珊扮演的女主人公杜梅，经常有意无意跟王志文扮演的老公方言吵闹，一会儿让他买钻戒，一会儿又让他写"永不变心"的保证书，一会儿又大半夜趁老公熟睡之际端着把菜刀架到对方脖子上问他到底爱不爱自己，其实都是小时候缺少父母足够的关爱，从而自我价值不足、对爱情缺少安全感、对伴侣没信心的深层心理体现，很显然，这种婚姻好似建在沙滩上的小屋，哪怕再温馨，也会很快坍塌的。

由此可见，父母给予孩子足够的关爱是多么重要！

如果一对父母经常对孩子讲："孩子，因为你的到来，你给这个家庭，给爸爸妈妈带来了无穷的快乐，将来你无论怎么样，只要你健康、快乐，爸爸妈妈都一样爱你！"你猜猜这样的小孩长大会怎样，不管事业、名利上如何，他一定会有很高的自我评价，活得会很快乐！

可是，在现实生活中，我们却经常看到这样的父母，总是对孩子高标准严要求："孩子，你一定要好好学习，考个第一争口气，将来上名牌大学，找个好工作，这样爸爸妈妈才会脸上有光，为你骄傲！"你觉得这样的孩子会快乐吗？他们的童年永远要背负沉重的学业、父母的压力——他们实际上没有自我，或者说他们的自我只是被当作父母实现理想的"工具"而已！一旦达不到目标，他们就诚惶诚恐、不知所措，在这种高压环境下长大的孩子肯定自信心不足！

中国的父母在成长中最不应该对孩子说的话

（1）你为什么总是这么笨！

（2）没见过你这么不争气的孩子！

（3）我算白养你这么大了！

（4）你怎么一点儿都不像我？

（5）你怎么净给家里丢脸！

（6）你为什么就不能像别人家的孩子谁谁谁那样有出息呢？

（7）你长得这么丑，我看没人会喜欢你！

（8）考得不好别来见我！

（9）你要能考上大学，除非太阳从西边出来！

（10）你真是个败家子儿！我们有你这样一个孩子算是倒了八辈子的霉！

这些话听起来并不陌生吧？我想很多孩子在成长过程中都经常会听到父母嘴里说出这样或类似这样的话，别小看这些，心理学认为，如果父母经常在嘴里重复这样的话，对孩子的自我价值将是个重大的打击！他们将会普遍出现自我价值低、自信心不足甚至严重自卑、痛恨父母等多重扭曲的心理。"你长得这么丑，我看没人会喜欢你"，药家鑫的父亲不就是对药家鑫说过这样的话吗？这句话深深地刺伤了药家鑫的自尊，导致了他后来心理出现诸多不正常：酷爱整容，以及严重自闭和对他人严重的防范心理，最终一个杀人犯诞生了！（详见第二章第二节）

美国著名家庭治疗师萨提亚甚至认为，父母的一言一行，一举一动乃至一个面部表情都是一种信息，会影响孩子对自我价值的判断。很遗憾，很多家长根本意识不到这一点。萨提亚在《新家庭如何塑造人》一书中举了一个小小的例子：如果一个 5 岁的小女孩在路边采了一束花献给父母，父母高兴地抚摸她的头，夸奖她："乖孩子，这么漂亮的花是从哪里来的？"这样做会增强孩子的自信。反之，父母拿到花，脸上毫无表情，甚至用讯问的语气责备："你这花到底从哪儿摘来的？不是跑到邻居家花园去摘的吧？"暗示孩子的行为有偷盗之嫌，孩子就会产生罪恶感和严重的不自信。

某种意义上来讲，自我价值好比是人体内的必需品——钙，众所周知，缺钙会影响骨骼的正常生长，而自我价值不足，它带来的后果一点儿不亚于缺钙。现在市面上到处是给孩子补钙的营养品，其实，自我价值同样需要从小培养和补充。只有得到了父母无条件而有理智的爱的孩子，才会不断调整自己，完善自己；反之，一个不受父母待见的孩子自然也不能善待自己，将来也很难善待他人，严重者还会患上各种心理疾病，对他的求学、工作，乃至恋爱、婚姻构成巨大伤害。

往大了说，一个人自我价值的高低将会影响他的幸福指数。"幸福指数"近年来在中国成了颇为热门的话题，很多地方政府都将这项指标列入施政指标，一些人绞尽脑汁，为中国或本地区争取在全球、全国的幸福指数排名，更有不少学者苦心孤诣，推出一个又一个自认为最公正、最完美的"幸福指数标准"。

究竟什么是"幸福指数"呢？幸福指数又叫幸福感指数。所谓幸福感是一种心理体验，它既是对生活的客观条件和所处状态的一种事实判断，又是对于生活的主观意义和满足程度的一种价值判断。它表现为在生活满意度基础上产生的一种积极心理体验。而幸福感指数，就是衡量这种感受具体程度的主观指标数值。"幸福感指数"的概念起源于 30 多年前，最早是由不丹国王提出并付诸实践的。30 多年来，在人均 GDP（国内生产总值）仅为 700 多美元的南亚小国不丹，国民总体生活得较幸福。"不丹模式"引起了世界的关注。

按照传统社会学的观点，人要幸福，重要的三项指标是身体健康、家庭温馨和婚姻美满。从心理学的角度，我倒认为，人的幸福指数取决于他的自我价值高低，而不在于他赚了多少钱，买了多大的房子，开的什么样的车，也跟他娶的老婆漂不漂亮，嫁的老公有没有钱毫无关系。如果一个人自我价值良好，哪怕他赚的钱刚刚够用，天天租房住每天挤地铁上下班他也会觉得自己很幸福，如果他自我价值不高，就算他开名车住豪宅，妻子比港姐还靓丽，丈夫比李嘉诚还有钱，他也幸福不起来。

那么如何判断一个人的自我价值是否良好呢？下面我分别列出了两组完全不同类型的人的种种表现：一组是自我价值良好的人，另一组则属于自我价值不足的人。大家可以首先自测一下，当然也可以给身边的爱人、朋友进行测试，如果你有 8 条以上完全符合第一组的种种条件，那么你就是一个自我价值良好的人，反之，你有 8 条以上是基本对应第二组的，那么你某种程度上就属于自我价值不足的人。

自我价值良好的人的心理状态和行为特征

——能够主动悦纳自己、善待自己。

——学会做自己情绪的主人，懂得自控。

——对自己的能力有起码的判断和认识。

——敢于对自己的行为负责。

——在外人面前可以自然地表达自己的情绪和思想，不过分压抑，也不随意放纵。

——待人真诚，襟怀坦荡。

——善于关心人、爱护人，总是为他人着想。

——具有超然独立的性格，不轻易为任何人和事所改变。

——具有良好的人际关系和出色的团队精神。

——有正常的自我防卫意识。

——尊重他人，哪怕是亲人和爱人，也懂得尊重他的独立性，尊重他的自我空间。

——心胸开阔，善于包容。

——活在当下，珍惜今天，懂得享受生活的点点滴滴。

——面对挫折泰然自若，心境平和。

——愿意冒险，敢于挑战。

——具有强烈的道德感和伦理观念，富有同情心。

——常怀有一颗感恩的心。

自我价值不足的人的心理状态和行为特征

——过分自卑，不喜欢、不悦纳甚至讨厌自己，总是处于自我否定自我怀疑的状态中。

——情绪不稳定，遇事好冲动，凡事爱走极端。

——总是不相信自己，过分看重他人的赞美、关注和支持。

——缺乏责任感，出了事就奉行"逃跑主义"，只想一走了之。

——在外人面前过于羞怯，不敢表达自己的真实情感，给人一种自我压抑的感觉。

——不诚实，爱撒谎，喜欢表现自己，行为总是夸张、做作。

——要么处处以自我为中心，对他人漠不关心；要么嫉妒心强、爱说是非，爱传闲话。

——缺乏独立性，心理上未离开"哺乳期"，在感情上要么依赖他人，要么盲目付出。

——性格孤僻、冷漠，喜欢离群索居，无法与他人建立正常和亲密的人际关系。

——自我防卫意识过强，敏感多疑，总是怀疑他人所做的一切都是要危害自己。

——脾气暴躁，占有欲强，总是要求自己的亲人或爱人无条件地顺从自己。

——要么心胸狭隘，斤斤计较，要么总是用"完美"，来折磨自己，苛求他人。

——总是自暴自弃，怨天尤人，对生活，对周围的人和事都心存不满、诸多挑剔。

——害怕挫折，一遇到困难就惊慌失措、不敢面对。

——不愿冒险、墨守成规，不愿意改变自己。

——没有羞耻感，道德观念、是非善恶观念都缺乏，待人冷酷无情。

——总想利用人、踩着人往上爬，对别人的付出都认为理所应当，从来不懂得心怀感激。

好了，测试完了，也许有些读者会不知所措，糟糕！第二组居然有十多条说的都是自己，难道我真的属于自我价值不足？不要慌张。自我价值不足不是一种心理疾病，更不是什么人格障碍，在这个世界上，有相当一部分的人，也许家庭背景不太好，也许童年不快乐，也许成长过程中没得到过父母足够的关注，都或多或少存在一些自我价值不足的情况，这是一种社会的普遍现象，不代表你是个不正常的人，由于成长过程中的不尽如人意，我也曾经是一个自我价值不足的人。接下来的篇章，我将陆续告诉大家自我价值不足会给我们的感情、生活带来哪些不良的影响？以及如何培养和提高我们的自我价值，包括如果你已经进入婚姻，即将为人父母，或者已经开始抚育子女，如何避免下一代继续遗传这样不太理想的"心理基因"。

「二」

盲目跟他人攀比是导致一个人自卑的根源

❤1 "门不当户不对"的悲剧大多是弱势一方的自卑心理造成的

在好莱坞的浪漫爱情片中，我们常常可以看到这样令人匪夷所思的情节：坐头等舱的喜欢上了拉平板车的，金枝玉叶的大公主和不名一文的小记者一见钟情，出身寒微的灰姑娘最终麻雀变凤凰，和地位显赫的白马王子喜结良缘。可在现实生活中，这种七仙女下嫁董永式的"天仙配"基本上微乎其微，偶尔有那么一桩估计也得炒成晚报社会版的头条新闻。要不是我耳闻目睹，我还真不相信一个风度翩翩的房地产老总会爱上他们单位一个毫不起眼的女保洁员。

那天在一个情感节目的演播室，我见到了这个感情上勇于"扶贫"的范总。范总是京城一家大的房地产公司的副总经理，跟很多脑满肠肥嘴金牙双手戴满钻戒的"暴发户"不同的是，范总仪表堂堂，文质彬彬，说话非常含蓄，也很得体，脸上也总是挂着友善的微笑。

说句心里话，我对范总的第一印象非常好，我跟商人打交道不多，可是在他身上，我看到了一个儒商的风范。

据说范总是典型的实干家，当年刚来北京打拼的时候也是一无所有，凭着满腔的热血，靠着顽强的斗志，一步一步走到了今天，如今年届 50 的他已是一家房地产公司的高管，手底下管着百十号员工。事业上，范总虽说还称不上攻无不克战无不胜，却也是要风得风要雨得雨，按照现在一句俗得不能再俗的评价，那是一典型的"成功人士"。然而在感情方面，范总却好比是梁山伯面对即将出嫁的祝英台——一片伤心说不出。之前一段婚姻，是跟他从家乡一起出来闯荡的结发妻子，他们吃过亏也挨过苦，最终也苦尽甘来夫荣妻贵，可惜好花不常开好景不常在，还没等范总尝够富贵温柔乡的好日子，妻子就患上重病溘然长逝，扔下正当盛年的范总和两个孤苦伶仃的小女儿。从那以后，范总是又当爹又当妈，白天在公司里一马当先，晚上回家却给两个女儿做牛做马，终于盼来了两个女儿出落得如花似玉的那天，才算歇下一口气，女儿大了，其中一个已经顺利出嫁，另一个也名花有主，范总突然觉得也该为自己打算打算，寻觅属于自己的第二春了。

碰巧这个时候，一个女人走进了他的生活。

她叫小芳。

这个小芳有点儿像当年李春波的歌里唱过的那个小芳，"村里有个姑娘叫小芳，长得好看又善良，一双美丽的大眼睛，辫子粗又长"。只不过，老范认识小芳的时候，她不仅嫁了人，而且儿子都上小学了。她也不再年轻，不过，仔细分辨一下，眉眼之间还可看出当年的俏模样。

他们的相识也很平淡，既不是在网上偶遇，也不是出门旅行的一次艳遇，而是就在他的单位，小芳是那里招聘来的一个普普通通的保洁员，每天的工作就是端茶送水打扫卫生。起先，老范也没怎么注意她，谁想一来二去，老总平易近人，员工也善解人意，他们就聊开了。他向她诉说他对亡妻的怀念，她向他吐露她异乡漂泊的艰辛，渐渐地，两颗孤独的心越走越近。有时候他下班晚了，来不及回家做饭，她就在单位的食堂给他捎来了热气腾腾的一碗汤，有时候她想家了，想儿子了，一件温暖牌毛衣就悄悄地递到了她的眼前。她哭了，他的眼睛也有点儿酸，多久没有这样的感觉了？他扪心自问。终于，在一个秋日的黄昏，在落日余晖沐浴下的办公室，他拥她入怀——

倘若我们的故事就在这里戛然而止，这绝对又是一个灰姑娘爱上中年鳏夫的浪漫童话，好莱坞早年拿加利·格兰特，后来拿汤姆·汉克斯当诱饵，钓起过多少女子的胃口？又赚走了多少观众的眼泪？可惜现实往往是残酷的，当老范鼓起勇气准备用婚姻这种古老但对痴情男女来说特别有效的形式向小芳表达这份"迟来的爱"的时候，他才发现，生活中白马王子的角色并非那么好当。

他是一家大型房地产公司的副总，一个高级白领要娶一个只有初中文化程度的保洁员，要承受多少异样的眼光？身边的亲朋好友全都笑他傻，这也太"门不当户不对"了！一直和他如胶似漆的两个女儿也忍不住唠叨："爸，天下的好女人多了，你为什么非要娶她？"俗话说得好，相爱容易相处难，交往了一段时间，他发现她也不像一开始那样温柔体贴善解人意了，她心眼儿小，常常跟他使性子，老担心自己配不上他，一拌嘴就一个人躲在角落里哭。她还老无端端地怀疑他对她不是真心的，也许只不过是他寂寞时的替代品，她甚至怀疑他还和其他女人有不正当关系，因为，老范的客户当中有一些比她年轻、比她漂亮、比她优秀、比她有品位的都市女性。另外，两个人的志趣爱好、人生观和价值观差异也很大——他喜欢广交朋友，周末没事就到处走走；她性格孤僻内向，下了班就爱一个人躲在屋里做家务看电视；作为房地产建筑商，他心中想的是广厦千万间，可她始终惦记着的却是农村家里的一亩三分地……

他困惑了，他迷惘了，他彷徨了，他犹豫了，在节目里他忍不住发出一声长叹：莫非我的选择错了？

其实，这是一个老生常谈的问题，婚姻需不需要"门当户对"？在过去的封建社会，门当户对的因素被人为夸大了，一个大户人家娶亲也好，嫁女也罢，首先考虑的就是"门当户对"。这里的"门当户对"更多指的是地位上权势上的旗鼓相当，掺杂着很强的功利色彩，至于男女双方情不情爱不爱似乎都成了扯淡，由此，多少的"盲婚哑嫁"也就酿造出了多少的人间悲剧！所以反对包办婚姻反对门当户对就成了那个年代反封建的主题。然而，当王子和灰姑娘冲破世俗观念的束缚紧紧地拥抱以后，他们会从此幸福地生活在一起吗？所有的小说戏曲童话传说都是到此就画上句号，我们无法获悉他们今后的生活是否会依然甜蜜如昔？就像一对新婚夫妇在众人的祝福声中，相依相偎地步入了洞房，随着洞房那扇门"哐"的一声关上，他们婚姻生活的甜酸苦辣个中缘由也全都被关在了门里，门外的人根本无从知晓。

记得柏杨先生曾打过这样一个比方：一个穷小子娶了一个百万富婆，结婚证书就成了卖身契。最初几个月，他还是丈夫；等不了太久，他就成了从非洲进口的黑奴，那女人用叮当几个铜板，就买了一个便宜货。一个没有社会地位的小子嫁给贵不可言的金枝玉叶，他在家庭中一辈子都抬不起头，他自己不但没有地位，他的爸爸妈妈都得满面羞惭地低着头走后门。

我在想穷小子娶富婆是如此苦不堪言，那钻石王老五倘若娶了个洗衣女工，又会怎样？那天有位女性心理专家做完节目出来跟我嘀咕：范总太有"奉献精神"了！凭他的条件，放着身边无数的白骨精和狐狸精都不要，却单单挑了一个拖家带口的30多岁的村姑，感觉就像《红楼梦》中的贾政在王夫人去世之后，不是"老牛吃嫩草"续弦了一个史湘云那样的大户小姐，也没有纳一个袭人似的风情万种聪明乖巧的做妾，而是直接把一个林之孝家的这样半老徐娘却未必风韵犹存的老妈子给扶了正。话说得有点儿难听，但也无疑给这段"门不当户不对"的黄昏恋敲响了警钟！

我记得看过一个调查，说旧社会强调"门当户对"更多是婚姻中强势一方的挑剔和计较，现今社会"门当户对"的界限依然存在，却反倒是弱势一方的担忧和害怕。担忧什么？害怕什么呢？无非是觉得找个有钱人是见了王母娘娘喊姑姑——高攀，是和尚娶媳妇——空想。具体到这个案例中，婚姻的阻力显然更多不是来自老范，而是来自小芳，她的一穷二白，她的文化层次，她的年华已去，都导致了她的极度自卑。尽管老范不计较这些，但她却很在乎。节目录制完两周之后，我收到了她的一条短信：她已经决定跟老范分手了，因为两人的差距太大，她实在配不上他。即便结婚了，也不会幸福，要面临各方面的压力，特别是老范身边总会围绕一些优秀的女人，让她比较之后更加自惭形秽，她不想将来结婚之后彼此不合适再分开，她很脆弱，她承受不了这样的打击，与其那样，长痛不如短痛。

很显然，小芳的过分自卑使得这艘爱情的小船很快就触礁了。在我平时接触的很多情感咨询案例中，这种"门不当户不对"导致的爱情纠葛和婚姻悲剧更是屡见不鲜。表面上看，似乎是门第观念阻碍我们的幸福，实际上骨子里是弱势一方的自卑心理在作祟。这几年，描写城市出身的"孔雀女"下嫁农村出来的"凤凰男"的电视剧很多，比如《双面胶》《新结婚时代》《婆婆来了》等，这些"城乡结合"的婚姻模式无一不受到彼此之间身份差异、价值差异、生活习惯差异的巨大挑战，其中"凤凰男"由于出身低下导致的自卑心理是矛盾的核心所在。在这里，自卑好像一堆蛀虫，在逐渐吞噬双方好不容易建造起来的爱情大厦。

2 人的自卑往往在跟他人的比较中被放大了

自卑这个词我们经常可以听到，本书前半部也多次提到，那么什么是自卑，自卑有哪些具体表现呢？

通俗地讲，自卑就是一种不自信。觉得自己某些地方不如人，或者生活不如意，都会产生自卑。自卑是一种自我否定的心理，是一种自我压抑的行为。身体有残疾，生理有缺陷，出身不好，长相不佳，父母离异或者教养方式过于粗暴，从小学习成绩不好，工作后又屡屡受挫，或者人际关系有障碍，社会地位低，文化程度不理想，经济收入不满意都会导致人产生自卑心理。

奥地利著名心理学家、弗洛伊德的弟子阿德勒甚至认为："自卑是广泛存在的，我们每个人都有不同程度的自卑感。"关于自卑的产生，阿德勒在早期研究中认为这主要与个体身体存在的缺陷有关，如果个体某一器官存在功能不足或缺陷，就会导致其产生自卑感。但是在后续研究中，阿德勒逐步扩充了自卑感概念的范围，认为不仅身体缺陷或生理缺陷可导致个体产生自卑感，其他心理的、社会的障碍同样可以导致自卑感的产生。真实的障碍可以导致自卑感的产生，想象的障碍同样也可以导致个体自卑感的产生，甚至可以说，人刚出生时自卑感就已经产生，这是由人类婴幼儿时期的弱小、无力、无能、无知造成的。总之，导致自卑感产生的因素很多，个人生活中所有不完全或不完美的感觉都可以引起自卑感。

在两性关系中自卑感的主要表现

（1）为了追求对方，总是吹嘘自己的家世如何了得，自己在异性面前如何受欢迎。

（2）为了获取对方的欢心，投入大量的金钱甚至房产作为筹码。

（3）在穿衣打扮上故意标新立异，吸引对方的注意。

（4）过分敏感多疑，总是担心对方不爱自己。

（5）患得患失，害怕爱情稍纵即逝。

（6）担心被人拒绝而首先拒绝对方。

（7）嫉妒心强，只要看到对方和异性接触就心生不满，甚至无端

"吃醋"。

（8）失恋以后就大喊大叫，寻死觅活，甚至"一哭二闹三上吊"。

（9）总是追问对方是否"爱自己"，总是无缘无故"生闷气"。

（10）喜欢攀比，老觉得自己的老婆不漂亮，或者自己的老公没钱没地位。

人的自卑或多或少都是在跟他人的比较当中被进一步放大了。有时候我们追求的不是自己快乐，而是比别人快乐。尤其喜欢跟身边的亲戚、朋友、同学、同事进行攀比，真是人比人气死人，越不如人我们就越自卑，越自卑我们就越不快乐。某种程度上，我们的自卑是自己"瞎较劲"的结果。

我就曾经收到过一个结婚才三年就感觉很不幸福的女人的来信，她说她不幸福并非是老公对她不好，而是从小自卑引起的。

小时候家里穷，上学时同学们都穿着时髦漂亮的衣裳，她父母没钱给她买，她只好穿得像个"乡下丫头"，搞得她很自卑；大学毕业，班上家里有钱有势的同学都找到理想的工作了，她没关系没背景，只好去招聘会递简历，无数次面试无数次被拒绝，让她饱尝世态炎凉。终于找到一个销售的职位，凭借自身的勤奋和努力，熬到了主管的位置，也找了个收入稳定的工程师嫁了。起先她还算满意，没想到婚后一次大学同学聚会，又让她受刺激了，原先很多学习成绩不如她的男生都开了公司挣了大钱，长得不如她漂亮的女生居然也都嫁了什么大款高官，而她虽说在公司做到了中层，每月也就万把块钱收入，老公跟人家比更是稀松平常，住的房子也不过普通的两室一厅，车子也就是富康，跟有的同学开的宝马一比简直就像芙蓉姐姐站到了李嘉欣面前，她又陷入了深深的自卑当中了：她觉得自己命太苦，觉得老公没本事，她甚至想到了离婚……

可见，自卑者有一个显而易见的特点，就是喜欢跟人比较，尤其是碰到越熟悉的人、越亲近的人，越要来个一较高低。很多人生信条都告诫我们：不要跟别人攀比，但是，这谈何容易。心理学研究证实，人就是要跟别人作比较的动物。比来比去，我们每一个人，不是在这方面，就是在那方面，总有不如人的地方，于是，自卑就不可避免地产生了。包括前面提到的那位小芳，她的自卑很大程度上也是和老范身边其他女人的不断比较中产生的，越比较就越自卑，越自卑就越难受，最后只好选择"弃权"。

❤ 3 "过度补偿"有时候并不能消除内心真正的自卑

说到这里，也许有些读者会感同身受，是啊，我总是自卑，总觉得自惭形秽，没脸见人，我该怎么办？自卑真的会像一头拦路虎一样阻碍我的成功？干扰我的幸福吗？

我不这么认为，我反倒觉得自卑有时候是件好事，它好似清晨的闹钟，把昏睡的我们唤醒。自卑既会使人羞怯退缩，也能使人奋发进取。某种意义上，人的自卑感是走向成功的催化剂。发现它，承认它，并设法弥补它，从而达到人生的目标。如屈原被放逐乃赋《离骚》，司马迁受宫刑遂成《史记》，阿德勒在他的经典著作《自卑与超越》一书中也这样阐释："当一个人的自卑感越严重，他就越想通过优越感来弥补自己。在人类从事的每一件创作之后，都隐藏着对优越感的追求。"那是因为人在面对自卑这个敌人的时候，总是会不自觉地拿起"补偿"这个武器，来对付它，来击退它，甚至消灭它。

在本书中，我经常提到一个概念，那就是"补偿"，它指的是一个人通过自身的努力和奋斗，通过其他方面来填充个体生理或心理方面的不足，比如盲人大都听觉灵敏，某些自闭症患者在数学方面有天赋，再比如"穷人的孩子早当家"，出身贫寒的比出身富贵之家的更有忧患意识，渴求成功的愿望也更强烈。贝多芬从小听觉有缺陷，耳朵全聋后居然还创作出了优美的《第九交响曲》，美国总统林肯从小相貌丑陋，还有口吃，但并不妨碍他孜孜不倦，艰苦奋斗，最终靠着翩翩的风度和出色的口才登顶总统宝座。

在爱情和婚姻当中，这种补偿心理也处处可见：比如个矮的一定要找个高的，胖的喜欢找瘦的，没钱的总向往嫁个有钱的，内向者容易被外向的人吸引，规规矩矩的淑女总是跟着强悍粗鲁的硬汉跑，江湖女侠看见文弱书生难免芳心暗许。小姑娘总爱大英雄，而大女人却往往被小男人俘获。

不过，话又说回来，凡事都有个度，所谓过犹不及，过分了，就不一定是好事，反倒得不偿失，甚至效果适得其反，这就不是积极的补偿了，这在心理学上称为"过度补偿"。"过度补偿"表面上可以在他人面前获得一种自尊，但并未获得真正的心理满足，内心真正的自卑并未消除，有时候反倒"野火烧不尽，春风吹又生"。

比如流行天王迈克尔·杰克逊一生的悲剧就是"过度补偿"的结果。

尽管迈克尔·杰克逊在世界流行乐坛的地位早已如日中天，尽管他的各种财产收入早已富可敌国，可迈克尔并不快乐。每次看到他那张因为整容过度而惨不忍睹的白色面孔，看到他那快要塌下来的鼻子，很多喜欢他的歌迷都会感到诧异，他有什么不满足的？他为什么要这样无休止地折磨自己？他为什么总跟自己的鼻子过不去？

原因很简单，他一直就不快乐，他从童年时代起就没快乐过。他漂白皮肤也好，隆鼻也罢，都是对自己儿时痛苦记忆的一种补偿。

别人的童年都是在父母的疼爱、在天真的玩耍中度过，而迈克尔的童年却为了养家糊口，而被迫牺牲自由，是在父亲的鞭打、惩罚下承受着痛苦的煎熬中度过的。

由于家境贫苦，从 5 岁开始，迈克尔就在父亲的逼迫下跟 4 个哥哥组成"五人演唱团"四处巡回演出。据他回忆，没日没夜的训练和演出几乎占据了他所有的童年时光，他不仅没有同年龄段孩子们正常的休息、玩耍，也没有欢乐和笑声。父亲对他极其严厉和凶悍，稍有表现不如意的地方，就会被暴揍一顿，毫不夸张地说，他是在父亲的打骂声中成长起来的。

因此，他成名以后几乎所有的行为都是在补偿他童年时代失去的一切：包括他用巨资打造的豪华庄园，也跟其他富豪的别墅有着天壤之别，他的庄园看上去更像一个儿童乐园：里面有游乐场，有动物园，有许多孩子的笑声，这个拥有全世界亿万歌迷的巨星似乎更愿意沉浸在孩子的世界里，他几十年的风风雨雨是是非非也都跟孩子揪扯在一起。有人说他的童年长达 50 年，也有人说他就是现实世界里那个永远长不大，也拒绝长大的彼得·潘。小时候，他是一个大人模样的孩子，在舞台上经常做出各种大人模样的动作，长大以后他又变成了一个孩子模样的大人，这个左右世界流行风尚的天王，原来是个没有丝毫安全感的乞儿；这个给全世界带来快乐的人，原来是个最不快乐的人；这个最有童心的大人，原来是个没有童年的人。

迈克尔·杰克逊的过度整容其实也是对他童年创伤的一种过度补偿。据他多次回忆，小时候他的长相，尤其是他长得过大的鼻子一直是他的父亲和几个哥哥经常嘲弄和挖苦的目标，他们甚至给他的鼻子取了个绰号，叫"大蒜鼻"，这让他非常难堪。迈克尔后来形容："他恨不得去死"，长相和鼻子成了他严重自卑的痛苦根源，以至于他成名后赚到了第一桶金，就用来去隆鼻。第一次整容完，严厉的父亲并不满意，反倒进一步奚落他"更加难看了"，这又戳到了他的痛处，从此，他在整容道路上越走越远，而这一切都是为了跟童年"那个外形丑陋的小男孩"告别，这种过度整容就是一种"过度补偿"，反倒让他对自己的长相更加吹毛求疵。其实，他的两次失败婚姻也是如此，因为从未得到过家庭的温暖，他特别向往婚姻生活，但由于他的内心只是个孩子，按照前面的说法，是个心理未曾充分成长的人，这使得他不懂得如何为人夫，为人父。这就是一代流行天王的人生悲剧，从小的自卑一直如影相随，像恶魔一样追踪着他，而过度补偿也并未拯救他受伤的心灵，反倒在痛苦的泥沼中越陷越深。

迈克尔·杰克逊的不快乐，既有父亲带给他的童年创伤，也有补偿过度的恶果。其实，在日常生活中，我们也经常看到很多补偿过度的现象：

（1）过分追求名利，而忽略亲情、友情和爱情。

（2）只重结果，不重过程，甚至为达目的不择手段。

（3）对自己，对配偶过分苛求，总是把目标定得太高，让人不堪重负。

（4）自己实现不了的愿望转嫁给孩子，让下一代成为自己人生的替代品。

（5）"工作狂"的生活方式。

（6）过分看重别人的赞美和看法。

（7）对自己的外表过分在意，酷爱整容。

4 有时候一个人过分炫耀某一点，那正是他最自卑的那一点

按照阿德勒的观点，本来，追求优越，是战胜自卑的关键所在，但要量力而行，适可而止，不可拔苗助长。如果有自卑感的人总是采用一种优越感来自我陶醉，或麻木自己，那么，他的自卑感会越积越多。如果造成自卑感的情境一成不变，问题也依旧存在，他所采取的每一个步骤都会逐渐将他带入自欺当中，而他的各种问题也以日益增大的压力逼迫着他。这些过度补偿，往往是损人不利己，让别人痛苦，也让自己受罪，归根结底，都是严重自卑造成的。

有时候一个人过分炫耀自己的某一点，那有可能就是他最自卑的一点。比如有的暴发户用全身的各种名牌来武装自己，就是怕别人看出他过去在财富方面的缺憾，前面提到的迈克尔·杰克逊整容成癖，也是他对自己长相最不自信的表现。海明威是文坛公认的"打不倒的硬汉"，可熟悉他的文学评论家却称，"海明威在心理上一直没有长大，在他的灵魂核心一直是那个不服输的小男孩"。尽管海明威处

处用大胡子和猎枪包装自己，一拍照就刻意摆出一副硬汉姿态，其实他的内心世界脆弱而敏感，孤独而痛苦。英国著名作家詹姆斯·乔伊斯年轻的时候在巴黎见过海明威，英国的大文豪是这样形容这个美国文坛的后起之秀的："一个敏感的小男孩硬要充硬汉。"另一位"迷惘的一代"的著名作家菲茨杰拉德的妻子扎尔达更是直言不讳地将海明威的"丈夫气概"斥为"像假支票一样的东西"。由此可见，海明威的硬汉形象也是自身的一种"过度补偿"。

还有一些男人的自卑表现在性的方面，比如喜欢不断地邀约女性，在半开玩笑的方式下，向对方吹嘘他自己的好色，同时故意表现自己如何喜好女色，乍看之下，俨如风月场中的老手，其实，这种人是怀有性的自卑感，而故意装出相反的态度来，说不定他还是个处男或者从不敢追求女人的可怜虫。另外的一种表现，就是对于女性表现出极端的洁癖。德国大哲学家康德，终身对于女性关系表现得非常严肃，据说，他的朋友如果向康德提起结婚或是男女这档子事时，康德听了，简直怒不可遏。康德在家里把有关结婚的字眼列为禁忌，因此，有人由此推测，康德在性方面可能隐藏着极强的自卑感。他终身坚守不结婚以及不近女色的信条，几乎比他信仰哲学的信条还要更专心、更虔诚。

很多野心家都是自卑种下的恶果，这种自卑一旦极度膨胀下去，如同原子弹爆炸一样让世人恐怖。比如明朝开国皇帝朱元璋，为什么晚年大开杀戒？就是严重的自卑心理导致他对打下的江山有着严重的不安全感，他怕黄袍加身的历史重演，怕朱家天下根基不稳，于是对功臣名将都全面镇压，直至斩草除根。战争狂人希特勒因为出身和个头，也极度自卑，早年为了艺术屡屡受挫，甚至在维也纳流落街头，后来他就把这种自卑转嫁到了犹太人身上，一旦夺取政权就把整个德国绑在侵略战争这架机器上。

当然，朱元璋和希特勒的例子有点儿极端，但是，一个人的自卑心理如果处理不好，最起码也会给他的一生，给他最亲近的人，带来无穷无尽的烦恼和痛苦，他将和快乐无缘，更与幸福擦肩而过。

说了半天什么是自卑，自卑的种种表现，接下来则是大家最关心的一个问题，我们应该如何克服自卑、战胜自卑、超越自卑呢？

首先，要学会给自己的潜意识多提供一些积极的心理暗示。

心理暗示指的是把某种观念输送到内心的行为或举止。如果把潜意识比喻成一张白纸，心理暗示就如同准备在这张纸上作画的画家，他决定着这幅画最终呈现出来的效果是自卑还是自信。心理暗示是把双刃剑，积极的暗示如同一个优秀的画家，会把他创作中最好的状态、最美的笔触落到纸上，呈现出一幅让人叹为观止的画卷。相反，一位糟糕的画匠，则会糟蹋这张纸，让人惨不忍睹。换言之，人的自信来源于对潜意识积极的心理暗示，自卑则是对潜意识消极暗示的结果。

常见的消极暗示：

（1）我真的不行。

（2）我是个没用的人。

（3）我总是让人失望。

（4）我真的很差劲。

（5）我是个失败者。

（6）我已经老了。

（7）事情越来越糟。

（8）你办不到的。

（9）你输定了。

（10）这怎么可能呢？

常见的积极暗示：

（1）你一定行。

（2）你真的很棒。

（3）我不会让人失望。

（4）我不比任何人差。

（5）我绝不相信失败。

（6）我一点儿都没老。

（7）我对前途充满信心。

（8）我尽量做好。

（9）我永远不会服输。

（10）这世上没有什么不可能的事。

当你遭遇困难的时候，当别人瞧不起你的时候，当你不太自信的时候，请在你的潜意识里想象有一位你的忠实伙伴，他总是面带微笑、干劲十足且充满信心地鼓励你、帮助你、称赞你："朋友，你一定行的，我相信你！"久而久之，在这位忠实伙伴的陪伴下，你的自卑就会像感冒病毒一样被他驱除干净。记住，你的潜意识就是一张白纸，自信还是自卑，关键看你手中这支笔怎么写，你对自己有信心，你就会写出漂亮得体的字来，你没信心，你的字写在潜意识里就会歪歪扭扭。人的自信也好，自卑也罢，完全被自己的潜意识左右。总往好的方面想，便会自信满满，老往坏的方面想，你便会时刻自卑。

其次，不要总是过分关注身边的人，要学会关注自己。

前面提到，人的自卑很大程度上是在跟他人盲目的攀比中放大了。比如你现在一个月已经挣了1万块钱，突然看到你的大学同学一个月挣2万，你就开始心里不平衡了，于是，自卑宛若雨后的春笋一下子冒了出来。过两天，你又发现你的房子住得不如你中学同学大，你开的车比你小学同学还不如，那你岂不羞愧难当？无地自容？

与其你老跟身边的人瞎较劲，不如拿自己的今天跟昨天比较：假设你刚刚参加工作那会儿一个月才挣2000元，那么你现在一个月挣1万元就是一种巨大的进步。人的一生总在不断的前进过程中，那他就会在这种前进的过程中找到自信，也会逐渐克服内在的自卑感。记住：一个人快乐的源泉不是去跟别人赛跑，而是跟自己竞走。与其过分关注身边的人，不如学会关注自己。如今，有个词很流行，叫"羡慕嫉妒恨"，它是一种大规模杀伤性武器，它是让我们陷入心态不平衡的根源，究其原因，我们都是在过分关注他人的眼光中迷失了自我。要找回自我，先要学会关注自己。

那么如何关注自己呢？除了经常自我比较（过去和现在）之外，还要善于跟自己的身体对话，倾听自己身体内部的信息。关于这部分内容，请看本章第四节。

「三」

爱的能力需要从小培养

1 爱的五种含义

在总序中我提到，"爱无能"是近年在网络上、在都市白领中非常流行的一个词汇，那么，究竟什么是"爱无能"？各种各样的定义也非常之多，我的理解，所谓"爱无能"简单地讲就是一种爱的能力的缺失，它不是严格意义上的心理疾病，但属于一种都市情感的亚健康状态，而且有相互影响、交叉传染、迅速蔓延之趋势，应该予以重视。

要想进一步了解"爱无能"，我们首先要了解什么是"爱的能力"。

"爱"应该说是我们日常生活中最常用的字眼了，也是影视作品、流行歌曲中出现频率最高的词汇之一。爱的范围非常广泛，既有母爱、父爱（统称为亲情之爱），又有情爱、性爱（统称为爱情），还有友爱（对朋友）、博爱（对祖国、对世界、对人类的一种普遍的爱）。

然而，爱到底是什么？如何给它下一个完美的定义？古往今来，无数的作家、哲学家、心理学家一直众说纷纭，至今，究竟什么才是"爱"，仍显得相当的笼统和模糊。

我的理解，爱的含义是多方面的、多层次的，从两性关系的角度来看，爱至少涵盖了以下5点。

第一，爱起源于一种强烈的关注度。

爱是如何产生的呢？首先来源于你对他（她）强烈的关注。只有首先关注，才会被吸引，才会滋生出好感、才会渐渐喜欢上他（她），直至爱上他（她），不想离开他（她），甚至离不开（她）。

那是因为，我们每个人的眼睛，总是首先捕捉自己喜欢的人和事。尤其是男人，被称为视觉动物，走到大街上，很容易对美女或气质不俗的女人行"注目礼"，这就是一种关注度。为什么在恋爱的初级阶段，男人普遍比女人先坠入爱河？答案就在这里，男人普遍比女人更关注对方的外貌特征。有一段时间，有一首流行歌曲曾经到处传唱，歌名叫《我的眼里只有你》，这正好道出了恋爱中男女的共同心声：当我喜欢上你，我的眼里就只有你。包括在热恋中，我们无时无刻不在思念对方，通过打电话，发短信急切地想知道对方在干什么，其实也是一种强烈地关注对方的心理。反之，如果一个人不再爱对方了，往往首先是从"关注度"方面开始转移或下降。我曾经接受一个失恋女孩的现场咨询，她告诉我她男友不再爱她就是从不太注意她的穿着打扮开始的，以前她哪怕换了一种颜色的口红，男友的眼睛都会第一时间"瞄准到"。渐渐地，男友对她越来越不上心。我承认，她的感觉是对的，通过后来的进一步了解，她的男友的确已经移情别恋了。她所说的"不再爱她"了，其实也就是"不再关注"她，"不再在乎"她了。

第二，爱是一种彼此之间的欣赏、吸引甚至崇拜。

这是爱情中最令人心动的环节，也是让我们激情澎湃的因素。相爱的男女双方，"欣赏"与"吸引"是不可或缺的，我们难以想象，一个男孩不是被一个女孩强烈吸引，一个女孩对一个男孩如果没有"欣赏"甚至些许的崇拜，会产生"爱"，会"执子之手，与子偕老"？很多女孩告诉我，包括很多优秀的"齐天大剩"们都有类似的看法，一个男人要想让她喜欢上，身上必得有某些让她"崇拜的东西"，否则"爱不起来"。某些婚后的夫妻之所以激情不再了，七年之痒了，就在于彼此之间不再欣赏对方了，男方觉得女方好似珍珠变成了鱼目，不再像婚前那样吸引人了，女方觉得男方不是万世师表，不是每句话都充满智慧，时时刻刻鞭策着自己，原来也不过是个凡夫俗子。此时，爱情好似上了年纪的女人面部皮肤里的水，早已渐渐流失掉了，如果不及时补充水分，爱情就会像苍老的皮肤一样变得干瘪粗糙。

第三，爱是一种无条件的付出和奉献。

这是爱的本质和真谛。古今中外，被许多文学作品讴歌的"不朽的爱情"，中国的《梁祝》《天仙配》《红楼梦》，国外的《罗密欧与朱丽叶》《茶花女》《简·爱》，都是建立在双方无条件的付出与奉献的基础上的，这种付出和奉献不仅仅体现在无条件地给予对方关爱，主动地关心和爱护对方，还包括甘愿丢下丰厚的物质生活，舍弃金钱、地位和名誉，直至生命。

第四，爱是一种责任感。

提到责任感，我想起在央视《艺术人生》节目中，主持人朱军对当年在国内红极一时的日剧《排球女将》的女主角小鹿纯子的表演者——日本著名影星荒木由美子的一段采访。跟山口百惠一样，由美子也在演艺生涯的巅峰时刻宣布隐退，嫁给她现在的丈夫。然而非常不幸，两口子新婚宴尔刚过，婆婆便患上了老年痴呆症。为了支持丈夫的事业，她开始了长达20年的护理婆婆的工作，其间经历了常人难以想象的痛苦和煎熬。她用自己全部的爱守护着婆婆、丈夫和她的家，最终换来了婆婆临终前的祝福——"你的一生都会平安"，以及丈夫对她无限的感激和爱。当现场的观众问她：爱和责任你选哪一个？她回答："我都要。因为没有爱就没有责任！"她的话收获了现场的一片掌声。

责任感代表着"我对你负责""我对你承担着一种义务和责任"，意味着"我们要将爱情进行到底"，它是爱情的测量仪，也是爱情的保险箱，更是爱情的保护伞。由美子作为一名妻子，尚且对丈夫和他的家人如此具有责任感，对于顶天立地的大男人来讲，这种责任感尤其重要，它好比是通向爱情康庄大道的永久签证。如果说，实践是检验真理的唯一标准，那么，责任感则是考量一个男人在爱情上是否成熟、是否忠贞的试金石。在前面提到的《婚恋报告粉皮书》中，我就注意到一个很有意思的细节，在调查女性最无法容忍的男人的缺点时，47%的女性给出的首选是"没有责任感"。国内有位心理学家甚至主张，不要把男人简单地分成"好男人"和"坏男人"，因为这既不科学，也不符合男人的本性，他倒主张把男人分成"负责任的男人"和"不负责任的男人"两种，我基本同意这种看法，男人可以没房没车，甚至可以没钱没存款，但不能没有责任感。没责任感的男人相当于太监，基本上是废人一个。

第五，爱是一种相互的理解和尊重，是一种相互的信任和包容。

这是爱情得以天长地久的前提条件。为什么如今的爱情都像大观园里林妹妹的身体那样弱不禁风？为什么当下闪婚、离婚居高不下？问题的关键在于我们都不懂得遵循爱的八字方针："理解、尊重、信任、包容。"爱情不是把两个人变成一个人，不是我吃了你，你吃了我，而是把我和你变成"我们"，在一个大家庭中彼此和睦共处，求同存异。这就相当于两个相爱的人组成了一个婚姻共和国，大家有共同的纲领（基本相似、彼此认同的人生观和价值观），共同的领地（家），有共同的财产，有共同的居民（配偶及孩子，有时候还包括双方的父母），但也给国民一定的言论和行动自由（尊重彼此独立的个性、一定的自我空间）。

所以，爱情就意味着哪怕进入婚姻中，你也要理解他与众不同的个性，尊重他多年养成的生活习惯，信任他的朋友（包括异性），包容他的缺点（只要不是原则性的），而不是你要不惜一切代价地改变他的性格、控制他的生活、干涉他的自由甚至百般挑剔、千般指责。

关于尊重和包容，我在上本书《女人不"狠"，地位不稳》第四章有详细论述，感兴趣的读者不妨去看看，这里就不多赘述了。

2 爱的能力不是与生俱来的，而是后天习来的

作为一名情感作家，我觉得这5点既是爱的5种含义，也是每

个人需要具备的爱的 5 种能力。当然，从小的方面细分，爱的能力还包括善于处理伴侣之间冲突的能力，及时走出失恋伤痛的能力等。关于后者，过去在相当一段长的时间里，我们都存在一种一厢情愿的看法，认为爱跟性一样，是一种本能，是人人具备的天赋，不用指导，无须培养，到了春情萌动的年龄，自然心领神会、心知肚明乃至心想事成。所以，从小到大，无论在父母那儿，还是在学校里，我们从未获得过任何系统的爱的教育。我记得上初中的《生理卫生》课，到了青春期这个章节，老师就三缄其口，让我们回家自己去翻书，考试自然也会绕着走。那时候有思想品德课，当然也谈到关于爱的话题，但那都是对祖国、对人民的"大爱"，至于父母儿女之爱、男女两性之爱，我印象中，好像都从未涉及。于是，我们基本上是在"盲情哑爱"的封闭环境下成长起来的。我们根本不懂，真正的"爱"不是与生俱来的，而是后天习来的。

爱也是一种能力，正如美国著名社会学家弗洛姆所说："爱是人的一种主动的能力。对自己的生活、幸福、成长以及自由的肯定是以爱的能力为基础的，这就是说，看你有没有能力关怀人、尊重人，有无责任心和是否了解人。"可见，爱的能力是指我们跟他人建立亲密关系的能力，具备了爱的能力才会让一个人真正地爱自己，爱他人，才会深深体验到爱带给人的快乐和幸福。美国著名心理学家，畅销书《少有人走的路》的作者斯科特·派克也认为："爱是为了促进自我和他人心智成熟，而具有的一种自我完善的意愿。"

这种爱的能力，跟我们的"语言表达能力""逻辑思维能力""组织管理能力"一样，需要后天的学习培养乃至历练。

一个刚出生的婴儿是不懂得爱的，只有经过母亲（或其他人）的精心呵护与抚养，婴儿才会渐渐长大成人。而此时的婴儿，一切都极其被动，需要人照料、喂乳、抚爱，只知道本能地"索取"，以满足其自身的生理和低级需要，只渴望"被爱"，而不懂得"爱"。经由成人的照顾，当他"被爱"到一定年龄，才渐渐地"学会"去爱别人，比如用小手抚摸母亲的面庞，给别人一个灿烂的笑脸，再大一些，就"学会"有意识地去关心别人，这说明，他已经由被动的"被爱"，变成会主动"爱"别人了。

在父母的言传身教之下，我们渐渐培养了爱的能力，在恋爱和婚姻中，我们则进一步实践和强化我们爱的能力。反之，我们就会陷入"爱无能"的泥沼当中，无力自拔。

我曾经收到过一个男硕士生的来信，他告诉我，从小到大他一直都是父母眼中的好孩子，无论是小学、初中、高中，他都是班上的学习尖子，成绩一路绿灯，上的都是重点学校，连大学都是全国名牌，研究生也是保送。但平时除了学习之外，他很怕一个人待着，因为他觉得自己很孤独。他告诉我他不仅从未恋爱过，甚至还不懂得怎么爱别人，也体会不到别人的爱。父母对他除了管教，除了关心他的身体状况、他的学习成绩，对他的其他方面从不过问，除了闷头读书他也几乎没什么特别爱好。他朋友很少，无论从父母那儿，从同学那儿他都感觉不到爱，由于经常去图书馆看书，他渐渐对一个总是坐在他对面的女孩子有了好感，他不知道这是不是爱，他也没有主动接近她和跟她表白的勇气，慢慢地他决定放弃，因为觉得自己根本不会谈恋爱。在学习方面一贯很自信的他突然陷入一种自卑当中，他担心自己配不上这个女孩，但有时候看到大学校园里出双入对的情侣，他又很羡慕，他问我，我该怎么办？我是不是"爱无能"？

很显然，这个男孩在某些爱的能力方面有所缺失，不敢爱，不会爱，也不知道怎样去追求爱。不过，他还算清醒，知道自己的病症，懂得关注自己喜欢的女孩。前面提到，一个人的爱首先体现在对自己喜欢的人的关注度上，这点至少证明他还具备爱的"知觉"，在生活中，我碰到更多比这个研究生还要"麻木不仁"的"爱无能"：自己没有爱别人的勇气，更丧失了被别人爱的智慧。而这正成为时下单身男女中常见的"流行病"。

"爱无能"的种种表现

（1）不相信爱情、不接纳爱情，甚至把爱情当成核辐射，闻之色变，宁愿躲在非爱的蜗居中沉睡，拒绝享受爱情的春天。他们大都被爱情伤得体无完肤，所以心灵好似经历了一场大地震，强震刚过，余震不断。

（2）极度的工作狂，把事业当幌子，信奉"有粥万事足，无爱一身轻"的人生哲学。即便有"艳"也没"遇"。

（3）整日沉湎于港台言情小说或日韩偶像剧，无时无刻不在幻想童话中的爱情从天而降，对现实极度鄙夷。这种喜欢做"白日梦"的人群中以女性居多，她们的幻想世界好似一个马厩，里面只有各种白马王子和青梅竹马。

（4）总是给自己罩上厚厚的铠甲，爱情防卫心理过重。只要有异性接近，不是怀疑他只想跟自己上床，就是猜疑他是冲着自己的钱来的。

（5）以享受单身为借口，拒绝二人世界。宁肯"共看篝火"，也绝不"相互取暖"；或只想恋爱，不想结婚，他们不是不负责任，而是怕承担责任，他们属于"恐婚一族"。

（6）极度以自我为中心，总想别人爱自己，不想主动付出；总想在爱情王国中称王称霸，让别人当顺民。

（7）奉行"物质决定爱情"论，认为人间根本无真爱，仅仅把爱情当成一种交易。

（8）为结婚而结婚，在他眼中，"神马都是浮云"，不懂得浪漫，不懂得温存。这种男人，婚前爱无能，婚后性无能，他不是内秀，而是内"锈"。

我认识一个女导演，一直忙于拍片，人近40岁才结婚。起先我都替她高兴，因为她嫁给了一位优秀的指挥家。当初她为指挥家精湛的技艺和沧桑的面容所打动，义无反顾地下嫁这位大她20岁的"夕阳伴侣"。谁知新婚宴尔的第二天，沧桑的指挥家就无端端地玩起了"失踪"，直到一周后她才在他的乐团找到他，问起缘由，指挥家漫不经心地说了句：音乐是我的主旋律，婚姻只不过是我的一段小插曲。这段本可以拍成电影的浪漫情缘在短短的新婚半个月之后就宣告流产。无疑，这个指挥家也属于"爱无能"，不懂得如何为人夫，只好继续沉浸在他的主旋律世界里。

在生活中，我们还经常遇到这样一种男人，他们总喜欢像蜜蜂一样四处采花，但他们不是人见人恨的采花大盗，他们也想真心去爱，但他们却总是把控不住自己，也让他爱的女人们把控不住：有时候他们会像梁山伯一样痴情，有时候他们又会像贾宝玉一样多情，有时候他们也会像西门庆一样滥情，有时候他们还会像陈世美一样绝情。

比如晚唐诗人杜牧就是这样一种男人：把无数女人的怀抱当成秦岭中的隧道，来回穿梭。虽说杜牧是世家子弟出身，祖父杜佑还做过宰相，他自己也是少年才俊，23岁就写下了那篇千古传诵的《阿房宫赋》，然而随着祖父和父亲的相继去世，他的仕途也开始坎坷起来，官怎么也做不大。好像整整十年，他都是在扬州蹉跎，所谓"十年一觉扬州梦，赢得青楼薄幸名"，我估计，这十年，他虽不是"天天当新郎，夜夜入洞房"，但基本上已迷醉在二十四桥的青楼明月间了。要不他怎么既会有"娉娉袅袅十三余，豆蔻梢头二月初"的艳遇，又免不了产生"二十四桥明月夜，玉人何处教吹箫"的怅惘呢？试问，这样一位整天在"红灯区"醉生梦死的落魄文人，即使再才华横溢满腹经纶，又有哪位痴情女子敢心甘情愿地托付终身呢？只怕昨夜你还"蜡烛有心还惜别，替人垂泪到天明"，人家大才子第二天已经在另一个温柔乡中慨叹"春风十里扬州路，卷上珠帘总不如"了！

在某种程度上，杜牧也是"爱无能"，因为不会爱，只好把别人的一份爱，换成他的一夜情。最终伤了别人，也伤了自己。

3 爱与恨都会产生一种特殊的"蝴蝶效应"

那么，"爱无能"产生的原因又是什么？近年来，网上关于这类的讨论文章很多，有人说这是一种"时代病"，因为我们所处的是一个"金钱至上、爱情缺失"的年代，也有人说，这跟我们从小生活的环境过于封闭有关。这些都是外因，唯物辩证法说得好，外因始终要通过内因来起作用。这个内因则跟一个人从小在缺乏关爱的环境中长大从而导致自我价值不足有关。

前面提到，一个人自我价值不足就会导致不自信，他首先觉得自己就不可爱，也觉得别人不会爱自己，甚至感觉自己不值得人去爱，于是整个人像冰山一样寒冷，跟这种人恋爱和结婚，除非将冰山劈开，否则就会被冻死。

这些年，我做了无数的情感节目，接受了无数的情感咨询，发现了一种特殊的蝴蝶效应：如果一个人总是感情不顺，处在失恋、离婚或者跟配偶长期冷战的状态中，他一定是个外表不阳光、内心也不快乐的人，倘若追本溯源，他从小也一定没得到过父母太多的关爱，或者他的原生家庭一定也千疮百孔、伤痕累累。他在这样的环境下耳濡目染，自我价值一定不足，人格有较大的缺陷，爱的能力更是缺失。这种不开心、不快乐绝对会殃及子女，让他们从小就在内心埋下悲伤的种子，将来还会带到他们的新生家庭中。

反之，婚姻家庭和谐美满的人一定是自信十足、心态平和，且待人热情、真诚友善的，倘若仔细询问，他们的父母一定也是他们成长的榜样，一定也是一对自己生活快乐，同样也给子女带来快乐的夫妻，而他们的下一代则是爱的火炬的传递者。

大家都听说过"蝴蝶效应"吧？美国气象学家爱德华·罗伦兹1963年在一篇提交纽约科学院的论文中是这样阐释的："一只南美洲亚马孙河流域热带雨林中的蝴蝶，偶尔扇动几下翅膀，可以在两周以后引起美国得克萨斯州的一场龙卷风。"其原因就是蝴蝶扇动翅膀的运动，导致其身边的空气系统发生变化，并产生微弱的气流，由此引起一个连锁反应，最终导致其他系统的极大变化。他称之为"混沌学"。"蝴蝶效应"原理就是，看似不经意的一点儿小小的变化，说不定经过不断放大，对其未来状态会造成极其巨大的影响。

从心理学的角度来看，很多为人父母者都无从知道，他们经常无意识地训斥孩子、打骂孩子，或者当着孩子的面激烈争吵，乃至对配偶的严重不满经常像排毒一样地排到孩子面前，会在孩子幼小的心灵中造成对自我的贬斥、对爱情的恐慌，乃至对未来婚姻的不信任感。而当他们将来长大之后，又会把这种不快乐不开心甚至充满恨意的心理带到新的家庭中，一个从小生活在冷漠、仇视、病态家庭里的孩子，一定会把这种冷漠、仇视、病态原封不动地带进他人格基因中，并传给他的新生家庭、他的孩子。这就是恨的"蝴蝶效应"。

而一个从小就获得父母足够爱的营养的孩子，长大以后也会自然而然地，把"爱"带给他周围的人，带给他的配偶，他的孩子，这就是爱的"蝴蝶效应"。

健康家庭催生爱的"蝴蝶效应"，问题家庭催生恨的"蝴蝶效应"；爱的"蝴蝶效应"培养出的是一个模范丈夫，一个聪明智慧的妻子，而恨的"蝴蝶效应"则滋生爱无能，甚至不负责任的男人，不懂爱不会爱的女人。爱与恨两种完全不同的成长心理，会滋生出完全不同的"蝴蝶效应"！

因此，要想杜绝爱无能，必须从小给孩子提供足够爱的营养。因为爱的能力首先要看自己的内心储存了多少爱可以给予，如果一个人内心是干枯的，他就没有多少爱可以付出，他就必然缺乏爱的能力，而这种"存货"很大程度上是来源于我们的父母。

实际上，我们每一个人的诞生，本身就是爱的产物。那是因为我们绝大多数的父母都是从相识、相恋、相爱走进婚姻殿堂的，孩子则是他们爱的结晶。如果一个母亲是怀着对她丈夫深深的爱意生下宝宝，她必然会对宝宝充满爱意和呵护，她会觉得我的孩子是个"好宝宝"。孩子在充分得到母亲的关怀时，也会积极予以回报："我是一个好宝宝，你是一个好妈妈"，亲人的认可换来的是"自我的肯定"，再转化成"肯定亲人""肯定他人""肯定爱人""肯定孩子"。

爱的蝴蝶效应关系表

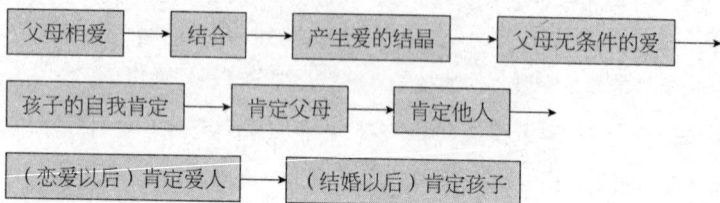

| 父母相爱 | → | 结合 | → | 产生爱的结晶 | → | 父母无条件的爱 | → |

| 孩子的自我肯定 | → | 肯定父母 | → | 肯定他人 |

| （恋爱以后）肯定爱人 | → | （结婚以后）肯定孩子 |

爱的能力的培养无疑就是这样一个过程：

由父母对他的"爱"，他也学会了"爱"他人；

由父母对他的"关注"，他也学会了"关注"他人；

由父母对他的"负责"，他也学会了对他人"负责"；

由父母对他的"付出"与"奉献"，他也学会了"付出"与"奉献"；

由父母对他的"理解""尊重"和"包容"，他也学会了"理解""尊重""包容"他人。

因为被爱，他学会了爱，他就会自然而然地、由衷地爱他周围的人，而一旦这种爱的"蝴蝶效应"全面施展开来，他的"爱的能力"也就逐步培养起来了。有点儿像我们中学体育课上进行的小组接力赛，如果我们接过的是爱的接力棒，我们家庭中的每一个人都会充分感受到那份温暖和自信，我们将顺利地把这份爱传递下去，直至胜利的终点。

「四」

自爱是一个女人获得美满爱情的先决条件

1 对一个女人来说，寻找他爱是第二步，找到自爱是第一步

情感咨询中，听到求助者最多的一句话就是："他到底还爱不爱我？"

每当遇到这种诘问，我总是不急于回答，而是耐心地开导她："你先不要管他爱不爱你，在两个人感情出现危机的时候，这不是最重要的。重要的是，你到底爱不爱自己？"

差不多有 90% 以上的女性求助者对于我突然提出这样一个问题感到茫然：他伤害了我，他对不起我，为什么不去分析他的心理，不告诉我是该继续还是放弃，反倒问我是不是还爱自己？他还爱不爱我和我爱不爱自己，这两者之间有什么必然联系吗？

当然有，而且关系紧密，甚至互为因果。可惜绝大多数在感情上受到过伤害的女性根本不懂得这个道理。

　　她们不懂，爱实际上是包含了两方面的范畴：我们既要学会爱他人，也要学会爱自己。只有更好地爱自己，才会更好地爱他人。爱自己，就是自爱，也是一种爱的能力。前面谈到，"爱的能力"首先来源于"爱自己、接纳自己、自我认同"的能力，这是爱的根本。当一个人自我价值良好、自我力量逐渐强大的时候，爱就像从原来的小溪，变成了大海，源源不断地从自己流向我们所爱的人。我们常把热恋中的男女比喻成"坠入爱河"，其实就是沉浸在双方共同释放出的巨大的爱的能量当中，这种能量的产生，源自爱的能力。

　　英国神学家艾克哈特曾经说过这样一段话："如果你爱自己，你就会像爱自己一样爱所有的人，如果你对别人的爱少于对自己的爱，你在爱自己的时候也不会成功。如果你爱所有的人，包括你自己，那么你就把他们当成一个人来爱。那个人既是上帝，又是人类。这样的人，就是一个伟大而公正的人。"《圣经》里也有过类似的话："像爱自己一样地爱邻居"，这句话的潜台词是说，要爱邻居首先要爱自己，对邻居也要像对自己一样的好，如果一个人对自己都不好，都不爱，又怎么奢望他去爱邻居，爱他人呢？

　　因此，对一个人来说，寻找他爱是第二步，找到自爱是第一步。女人尤其如此。

　　一提到自爱，有些人会把这个词和自恋、自私联系在一起。好像自爱的人就一定像自恋的人一样不招人喜欢，像自私的人一样惹人讨厌。

　　其实，这是一种误读。自爱跟自恋、自私完全是两码事。

　　自恋是一种轻度的心理疾病，它的外在表现是极度的自我陶醉，自我迷恋，其实也是一种潜在的自卑，自恋的人通常拒绝与他人交流，沉浸在自我幻想的世界中，给自己铸造了一个铜墙铁壁。自私则是一种极度的利己意识，只为自己考虑，从不为他人着想。自爱不是自恋，更不是自私，而是首先要学会尊重自己、爱护自己、相信自己、提升自己，就像一个人首先要掌握自我生存的技能，才能走入社会，寻找适合的工作。恋爱、结婚亦是如此，一个不懂得自爱的人也不会懂得去爱别人，如同要求一个毫无一技之长的人去找工作一样不现实。对于三者的区别，香港著名情感作家、心理治疗师素黑有个比喻非常贴切，她认为："自爱的人散发爱，自恋的人封闭爱，自私的人索取爱。"

反之，不懂得自爱的人，总是渴望爱，又害怕失去爱。

❷ 在丈夫和儿女面前爱到"忘我"的女人通常是不懂得爱自己的女人

前段时间，我收到了一个家庭主妇的求助信。在信中，她洋洋洒洒近万言向我诉说了她结婚十年来枯燥而又烦闷的主妇生涯。她说本来嫁给她老公是件很幸福的事。老公是开广告公司的，虽说是独立创业，但年纪轻轻就身价不菲，在外企工作的她婚后没多久就辞职做了家庭主妇，一年后儿子出生了，本来，这个家庭应该是其乐融融的，但随着老公生意的日趋红火，她反倒渐渐少了一份安全感。

她告诉我，这种安全感的缺失来自两个方面：一是老公越来越忙，除了晚上睡觉露个脸，白天几乎见不着他，甚至商量好了一起给儿子过生日，他也突然爽约了。二是为了照顾好这个家，为了养育好他们共同的爱的结晶，她每天起早贪黑，买菜、做饭、打扫卫生、接送孩子上下学，她形容简直比当年在外企工作还累，渐渐地，她觉得生活越来越无聊，越来越乏味，她感觉虽然老公很有钱，但她一点儿幸福感都找不到，她觉得自己就像个老妈子，每天的任务就是伺候老公和孩子。原先她还是一个名牌大学的高才生，英语顶呱呱，现在什么都忘了，有一天猛地照镜子，才35岁的她看上去一脸憔悴，鬓边白发丛生，眼袋也不知道什么时候凸了出来，之前引以为豪的苗条身材更是"不知去向"；另外，老公似乎越来越潇洒，每天出门都是带着自信的笑容，连一身西装穿在他那略显发福的身上也是那么的自信。而她跟老公之间的共同语言也越来越少，她着急了，她焦虑了，她听身边一些朋友讲，男人一旦成功，就要去接近别的女人，就要跟老婆拉开距离。于是，不知道什么时候开始，她就老做梦，梦见老公抛下他们母子，跟着别的女人跑了。她越想越不放心，越想越不对劲，没事就给老公打电话，开始老公还接，慢慢地，由于没什么话讲，老公对她上班时间总来电话不耐烦了，就不接。她更慌了，为了抓住老公的注意力，她就开始编谎话，比如无缘无故忽然去条短信，说家里有急事，老公一听急忙忙跑回来，原来只是煤气用完了，她就催老公去换。还有一次她又谎说儿子不见了，逼着在外地开会的老公连夜坐飞机赶回来，老公回家一看，儿子不好好的吗？你瞎闹什么啊？她还不乐意了：我怎么了，我不就是让你多关心一下这个家吗？我有什么错，你老不关心我和孩子，我这么闹一下也是应该的。

一来二去，老公对这种"狼来了"的游戏不再上当了，她就变本加厉。有一回，仅仅因为老公开会挂了她电话，她就嚷嚷不想活了，她觉得老公就是掏了肚子的鱼，全无心肝。从那以后，老公像躲瘟疫一样躲着她，有时候直接以加班为借口住在办公室彻夜不归，她甚至跑到单位去大吵大闹。后来，老公只好跟她提出了离婚的要求。

她在信的末尾问了我这样几句话："我为这个家，为他为孩子付出了这么多，他为什么要这么对我？他到底还爱不爱我？他要不爱我，我就不活了，我要死给他看，让他内疚一辈子。"

诚然，悲剧的产生有她老公的责任，但不可否认的是，也有她自身的问题，在回信中，我问她："我知道你很爱你的老公，你不想失去他，然而，你在为这个家，为他，为孩子源源不断地付出的时候，有没有想过一个问题，你也爱你自己吗？"

果然，不出我所料，在给我的第二封信中她坦承：她并不爱自己。她谈到了自己的成长经历，她是在父母的严厉管教中长大的，她有一个弟弟，从小就受到父母的宠爱，作为长女，她从小习惯了不停地付出，但总也得不到父母的肯定，她总是觉得自己不招人喜欢，不是个聪明的孩子。后来她考上大学，毕业进外企工作，结婚找了个有钱的老公，都是想证明给父母看，自己是有能力，有魅力的，但她总不相信自己，在她的内心深处，总有一个声音在斥责她：你并不可爱，你不招人喜欢。

在她疯狂付出的背后，实际上隐含了一种需求，那就是极度的索取，索取对方的关注，索取对方的回报，一旦天不遂愿，就会极度失落，乃至愤懑、伤心、痛苦、绝望。她不懂，在任何感情关系中，付出和索取从来是双向的，缺一不可，如同矛与盾的关系。实际上，她患上了一种"忘我症"，这种忘我症，不是在学习和工作中，而是在家庭生活中，是在爱的旗帜下进行的，我把它称为"爱的忘我症"。

在大多数的情况下，"忘我"被看作是值得自豪的、令人满意的性格特点：他们一无所求，"只为他人"活着，他是她的光，他是她的电，他是她唯一的神话。表面上看这是一种奉献精神，实际上，"忘我症"也是心理疾病的一种征兆。在感情关系中，有些女人一旦进入忘我状态，还是会感到不幸福和不满足。在现实生活中，我们也可以看到很多所谓的"贤妻良母"，在丈夫儿女面前爱到忘我的程度，她只是一支蜡烛而已，燃烧了自己，照亮了别人。这种"忘我症"不仅爱到失去自我，最后爱到失去了家庭。问题的核心则在于她们首先没学会爱自己。

素黑在《好好爱自己》一书中有一个观点非常好："爱是一种修行，从自爱开始。"当一个人懂得关心自己，珍爱自己的时候，她不会随随便便地说出"我想死，我活不下去"的话，只有当你不爱惜自己，自轻自贱，或者把自己当成别人的附属品，完全看别人眼色行事的时候，才会动不动就说"我好惨，我好苦，我就是要死给他看"。一边喊着活不下去，一边却又把自己变成一把钳子，紧紧地夹住自己所爱的人，让他也不得安生。

那位家庭主妇不懂，过分的依赖有时候无异于一种情感上的卖身，以失去尊严为代价，最终则会被对方看不起。对于某些不懂得自爱的女人来讲，爱情成了母亲的乳房，需要不断地吸吮来获取满足。

不自爱的女人通常都有极强的控制欲，那是因为，她总是控制不了自己，她的内心空空如也，唯有控制自己的男友（老公）才能感觉到自己的存在，好比一个溺水的人只有死死抓住救命的稻草，而在感情关系中,那个救命的稻草就是身边的男人。

不懂得自爱的女人,往往用寻找他爱来补偿自己,就像一个资源贫乏的国家,必得通过掠夺他国资源才能解救自己。却又总是感到不知足,别人爱自己代替不了自己爱自己,他爱只是假爱,自爱才是真爱。

不懂得自爱的人,自会害怕失去爱。不自爱的人,自然也不会被别人爱,放弃自己的人,也会被别人放弃。

相信自己,相信我们每个人的内心都是一座粮仓,里面粮草充足,可以自给自足,无须向外人乞讨。而很多人不懂得这个道理,他们总是爱得盲目,爱得纠结,爱得悲苦,其实那与其说是一种爱,不如说是一种爱的乞讨,爱一旦有了不平等,关系就会有裂痕,不是他趾高气扬,就是你忍气吞声,久而久之,你们的关系就变成了主人和奴仆、老爷和下人的翻版,这样的爱情还能幸福,还能长久吗?

3 一个不懂得爱自己的人,爱情和婚姻必然千疮百孔

在前面,我不止一次地提到,一个人自我价值的培养要从小做起,父母要从娃娃抓起。包括爱自己,也首先来源于父母对我们的爱。

从爱的角度来看,孩子是父母爱的结晶,孩子只有首先在父母那里感受到爱,孩子才会切身感到自己是一个可爱的人,是一个值得爱的人。一个孩子要学会自爱,就需要被爱的体验,因为如果没有这种体验,那么他就不知道自己是值得爱的,他就会看轻自己,无法认识自己和接纳自己,甚至形成自我否定,产生浓厚的自卑心理。

试想，一个小时候得不到爱的孩子，一个根本不知道世间爱为何物的人，你又如何期待他去爱别人？

一个不会认识自己，不懂得爱自己的人，会在成长过程中形成很多排斥他人、拒绝社会乃至自暴自弃的不健康的心理。

比如：

不爱和他人交流，总是处于自我封闭的状态。

对他人漠不关心，对社会不良现象麻木不仁。

不爱学习，不求上进。

百无聊赖，毫无目标，老觉得活着"没劲"。

老是把自己说得一塌糊涂，不相信自己的感觉。

缺少正确的自我评价，总是依赖于外界评价。

不懂得自爱的人，一旦投入两性关系，常常给对方也给自己造成巨大的伤害。

男人常常表现为：

（1）不会主动追求和表达爱情，任其自生自灭。

（2）对感情过于随便，缺少责任感。

（3）对女友（老婆）总是态度粗暴，甚至有家庭暴力的倾向。

（4）极度自我中心，不会关心体贴对方，甚至在家里称王称霸。

女人的表现则是：

（1）极度的不安全感导致信任感也随之缺失，总是疑神疑鬼，百般猜忌。

（2）盲目付出，易在渐趋干涸的二人世界中陷入饥渴的状态而无力自拔。

（3）过分依赖，难免以尊严来埋单。

（4）控制欲极强，总想改造对方。

由此可见，自爱在两性关系中的重要性。一个人连起码的自爱都做不到，他（她）的爱情、婚姻必然是千疮百孔、遍体鳞伤的。多年的情感咨询体验告诉我，在婚姻家庭生活中饱受磨难的人，往往也是爱的能力缺失的人，而从小没得到过家庭温暖的人，也是不懂得爱自己，接纳自己的人。

❤ 4 自爱的第一步就是让自己的心平静下来

那么，如何学会自爱呢？

我觉得，自爱的第一步就是让自己的心平静下来，心定了，才会找到自己，心乱了，则会迷失自己。在体育比赛中，为什么在比分落后的情况下，教练员总是提醒运动员不要慌，要稳住，就是要首先在纷乱的局面中重新找到自己，而一旦失去自己，就会失去方向，就会彻底失败。同样，在恋爱遭遇瓶颈甚至挫折的时候，我们先不要怨天尤人，更不能自暴自弃，倘若那样，那不仅仅是彻底放弃了这段感情，也彻底放弃了自己。感情放弃了我们还可以重新选择，自我放弃了就等于无路可走了。像前面提到的那个家庭主妇，一旦感情受挫，就要死要活的，这哪是自爱，分明是自残啊！

在这里我要讲一个人的故事，一个中国历史上的奇女子的故事。

她叫江采萍。

提到这个名字，很多人也许觉得陌生。但如果说起梅妃，就会恍然大悟了——梅妃，不就是唐玄宗的宠姬吗？

对，梅妃就是江采萍，江采萍是梅妃的真名。

唐玄宗是中国历史上著名的帝王之一，他不仅缔造了辉煌灿烂的开元盛世，他和杨贵妃的爱情故事还被大诗人白居易写成《长恨歌》，更是名垂千古，成为一段不朽的传奇。

熟悉唐史的人都知道，除了杨贵妃之外，唐玄宗的一生还跟若干个女人的名字纠缠在一起，这其中有他唯一立过的皇后王氏，有武惠妃，还有一个就是梅妃。

梅妃原名江采萍，福建莆田人，据宋人《说郛》中《梅妃传》记载：梅妃的父亲江仲逊是一位饱读诗书又极富情趣的秀才，且精通医道。江家家境富足，虽只生了江采萍一个女孩，老头子并不因此而重男轻女，反而倍加珍爱。据说江采萍很小的时候就喜欢梅花，甚至到了爱梅如狂的地步，视女儿为掌上明珠的江仲逊不惜重金，追寻各种梅树种满了自家的房前屋后。深冬临春的时节，满院的梅花竞相开放，玉蕊琼花缀满枝丫，暗香浮动，冷艳袭人，仿佛一个冰清玉洁、超脱凡尘的神仙世界。幼小的江采萍徜徉在梅花丛中，不知寒冷，不知疲倦。在梅花的熏染下渐渐长大的江采萍，品性中也深深烙下了梅的气节，既高贵娴静，又坚贞不屈，刚中有柔，美中有善；配上她渐渐出落得清秀婉约的容貌、苗条颀长的身段，仿佛就是一株亭亭玉立的梅树。

江采萍从小还聪颖过人，不仅长于诗文，还通乐器，善歌舞，15岁时写的 8 篇辞赋在当地广为流传，被誉为福建第一女诗人。据说当时很多公子王孙纷纷上门提亲，都被她拒绝了，当然，江采萍不是相亲节目里那些拜金女，非要嫁个什么"宝马王子"，但上天却偏偏垂青这个相貌气质学识均不俗的女孩子，最终这朵惹人爱慕的梅花落到了当时风流潇洒、才华横溢的一代天子唐玄宗的后宫中。

当然，唐玄宗不是黄世仁，用不着抢亲，先不说他的显赫地位，就凭他的一世英名，当时多少美女才女淑女妖女都想嫁给他。所以当唐玄宗最信任的大太监高力士闻得江采萍的大名前来提亲时，想必采萍也是早就心有所属了吧。是啊，这个既有雄才大略，又会写诗作曲，还会舞刀弄枪，连跳舞都是一等一高手的成功男士，估计就是采萍从小心目中的白马王子吧？

江采萍和唐玄宗第一次见面就很像一部好莱坞的浪漫爱情片：高力士作为大媒人，早已探知江采萍性喜梅花，人品又可与梅花比洁，为了使人与花相得益彰，他特意在梅林深处安排下酒宴。当唐玄宗龙驾停在梅林旁，徒步进入梅林，凉风微拂，清香袭面，玉凿冰雕般的梅花映入眼帘，待见到江采萍，只见她淡妆素裹，含羞低眉，亭亭玉立在一株盛开的白梅下，人花相映，美人如梅，梅如美人，煞是清雅宜人。唐玄宗顿时欣喜，待问到江采萍擅长何艺时，后者回禀会吹笛子。宫女随之呈上白玉笛，江采萍朱唇轻启，吹出一段《梅花落》，笛声清越婉转，吹笛人仪态万方，四周的梅树随着笛音不时撒落几许花瓣，唐玄宗仿佛置身于琼楼玉宇，不知是天上还是人间。随后，江采萍又表演了一段舞蹈，身影轻如飘雪，衣带舞如白云，使得唐玄宗不知不觉地又进入了另一个幽雅飘逸的世界。从此，唐玄宗对江采萍爱如至宝，大加宠幸，封其为梅妃，让人给她所住宫中种满各式梅树，并亲笔题写院中楼台为"梅阁"、花间小亭为"梅亭"。

直到另一个叫杨玉环的女人从天而降。

杨玉环进宫，圆润丰腴的身材像极了富贵的牡丹，大概是梅花看久了，忽然又觉得牡丹新奇了，唐玄宗移情别恋了，梅妃则渐受冷遇，迁居上阳宫。沉香亭的梅花改成了牡丹，换了别的妃嫔，还不大吵大闹，或者来个一哭二闹三上吊？至少也得整日以泪洗面，哀叹男人的负心，痛骂"小三"的夺爱。可这个梅妃却镇定得出奇，她很平静，每日照样梳洗打扮，看梅花，写辞赋，吹她心爱的玉笛，仿佛一切如常。

但唐玄宗并非那种薄情寡义之徒，偶尔还会想她，偶尔还会惦记起她。有一回，他还着人送了一斛珍珠到上阳宫。

换了别的女人，接到君王的这份厚礼，还不感激涕零？可是梅妃不愧是梅妃啊，她作了一篇《楼东赋》还赠玄宗，里面有这么一句：长门自是无梳洗，何必珍珠慰寂寥！意思也很明确：当爱已成往事，我觉得遗憾，但我也不需要你拿珍珠来慰藉。

一个失宠的妃子居然可以如此决然地将皇帝御赐的礼品退回去，并反问一句，何必珍珠慰寂寥！这是何等的清新高贵啊？让人不由得想起了那句陆游的诗句："零落成泥碾作尘，只有香如故。"可见，她幽静柔弱的外表下隐藏了一颗宁折不弯的心。之后的十几年，她宁肯与梅花为伴，也绝不摇尾乞怜，更不会自暴自弃。直到"安史之乱"，梅妃成了战火里的一树枯梅，香消玉殒在落寞的上阳宫中。

多年后，当失去了杨贵妃的李隆基在梅树下挖出梅妃的遗骨时，已然垂垂老矣的太上皇泪湿长衫涕泪横流，将满园子的梅花撒在她的身上。

梅妃的名字尽管并未见于正史的《旧唐书》和《新唐书》中，但她的事迹却随着《梅妃传》流传了下来，后人在她像梅花一样傲雪怒放的不屈秉性中感受到的是一个女人的自尊自爱，虽然历尽磨难，但却赢得了一个男人打心眼里的尊敬和厚爱。

对一个女人来讲，自爱的最重要的一点，就是让自己无论在何种心境下都依然保持一份美丽，不是为别人，是为自己，悦人者必先悦己。女人只有先对自己好，才会赢得男人的尊敬，才会获得男人的青睐和宠爱。

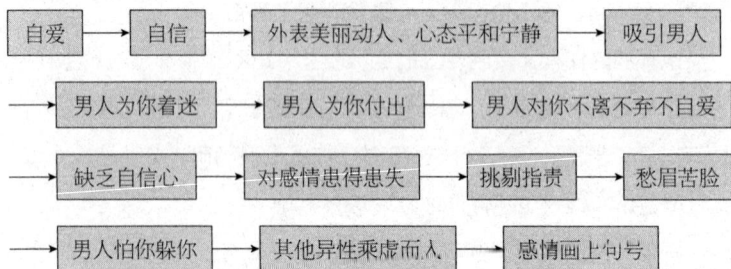

自爱 →	自信 →	外表美丽动人、心态平和宁静 →	吸引男人
→ 男人为你着迷 →	男人为你付出 →	男人对你不离不弃	不自爱
→ 缺乏自信心 →	对感情患得患失 →	挑剔指责 →	愁眉苦脸
→ 男人怕你躲你 →	其他异性乘虚而入 →	感情画上句号	

我们要想更好地爱别人，被别人爱，就要首先学会爱自己。正如美国著名心理学家、畅销书《少有人走的路》的作者斯科特·派克所说的："无奈终归意识到，爱自己与爱他人，其实是并行不悖的两条轨道，二者之间越来越近，其界限最后模糊不清，甚至完全泯灭。"

具体来讲：要学会关照自己的内心，跟自己的身体对话。

我们每个人内心都有一个真正的自我，然而在紧张忙碌的学习工作和生活中，我们在逐渐远离、忽略、淡忘这个真正的自我，于是一个假我乘虚而入，它会以金钱、名誉、荣耀、美色来吸引我们、诱惑我们。渐渐地那个假我左右了我们的日常生活，我们每天都要为这些身外之物奔忙、牵引，一旦停下来，我们就会莫名地焦躁不安、惊惶失措，那是因为内心的真我被假我"篡了位"。当假我在为所欲为的时候，真我早已被放逐到我们自己都找不到的地方，这也是我们为何越来越执着于外在的包装，而越来越忽视我们内心世界，越来越被各种名利所纠缠，而内心越来越不快乐的根源。在纷繁复杂的大千世界里，我们一个个都成了迷途的羔羊。因此，摒弃假我，找到真我，就成了我们重新找到自信、重新找到快乐的第一步。

找到自信，就是找到内心的那个根，那个真正的自我。其实，它就在我们心中，而不是外部。为什么很多自卑的人在成为百万富翁，在嫁给富二代、官二代之后并未敲开幸福的大门？原因就在于他们只是从外部环境去找自我，殊不知真正的自我就在心中，与其盲目由外及内地"填补"自信，不如由内及外地找到自我。

这种找到自我的最好方法就是时不时跟自己的身体对话，倾听自己身体的声音，抚慰身体内在的创伤。

心理学告诉我们，当我们专心致志聚精会神，排除任何外在的干扰和思绪的时候，那个内在的真我就会闪现出来，跟我们"偷偷地"在心中相会。很多人把瑜伽当成这种身体对话最好的桥梁，其实，一个人默默地静坐，或在人烟稀少的山路中跟大自然亲近，也是一种很好的跟内在的真我对话的绝佳时机。此时，外在的喧嚣已经远离，那个被你严重忽略的真我开始浮现，你会感到心变得无比平静，你可以调整情绪、平静呼吸、面带微笑、进入冥想。你想对他说点儿什么，你有什么愿望，有什么不满都可以一吐为快。

有位心理专家告诉我，她把这种方法推荐给一些因为失恋、抑郁、焦虑而前来就诊的患者，让他们每天给出一个小时的时间把自己从烦心的俗世中抽离出来，什么也不要做，只需沉思，只要静养，这是一种自省，自省很重要，它可以随时提醒我们不要在忙碌中迷失自我。结果坚持了一段时间，都获得了意想不到的收获。

不妨试试？

还有一点也很重要，那就是每天都要给自己的潜意识输送一些积极向上的信息。

前面谈到了，我们的童年潜意识大多数是在跟父母的长期相处中形成的。如果父母给我们的关爱较多，我们的童年潜意识就会充满爱的力量，如果父母给我们的关爱不够，我们童年潜意识中就充满失落和不满。其实，潜意识除了来自父母，也来自我们自己的习惯性思考。如果把潜意识比作一个花园的话，建造这个花园的有可能是我们的父母，但是接下来打理这个花园的园丁只能是我们自己了，哪怕花园先天性存在这样或那样的缺憾和不足，只要我们尽心去维护它，浇灌它，花园照样可以姹紫嫣红，春意盎然。因此，我们要学会给自己的潜意识中经常灌输美好、快乐、自信的原料。正如美国心理学家约瑟夫·墨菲在《潜意识的力量》一书中强调的那样："只要潜意识接受了一个观念，它就立刻开始将其转变为现实！问题的关键在于，无论这个观念是好是坏，潜意识都会不加选择地接收并同样有力地开始执行。如果这条定律在负面的方向发挥作用，那么它就会带来失败、屈辱和痛苦；如果这条定律往正面的方向发挥作用，那么它就能带来健康、成功和富有。"

你的潜意识就像一台录音机，忠实地记录着你的习惯性思维。把别人往好的方面想，就是把你自己往好的方面想。相反，如果你总是往自己的潜意识中输送愤怒、恐惧、害怕、嫉妒等负面情绪，无异于天天在吞食慢性毒药。因此，改变自己的心态，就从改变自己的潜意识开始。

具体如何改变呢？

一个重要的方法就是在每天起床前和临睡前，给自己的潜意识输入积极向上的思想。

很多心理学家指出，人在快要入睡的时候，潜意识会异常活跃，如果这时候你带着甜美的微笑，心境平和，对未来充满美好的想象，潜意识会逐步接受这些想象，并开始将其变为现实。所谓心想事成就是这么来的，反之，你在临睡前总是想象自己悲观彷徨，那么伴随你的始终是失败的惨象，哪怕进入梦乡，也是噩梦连连。

早晨当你睁开眼睛的时候，第一时间要对自己说："我今天要快乐，我对自己有信心，我今天会得到宁静。"你就已经选择了幸福。将注意力集中到美好的期待上，沉浸在美妙的想象中。这种信念会给你信心，让你振奋。记住，潜意识是你成功道路上最好的良师益友，就看你如何对待他。正如约瑟夫·墨菲所说的那样："通过潜意识的神奇力量，你能够战胜一切取得胜利，你能够实现你心里最珍贵的愿望。任何人只要相信潜意识的精神法则，那他就是幸福的。"我想说的是，当你在身体里找到真我，当你在潜意识的帮助下越来越强大的时候，一种名叫"爱"的神秘物质就会在你心中逐渐变得强大起来，直到那么一天，你会发现自己已经拥有了一种稳定持久的爱的能力，这个能力既指向别人，也指向自己。始终记住一句话：要想更好地爱别人，首先要学会很好地爱自己。

除此之外，你也可以通过尝试以下的方法找到爱的真谛：

（1）要学会经常自带微笑。也许有人会说，那多累啊，我整天要对着别人演戏。其实微笑与其说送给外人的礼物，不如说首先是安抚自己的良药。记住：快乐不是靠外界的恩赐，而是自己孕育出来的。每天早晨起来，每晚临睡前都站在镜子面前对着自己微笑5分钟，告诉自己今天会好起来，不停地鼓励自己祝福自己。

（2）要学会管理好自己的情绪，做自己情绪的主人。及时清除负面信息，不断地补充正面信息。不要活在自我否定的心态中，要狠下心来和悲伤告别。

（3）保持健康的身体。健康的心理来自健康的身体，否则一副病恹恹的身子，心理必然也是"惨兮兮"的。经常参加户外活动和集体活动，人在大自然的怀抱中，会有重获新生的美妙感觉。

（4）每天给自己留出一个小时的时间来。

（5）不要跟任何人比较，只跟自己的过去比较，不要随便贬低和否定自己，相信自己独特的价值。

（6）经常赞美自己，表扬自己，和自己做朋友，做知己。

（7）培养对生活的兴趣，在运动、唱歌、画画、写诗、弹琴中找寻快乐，肯定自己。

「 五 」

如何做到不折腾、不动摇？强悍的自信心很重要

1 不自信的女人，总会被稀奇古怪的男人所吸引

去年，我的作品《女人不"狠"，地位不稳》热销，很多媒体都闻风而动。其中，上海一家日报的记者在电话采访我时提的一个问题非常耐人寻味，我记得她的问题是这样的："子航老师，您认为对一个女人来说，在决定爱情和婚姻成败的各种要素中，哪一条最重要？"我略微思索了一下，给出了这样一个答案："女人的自信心最重要。"

不过，我后来一想，自信心岂止是对女人，对男人何尝不是决定成败的"头等大事"？

从大的方面看，一个女人，倘若缺少自信心，她就没有超越自我、追求幸福的勇气，哪怕真爱从天而降，她也不会双手接住，反倒把对方的主动进攻视为飞来的炮弹，不是退避三舍，就是四处躲闪，甚至落荒而逃。在情感咨询中，我见到太多这样的例子：明明心

里喜欢，人家也发出了求爱的信号，就是不回应、不表态、不接受，原因很简单——不自信，这种不自信体现在：一会儿觉得自己配不上他啦，一会儿又担心对方并非真心实意啦，一会儿又害怕父母出来干涉啦——感觉不是爱情来了，是灾难来了，不是王子驾到，倒像鬼子进村。总之，是前怕狼后怕虎，最终只好来个秦琼卖马——忍痛割爱。可时过境迁，却又百般纠结、心有不甘，无奈，只好找闺密诉苦，给专家写信。这世上，后悔的事很多，后悔药却不曾有，把自己折磨成心病的只有一个理由：不自信。

从小的方面讲，女人缺少自信心会导致依赖性过强，一旦投入感情中，要么全情依赖，要么盲目付出。表面上两者很极端，其实是殊途同归，只想像条绳索一样拴住他，其结果呢，反倒让男人远离，得不偿失（这种令人窒息的爱我在上本书《女人不"狠"，地位不稳》中详细论述过，感兴趣的读者可自己找来看看）。自信心严重不足者甚至会向傍大款、当三陪等不正当的男女行为倾斜。前不久，广东省妇联的相关负责人表示，今后要在广东各地的中小学校逐步开展女性人格教育，从小培养女孩了的"四自精神"（目尊自爱自立自强），从"根儿"上杜绝傍大款、当三陪的现象。对这种单从女性教育的角度来挽救社会风气的效果我虽持一定的怀疑态度，但我同意，女性"四自精神"的缺失的确是傍大款现象愈演愈烈的主要原因之一。

在这些年的心理研究和情感咨询中，我还发现，那些经历过失败婚姻的女人，或者在婚姻中承受不幸的女人，往往都缺乏自信心。因为缺乏自信心，就在婚姻中逆来顺受忍气吞声，因为缺乏自信心，一旦离婚以后就无所适从心灰意懒。即便在择偶时，这种不自信，也是一种大规模杀伤性武器，让人辨不清方向，甚至让人如坠五里雾中。韩国著名情感作家南仁淑在她的著作中有一个很有意思的观点："不自信的女人，总会被稀奇古怪的男人所吸引。"对此，我感触颇深。

我认识一个开文化公司的女老板，事业做得很成功，但在感情方面却弱智得像个傻大姐，自从5年前离婚之后，她就像被人着了道一样总在感情上受骗。她后来交过的两个男友，一个是鸭子出身把她当成了自动提款机，另一个干脆骗了她的钱一走之，一个比一个不靠谱，一个比一个伤害她更深。表面上看这似乎有点儿让人匪夷所思，一个精明的女老板怎么会接二连三被人算计？其实，仔细想来，让她乖乖就范的原因只有一个，离婚让她变得不自信了。不自信的女人容易被同样不自信的男人所吸引，同是天涯沦落人，相逢何必曾相识？正如一个人在感情上遍体鳞伤之余，往往需要药物和毒品来麻醉自己，于是一个又一个像毒品一样可怕的男人闪亮登场了，苍蝇不叮无缝的蛋，恶狼不咬坚强的人，这种女人在无意识中会觉得自己"没有资格跟好男人在一起"，于是对方就变成对她"不好"的男人。我们常说借酒浇愁愁更愁，酒是什么？在两性关系中，酒有时候就是让人沉溺其中无法自拔的坏男人或坏女人。

因此，当一个人失恋以后，离婚之初，要想走出沉沦、走向新生，只有一个办法，那就是培养出强悍的自信心。这点非常重要。

❤2 一个人的自信心越强，就越会珍视自己的行为

什么是自信心？就是一个人始终对自己保持自省、充满信心的内

在表现，就是尊敬自己，并为自己时刻感到自豪的一种心情。它就是发自内心的一种自信。请注意，我在这里强调的自信是发自内心，而不是仅仅靠外表。

自信对一个人实在太重要了。什么是自信，简单地来讲就是指相信自己，在汉语中，自信这个词最早出现在《墨子·亲士》中："虽杂庸民，终无怨心，彼有自信者也。"古今中外，很多心理励志书都会谈到自信对人的各种帮助和益处，我在这里就不多重复了。具体到两性关系中，一个人的自信心越强，就会越相信自己，越珍视自己的行为，越有属于自己的道德底线，他会懂得哪些该做，哪些不该做，哪些是在伤害别人也伤害自己，己欲立而立人，己欲达而达人。对自己多一点儿珍爱就会对别人少一点儿要求。对别人要求得越少，对自己就越信任。越相信自己和他人，就越愿意付出爱。对别人多一点儿爱意就会少一些恐惧。与人多一点儿沟通就会增进一分了解，对一个人了解得更深，你们之间爱的纽带和桥梁就会越宽，彼此之间的爱情和婚姻就会越稳固。

在第一节我们谈到，一个人的自我价值是他给自己建造幸福大厦的第一块砖，这块砖是否坚实耐用，将决定大厦的质量和规模。自我价值良好的人通常都有充分的自信心，自我价值不足的人通常都没有自信心，一旦在工作、学习、恋爱、婚姻中遭遇狙击战，往往会方寸大乱。如何增加你的自信心呢？换句话说，如何提升一个人的自我价值，我认为，这跟教育一样，要从娃娃抓起，就跟一棵树，一盆花，根上没长好，再怎么修剪都无济于事。因此，为人父母者，应该学会从小就要给自己的孩子有意识地培养他们的自我价值，这里我总结了 4 种提升孩子自信心的方法，仅供参考：

（1）温柔抚摸法　每天都要温柔地抚摸孩子的头，用微笑传达出你对他的爱。和他讲话时要看着他的眼睛，直呼他的名字，并不时关爱地拍拍他。

（2）循循善诱法　鼓励孩子多发表意见多问问题，一是尽量满足孩子的好奇心，二是及时了解孩子的想法。

（3）及时表扬法　孩子做对了的事要及时表扬，不要吝惜词汇。孩子做错了事要马上指出，但要做到对事不对人，不要大声训斥，要小声提醒。不要用讽刺挖苦的语言，更不能非打即骂。

（4）发掘长处法　要学会发掘孩子潜在的优点和独特的长处，经常鼓励他也是培养孩子良好自我价值的一个重要方法。这样，孩子将来哪怕走向社会遭遇挫折，感情上屡遭磨难，他也会坚信："哪怕世界拒绝我，没人理解我，我也不会孤单，因为还有父母在背后默默地支持我，他们是我最坚强的后盾。"

对孩子自我价值的培养特别重要，一如黄埔军校对优秀官兵的培养。一个孩子从小有坚定的自我价值，就像在军校里经过摸爬滚打训练中熬出来的新兵，哪怕遇到枪林弹雨的袭击也毫无惧色。可以使他不断地进行创造性的自我调整，并敢于对自己的行为负责。

3　当我们在生活中屡遭挫折的时候，梦想如同一根火柴，会帮我们点亮光明

父母的言传身教对孩子的成长特别重要，不过这里又涉及另一个问题。

如果我们在成长过程中很不幸，得到父母的关心爱护不够，或者父母过早离开了我们，我们没机会遇到我们真正的心灵导师，怎么办？难道我们就不可能走出自卑的误区了吗？我们就永远只会在自我否定中唉声叹气吗？

我想起了一个人，一个一生经历相当传奇的女人，一个没在父母的庇护下，却依然告别自卑走出困顿甚至创造辉煌的名人，一个遭遇了人生无数险境，婚姻总是触礁却依然笑傲江湖的巨人，她就是——三次荣获奥斯卡影后桂冠，却也经历了三次失败婚姻的国际著名影星英格丽·褒曼。

英格丽·褒曼早年曾经说过这样一句话：我希望能有一位风度优雅的绅士远远地痴恋我一生。说这句话的时候，她的姿态宛如一个情窦初开的少女，羞涩、天真，对未来充满了好奇和憧憬。虽是无心之语，却被多事的记者如获至宝般地搬上了报章的头条。然而，命运始终在捉弄着褒曼，这位银幕上总是和翩翩绅士白马王子喜结良缘的标准淑女，生活中却饱尝爱情的苦果，三次婚姻均以失败告终！

熟悉褒曼的影迷都知道，出生在瑞典的褒曼很早就下嫁一位英俊的牙医，她远涉重洋去好莱坞寻梦的时候已经是两个孩子的母亲；35岁那年，在好莱坞声名如日中天的她，被一部名叫《罗马，不设防的城市》的意大利新现实主义电影所深深打动，之后她不惜抛夫弃子，投入这部影片的导演、新现实主义大师罗西里尼的怀抱，为此遭到好莱坞的封杀，也被当成"坏女人"遭到一直热爱她的美国观众的误解；40岁时，她和罗西里尼感情破裂，离开一对刚刚出生的双胞胎女儿，重新回到好莱坞，一部《真假公主》不仅获得了美国观众的谅解，也使褒曼在奥斯卡影后的角逐中梅开二度，与此同时，她又在一个摄影师那里收获了第三段婚姻。可惜，没完没了的拍戏生涯使这段黄昏恋最终还是画上了令人痛心的句号。

但英格丽·褒曼不愧是那个坚强的英格丽·褒曼，当第一段人人羡慕的"金童玉女"的童话般的爱情因性格的反差而濒于消亡时，她会真诚地向对方提出分手；当第二次震惊世界、历经坎坷而获得"郎才女貌"的神话般的爱情因缘尽触礁时，她也没有痛不欲生，从此消沉；当第三次平和温暖"两情相悦"的佳话式的爱情因聚少离多而渐行渐远时，她只是淡淡地微笑……

可以说，英格丽·褒曼的一生，饱尝了人世的艰难坎坷。晚年，一个电影专栏作家访问她，问她是不是一个幸福的人，褒曼笑着说："我们不能期望一个人时时刻刻都很幸福，否则他就是一个怪物，而不是真正的人了。我对幸福和不幸福的事情同样欣赏。因为一个人如果没有吃过苦头，他就不会了解别人所受的苦，就不会耐心地容忍别人，更重要的是，如果一个人只有幸福，那他就不会懂得什么叫幸福。只有尝过悲哀的人才能真正体会到幸福的甜美！"作家后来回忆说，在采访褒曼的 3 个小时中，她始终面带甜美的微笑，在她那日渐衰老的脸上，看不出一丝对生活的不满，对往昔的怨恨，有的只是一种淡然，一种豁达。一年后，这个坚强的女人又雍容大度地站在奥斯卡颁奖典礼上，第三次捧走了小金人，那年，她 59 岁。

在这个世界上，几乎所有的女演员都怕老，因为老了，就禁不住特写镜头的捕捉了，因为老了，就没有导演愿意找她演女主角了，因为老了，就没有那么多粉丝还是那样一如既往地欣赏她爱护她了。但褒曼不怕老，她说："我老有老的价值，我老有老的魅力，我不怕特写镜头，我也不怕导演不要我，我更不怕影迷嫌弃我。"褒曼这番话绝非是一种掩耳盗铃式的自我麻痹，她说得到，同样做得到。65岁那年，早已被苍老拜访的褒曼还应她的瑞典老乡、电影大师英格玛·伯格曼之邀，在后者执导的影片《秋天奏鸣曲》中出演女一号，一位功成名就的女钢琴家。在那部电影当中，褒曼的表演不仅炉火纯青，经受住了特写镜头的考验，也依然受到了全世界热爱她的影迷们由衷的欢呼，还拿下了当年金球奖以及美国多个影评人协会的最佳女主角奖。这就是一个看尽世事的女人的幸福观，记得小时候我看《大众电影》上刊载过一篇怀念她的文章，作者饱含深情地写道：我喜欢褒曼，是喜欢她历尽沧桑之后的美丽。当时我不懂，沧桑之后只剩下苍老，怎么还会有美丽呢，如今读到褒曼这段话，我算真正懂了。

看到这里，也许有读者会忍不住问，褒曼哪来的这种自信？难道从小的父母之爱给予了她足够的力量吗？

不，恰恰不是。

褒曼2岁丧母，12岁亡父，她的童年是在双亲先后离她而去的孤独和悲伤中度过的。现实的残酷并未让她蜷缩在自卑的囚笼中，反倒让她逐渐一个人沉浸在幻想的世界中，一如安徒生笔下那个卖火柴的小女孩。褒曼后来跟她的传记作者表示："父亲去世以后，我变得有点儿孤僻，很少和人交往，经常一个人在家里呆呆地坐着，但我并不孤单，我经常幻想出一些可以跟我说话的人物，他们坐在我身边，跟我聊天，谈心，久而久之，我觉得自己成了一名演员，我甚至根本没意识到我自己是在演戏。"这就是我前面提到的一个人要学会在潜意识中寻找支持自己的伙伴。褒曼因此认定："不是我选择了表演，是表演选择了我。"14岁时她就在日记中写下了属于自己的梦想："有朝一日站在家乡的舞台上，观众们朝自己热烈地鼓掌。"

不是每一个天才在崭露头角的那一刻就光芒耀眼，那时候在学校，褒曼还很默默无闻，外表不打眼，学习不拔尖，各方面表现也不突出。尽管如此，这并未妨碍小褒曼对理想的执着，她喜欢看费雯·丽的电影——那圆润而俊俏的下颌、清晰而优雅的唇线、夺人心魄的双眸，费雯·丽的一举一动都令她着迷。于是，在一次老师布置的作文"我的梦想"中，她写下这样的文字："我主演了一部电影，每个遇见我的人都微笑，他们会说你真棒，我们都为你叫好。"可是，老师却在她的作文纸上批了一个"叉"，她不服输，跑去办公室询问老师："难道我的梦想有什么不对吗？"老师平静地注视了她许久："有梦想确实不错，但梦想要切合实际。你的家境很穷，根本没有钱资助你拍戏，你本身的条件也不好，没有明星应有的气质。"老师停了一下，说："我建议你还是老老实实地学习吧！"

褒曼哭了，她一路哭着跑回了家，无论如何她都接受不了老师说的话。和蔼的祖母正在修剪花园，她见褒曼哭得如此伤心，便把她叫到面前，问："孩子，到底是怎么了？"褒曼就把在学校的遭遇向祖母倾诉了一番，末了，她忍不住问："婆婆，难道我真的不应该有这样的梦吗？"

祖母听了褒曼的哭诉，疼爱地抚摩了一下她的头，说："孩子，这不是你的错，每个人都应该有自己的梦想，别人是无权蔑视的。

婆婆觉得你的梦想很美好，但你要多多努力，而不让别人蔑视你的梦想最好的办法就是让它变为现实，这样才能证明你的决定是对的。"

褒曼牢牢记住祖母的鼓励，她一直在为理想而奋斗。12 年后，英格丽·褒曼因拍摄影片《插曲》而声名大振，之后她进军好莱坞，主演的影片《卡萨布兰卡》荣获奥斯卡金像奖，成为经典之作。25 年后，一个偶然的机会，她见到了当初的那位老师，面对这位国际影星的风采，老头子流下了忏悔的热泪，他一直在不停地道歉："你是我见过的最执着、最勇敢的人，当初我曾打击过很多孩子的梦想，只有你，凭着坚韧和毅力，从未放弃过，你最终实现了梦想。"

可以说，从少女时代起，对梦想的追求如同一颗坚强的种子深植在褒曼的心中。有意思的是，这种梦想，既体现在她半个多世纪的表演生涯中，也体现在她对爱情和婚姻的态度上。

2007 年，美国作家夏洛特·钱德勒推出了英格丽·褒曼的一本传记，在这部最新出版的传记中，钱德勒根据褒曼本人的生前讲述，以及好友和同行对褒曼的回忆，为她一生的感情悲剧给出了一个意料之外、情理之中的解释：这名奥斯卡影后两次抛夫弃子、改嫁他人的原因不是喜新厌旧，而是出于她太过理想化的情感追求，"她最大的弱点就是：无可救药的浪漫"。

与褒曼合作过的导演乔治·库克告诉钱德勒，褒曼拥有"惊人的幻想力"。"有时候，在电影里或舞台上，这样的幻想对她有利。但在现实生活中，这会成为她的痛苦。"库克如是说。

演了一辈子爱情戏的褒曼潜意识里居然始终坚信，在这个世界的某个地方，有她完美的"另一半"，一旦相遇，两人会像童话故事里的主人公一样，从此幸福地白头到老。因此，她穷其一生都在追寻完美的"另一半"。尽管经历了3次失败婚姻，她依然历经风霜痴心不改，即便是在离开人世的最后一刻，尽管衰老的面孔早已憔悴不堪，但从她的神情中，依稀可以看到一个少女对自己心目中的白马王子随时从天而降的那种期待。

传记中写到，褒曼因癌症即将去世前，仔细地整理好一些具有纪念意义的物品，交给她的子女，这其中有她的3件嫁衣，"代表她的3次婚姻"。她把每件嫁衣都洗得干干净净，纤尘不染，还亲手叠好，包在塑料袋里。"每一件都属于我，尽管很短暂。"褒曼意识到，3个丈夫将和她的电影作品一样，成为她传奇人生的一部分。

褒曼曾说："我用一生来寻找浪漫，寻找梦想。虽然我遭遇过多次失败，但我坚信，伟大的爱情将降临在我身上，就像我父母曾有过的那样。"原来，褒曼的父母虽然早逝，却像一座丰碑树立在褒曼的眼前，成为她一生不断追寻梦想的榜样。在她眼中，没有哪个男人能比得上她的父亲，也没有任何感情能超越父母生前所缔造的爱情神话。

那么褒曼又有着怎样的父母呢？

1900年，16岁的德国少女费里达·阿德勒在瑞典首都斯德哥尔摩度假，邂逅了28岁的落魄画家尤斯图斯·褒曼。两人坠入爱河。但阿德勒的父母看不上身无分文的画家，禁止女儿与这个穷小子来往。阿德勒只好偷偷把心上人的戒指挂在胸前，固守爱情。7年后，尤斯图斯成功经营起一家摄影店，打动了阿德勒的父母，两人终成眷属。

婚后，阿德勒和尤斯图斯度过了一段短暂的快乐时光，但不幸随即降临。他们的第一个孩子因难产而亡。4年后，第二个孩子出生后没几天就夭折。1915年，第三个孩子终于平安降生，身体健康。欣喜的父母用当时瑞典小公主的名字为这个来之不易的女孩取名为英格丽·褒曼。但孩子不满3岁，阿德勒就因突患肝病离开人世。尤斯图斯拍摄的两张照片鲜明地记录下这个家庭曾经历的快乐和痛苦。第一张照片上，2岁的褒曼紧紧依偎在母亲身边。而第二张照片上，3岁的褒曼正将鲜花放在母亲坟前。

由于2岁丧母，褒曼对母亲几乎没什么印象，但在父亲对母亲那充满自豪、伤感和爱意的回忆中，褒曼领悟到：爱是这世间最重要的事情，似乎越是被禁止的爱情，越浪漫，越真诚。

褒曼12岁那年，父亲因病去世。褒曼被接到姑姑家中。仅仅6个月以后，姑姑也不幸身亡。

褒曼和第一任丈夫结婚前夕，她从姑姑的遗物中找到了母亲婚前写给父亲的信。那些信饱含炽热情感，深深打动了褒曼。褒曼说，"我读懂了少女时代的母亲，她和父亲如此热烈地相爱"。从此，在她的婚姻中再现父母当年的浪漫成了褒曼一生的愿望，哪怕她不惜押上3次婚姻的赌注。褒曼一生在事业上的辉煌成就，乃至一生在婚姻上的接连挫败，都源于这里——对梦想的执着和肯定，这构成了她一生强悍的自信心。在第二章我提到，我们每一个人选择伴侣其实就是找寻自己的理想父母。由于褒曼现实的父母曾经有过一段非常浪漫的爱情，在褒曼心中，理想的父母就是现实父母的一种延续，而复制爸爸妈妈当年的浪漫爱情也就成了她一生最大的梦想。

可见，当我们在现实生活中遭遇一片漆黑的时候，梦想犹如一根火柴，会帮助我们点亮光明。当我们做喜欢做的事情，说喜欢说的话，坚信会有一个美好的结局，你就仿佛插上了一段想象的翅膀，会腾空而飞。某种程度上，这是一种自我暗示的"精神胜利法"。过去，我们一提精神胜利法，就想到鲁迅笔下的阿Q，想到不自量力，不知羞耻。好像"精神胜利法"就是一种自欺欺人，掩耳盗铃。其实不是，人在困境中是需要目标，需要方向的。此时，需要一点儿精神胜利法，它会让无助、弱小的我们瞬间强大起来，因为它是一种由内向外的自信。

其实，褒曼的一生就是一部完美的励志片，除了相信梦想执着追求外，我们似乎从以下几点也可以获取自信的营养：

（1）做自己情绪的主人，学会管理好自己的情绪，不要被负面情绪牵着鼻子走，而要尝试把快乐看成老家，时时思念，刻刻遥望。

（2）不要沉浸在回忆的伤感中，不要把悲伤变成无赖，缠住自己，就让往事随风，跟过去说再见，努力向前走。

（3）不要总是活在自我否定的心境中，尝试发现自己的优点，并及时加以肯定。

（4）爱别人之前，首先要学会爱自己。

（5）常怀感恩、宽恕之心。对爱过自己的人要学会感谢，感谢他给过你一份爱。

（6）现实可以把我打败，但梦想不会。

（7）学会享受平静，学会享受孤独。

（8）榜样无处不在，特别是从父母身上获取的力量，会让我们在前进的道路上信心百倍。

（9）沧桑不见得就是苍老，也许它也是一笔很好的精神财富。

（10）无论爱情和婚姻，都有保鲜期，一旦时间已过，要学会让它保持稳定，历久弥新。

（11）要学会感谢生活，感谢上苍，要学会把坎坷的经历变成自己一笔精神的财富。

（12）只有经历过不幸的人才能更好地体会到什么是幸福的真谛。正如一句诗所说的那样：梅花香自苦寒来。

本书的最后，我要把美国著名家庭问题研究专家、家庭治疗师萨提亚的一段"自尊宣言"送给大家，这段自尊宣言最初登载在她的那部风靡世界的代表作《新家庭如何塑造人》一书中，我建议大家把这段宣言抄下来，贴在自己卧室的床头，每天晚上临睡前，每天清晨刚一起床，都要多读几遍，多念几遍，它可以帮助那些不太自信的人重新找到自信，可以提醒那些在工作、家庭、婚姻中迷失自我的人找到方向，重新找到持久稳定的爱的能力。有一阵子我就是靠这段话重新找到了自己前进的动力。好好地记下它，理解它，也许真的大有裨益呢！

这本书马上就要看完了，如何让爱变成一种持久稳定的超能力，相信每个读者都找到了属于自己的答案。请记住：我们一生的幸福在哪里？就在你充满自信的心中，就在你对世界充满友好的微笑中——

自尊宣言

我就是我。

在这个世界上再也没有第二个我。我和某些人可能会有些许相似之处，但却没有一个人能和我完全相同。我的一切都真真实实地属于我，因为都是我自己的选择。

我拥有自己的一切：我的身体，以及我的一切行为；我的头脑以及我的一切想法和观点；我的眼睛以及他们所看到的一切；我的所有感觉：愤怒、喜悦、沮丧、友爱、失望和激动；我的嘴巴以及由它说出的一字一句：或友善亲切或粗鲁无礼，或对或错；我的声音：或粗犷或温柔；还有我的行动，不论是对自己还是对他人。

我拥有我自己的想象，自己的梦想，自己的希望，自己的恐惧。

我的胜利和成功乃因为我；我的失败与错误也出于我。

因为我拥有自己的全部，我和自己亲如手足。我学习跟自己相处，爱惜自己，善待属于自己的一切。现在我可以为自己做一切了。

我知道，我的一些方面让我困惑，另外一些则使自己不解。但只要我仍然善待自己爱惜自己，我就有勇气有希望解决困惑和进一步认识自我。

不管别人如何看我，不管那时我说了什么做了什么，想什么感觉到了什么，一切都真真实实地属于那时的自我。

当我回想起自己的表现、言行、思想和感受，发现其中一部分已经不再适宜，我会鼓起勇气去抛弃不适宜的部分，保存经证实是适宜的部分，创造新的以代替被抛弃的部分。

我要能够看、听、感觉、说、做。我能够生存，能融入群体，能有所贡献，有所作为，让我所处的世界，我周围的人和事因我的存在而井井有条。

我拥有自我，那么我就能自我管理。

我就是我，自得其乐。

主要参考书目

《精神分析引论》

[奥地利]弗洛伊德著　　　　　　　商务印书馆

《自卑与超越》

[奥地利]阿德勒著　　　　　　　　光明日报出版社

《潜意识与心灵成长》

[瑞士]荣格著　　　　　　　　　　上海三联书店

《谁在我家——海灵格家庭系统排列》

[德国]海灵格著　　　　　　　　　世界图书出版公司

《爱的艺术》

[美国]艾·弗洛姆著　　　　　　　上海译文出版社

《新家庭如何塑造人》

[美国]弗吉尼亚·萨提亚著　　　　世界图书出版公司

《少有人走的路——心智成熟的旅程》

[美国]斯科特·派克著　　　　　　吉林文史出版社

《潜意识的力量》

[美国]约瑟夫·墨菲著　　　　　　中国城市出版社

《家庭会伤人——自我重生的新契机》

［美国］约翰·布雷萧著　　　　　四川大学出版社

《性与家庭的客体关系观点》

［美国］大卫·萨夫著　　　　　　世界图书出版公司

《不要用爱控制我》

［美国］帕苹丝·埃文斯著　　　　京华出版社

《中国文化的深层结构》

［美国］孙隆基著　　　　　　　　广西师范大学出版社

《爱上双人舞》

［美国］李中莹著　　　　　　　　世界图书出版公司

《男性的品格》

［澳大利亚］史蒂夫·比达尔夫著　中信出版社

《男人这东西》

［日本］渡边淳一著　　　　　　　文化艺术出版社

《寻找弗洛伊德——精神分析理论与经典案例》

［韩国］李武石著　　　　　　　　科学出版社

《脾气没了，福气来了——丈夫使用说明书》

［韩国］李丙准著　　　　　　　　中信出版社

《婚姻，决定女人的一生》

［韩国］南仁淑著　　　　　　　　江苏人民出版社

《人格心理学》

王争艳　杨波主编　　　　　　　　高等教育出版社

《中国哲学史》

北京大学哲学系中国哲学教研室著　　　　北京大学出版社

《论语译注》

杨伯峻译注　　　　　　　　　　　　　中华书局

《闲话中国人》

易中天著　　　　　　　　　　　　　　上海文艺出版社

《破解幸福密码》

毕淑敏著　　　　　　　　　　　　　　江苏人民出版社

《好好爱自己》

素黑著　　　　　　　　　　　　　　　天津教育出版社

《遇见未知的自己——都市身心灵必修课》

张德芬著　　　　　　　　　　　　　　华夏出版社

《中国人的心理误区》

张彦平著　　　　　　　　　　　　　　北京出版社

《家庭会伤人——揭示家庭中的心理真相》

武志红著　　　　　　　　　　　　　　世界图书出版公司

图书在版编目（CIP）数据

爱是一生需要学习的能力 / 曾子航著. —北京：现代出版社，2017.1
ISBN 978-7-5143-5436-2

Ⅰ.①爱…　Ⅱ.①曾…　Ⅲ.①爱情–通俗读物 ②婚姻–通俗读物
Ⅳ.①C913.1-49

中国版本图书馆CIP数据核字(2016)第281983号

爱是一生需要学习的能力

作　　者	曾子航
责任编辑	王　倩
出版发行	现代出版社
通信地址	北京市安定门外安华里504号
邮政编码	100011
电　　话	010-64267325　64245264（传真）
网　　址	www.1980xd.com
电子邮箱	xiandai@vip.sina.com
印　　刷	三河市宏盛印务有限公司
开　　本	880mm×1230mm　1/32
印　　张	10.25
版　　次	2017年1月第1版　2017年1月第1次印刷
书　　号	ISBN 978-7-5143-5436-2
定　　价	39.80元